高等职业学校旅游管理专业教材

模拟导游

MONI DAOYOU

高 媛 李 韵 主编

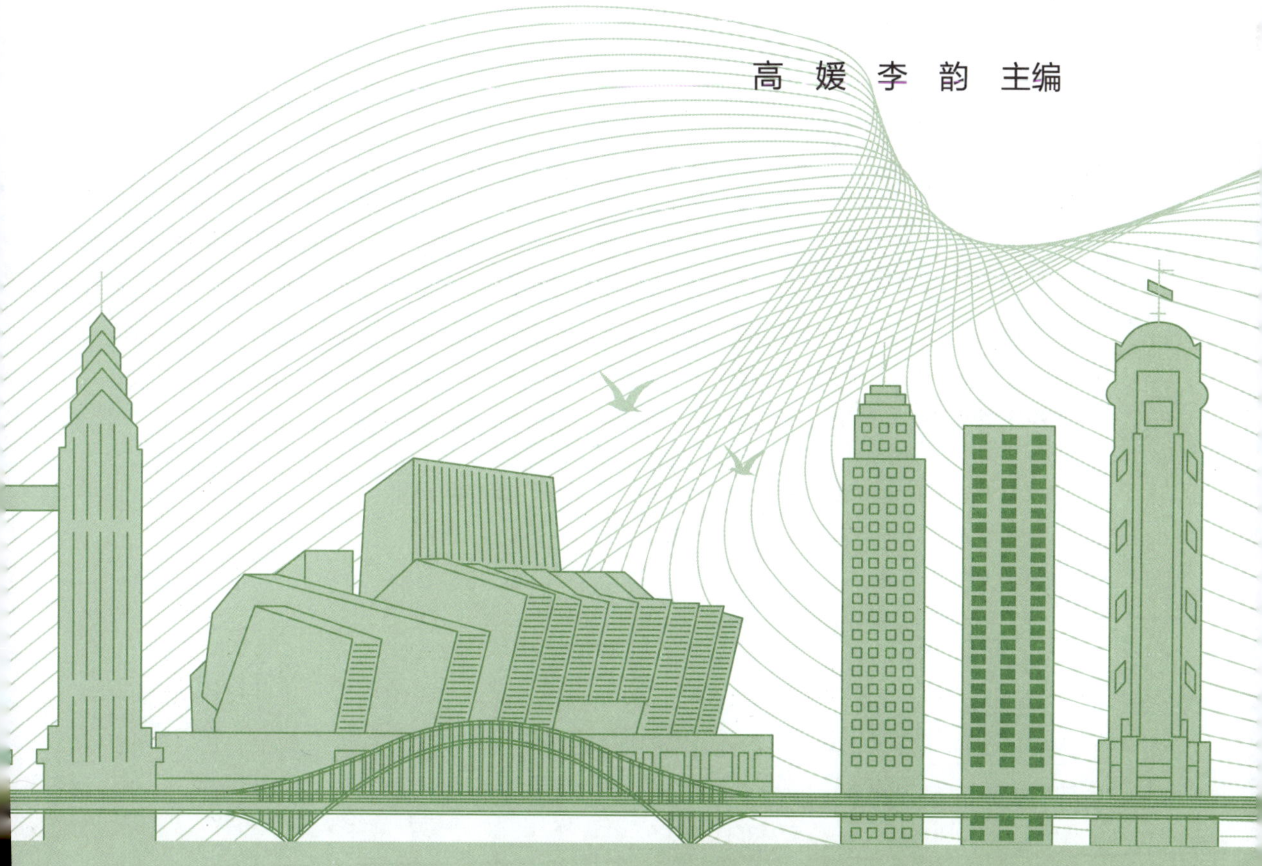

中国轻工业出版社

图书在版编目（CIP）数据

模拟导游 / 高媛，李韵主编. —北京：中国轻工业出版社，2023.1

高等职业学校旅游管理专业教材

ISBN 978-7-5184-3721-4

Ⅰ. ①模… Ⅱ. ①高… ②李… Ⅲ. ①导游—高等职业教育—教材 Ⅳ. ①F590.633

中国版本图书馆CIP数据核字（2021）第220692号

责任编辑：贺晓琴　　责任终审：劳国强　　整体设计：锋尚设计

策划编辑：史祖福　贺晓琴　　责任校对：朱燕春　　责任监印：张　可

出版发行：中国轻工业出版社（北京东长安街6号，邮编：100740）

印　　刷：艺堂印刷（天津）有限公司

经　　销：各地新华书店

版　　次：2023年1月第1版第1次印刷

开　　本：787×1092　1/16　印张：17

字　　数：380千字

书　　号：ISBN 978-7-5184-3721-4　定价：60.00元

邮购电话：010-65241695

发行电话：010-85119835　传真：85113293

网　　址：http://www.chlip.com.cn

Email：club@chlip.com.cn

如发现图书残缺请与我社邮购联系调换

201480J2X101ZBW

前　言

《模拟导游》遵循职业能力培养的基本规律，重构了与岗位流程相一致的能力本位模块化教学内容。教材在编写过程中，落实立德树人的根本任务，符合“坚持以文塑旅、以旅彰文，推进文化和旅游深度融合发展”的精神。把培养高素质技术技能旅游人才作为“深入实施人才强国战略”的初心，把讲好中国故事、传播好中国声音作为“推进文化自信自强，铸就社会主义文化新辉煌”的使命。教材中融入课程思政教育教学理念，校企合作开发更贴近工作岗位实际。本教材既可作为高职高专导游专业及旅游管理相关专业的导游实训教材，也可作为国家导游员资格考试的培训教材。

本教材在内容选取与结构组织上具有以下特点。

一是基于工作过程组织实训项目，实训任务强调实践性。

每个项目均由若干个实训任务组成，以实训为中心，从实训目标、实训内容、实训指导到技能训练与成绩评定、知识巩固等环节开展，在完成工作过程中学习专业技能；实训任务结束后安排了课后练习，便于学生自主学习巩固，更好地掌握专业技能。

二是基于“双证书”的实训成绩评价体系。

每个实训任务都有相应的考核要求和评分标准，并将实训效果进行量化，在考核评分标准中对训练过程进行记录，给出可操作的量化考核标准。实训内容和考核标准与国家导游员资格考试内容全面接轨，融入“1+*X*”技能标准（研学旅行策划与管理），构建职业资格证书“直通车”，实现高职高专技能型人才培养目标。

三是体例灵活，结构严谨。

导游专业教学重视触类旁通和学以致用，教师在“教”的过程中，传授的不仅是知识，更应该包括实践经验，以及对旅游行业发展的把握能力、观察能力和独立思考能力；学生在“学”的过程中，不仅要把握本教材的主旨，还要把握过程和方法。本教材每一个项目都以典型案例作为引导，提出学习目标，进行任务设计、任务考核、学习自测、任务巩固等，力争使学生和教师全面把握，运用案例，生动教学，趣味学习，形成良好互动，体验导游理论与实践的应用。

本教材由秦皇岛职业技术学院高媛、李韵担任主编，负责整体架构、项目设计及数字教学资源，秦皇岛职业技术学院郝帅和太原旅游职业学院阎平担任副主编，长春大学旅游学院苑晓赫、太原旅游职业学院张莉、秦皇岛职业技术学院马艺宁、河北智慧旅游服务有限公司副总经理孙红磊参与了本教材的编写，具体分工如下：模块一由阎平编写，模块二由高媛和李韵编写，模块三由苑晓赫编写，模块四由张莉编写，郝帅负责课程典型微课、动画等数字资源后期制作，马艺宁负责项目案例编写，孙红磊提供了新媒体导游素材。

教材创作初期得益于吉林省经济管理干部学院文化旅游学院李娌院长为该书的设计提出宝贵建议；编写过程中更是得到秦皇岛市文化和旅游广电局主管领导的关注与支持；鸣谢秦皇岛海燕国际旅行社有限公司董事长杨立平提供导游教学案例素材，使本书成为“政、行、企、校”共同创作的集体智慧结晶，在这里一并表示感谢！

限于编者水平，教材中难免存在不妥之处，恳请读者提出宝贵意见，以便今后修订和完善。

编者

2021年11月

目　录

模块一

有朋自远方来——导游工作流程

学习笔记

项目一 接待准备

项目导读

《"十四五"文化和旅游发展规划》提出要"进一步推进文化和旅游数字化、网络化、智能化发展。"目前，人工智能、大数据和虚拟技术在旅游领域的应用，为数字旅游时代开辟出更广阔的发展空间。众多新需求的不断涌现，使得传统导游员的服务内容和服务方式已经不能满足需求，"互联网+"能力的文旅融合型导游人才成为时代所需。作为新时代导游员，要抢抓时机，借助自身优势积极转型创新，熟练运用各种智能软件、设施设备和信息化手段，让游客的旅游方式更加智能化、数字化。

项目学习目标

知识目标	1. 熟悉接待准备的主要内容。 2. 掌握落实事宜的主要对象。
能力目标	1. 能合理分析接待计划。 2. 能熟练运用各种智能软件、设施设备和信息化手段落实接待事宜。 3. 学会不同团的接团技巧。
素质目标	1. 培养导游员规范的职业意识和习惯。 2. 提升导游员数字化信息素养。 3. 对接"1+*X*"职业证书：研学旅行策划与管理指导师。
思政目标	1. 养成不怕吃苦、自我奉献的精神。 2. 懂得"耳闻一目见一手辨一足践"的道理。

项目实施

本项目从"熟悉接待计划""落实接待事宜""做好准备工作"三个任务着手，从"接收、落实、准备"这些环节学习基本知识和技能。重在引导学生顺应时代发展潮流，重视数字文旅时代所带来的时机，提升"互联网+"能力的文旅融合型导游人才基本素养，依托互联网智能移动设备，为导游工作插上智慧的翅膀，做一名既有责任担当之勇，又有科学掌控之智，既有统筹兼顾之谋，又有组织实施之能的导游，锻炼"勇""智""谋""能"，实现导游服务的升级和转型，如图1-1所示。

接待准备

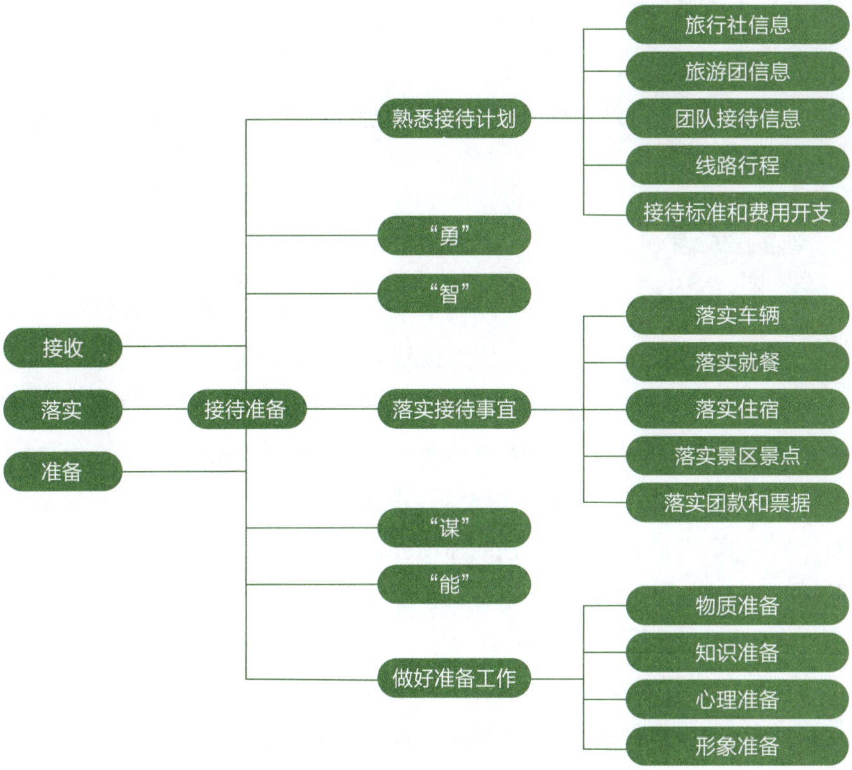

图1-1　接待准备

学习笔记

案例导入

小李是山西某旅行社的一名实习导游员，在旅行社实习的这半年里，她工作认真，虚心好学。但是在一次接待北京旅游团的过程中，她出现了漏接事故。当接到接待计划任务书后，小李反复核对了火车抵达的时间，“9月7日乘坐高铁8点40分抵达太原”。小李和司机师傅对接了接站时间。第二天，他们早早来到太原南站等待团队到来，却接到该团全陪的电话，说团队已经到达，没有找到地陪，问小李在哪个出站口。经过沟通，小李心中一惊，原来团队抵达的是太原站，而小李所到的是太原南站。小李赶忙在电话中致歉全陪。25分钟后，小李抵达太原站，先向全陪和团队致歉。虽然后来经过更加热情的服务，也得到了谅解，游客也比较满意，但事后想来，如果能再认真仔细些，如果能查询一下车次和抵达的车站，就不会出现这样的失误了。

学习笔记

思考

请同学们认真阅读案例，想一想导游在熟悉接待计划中，应该注意哪些内容？

案例评析

本案例中，小李对接待计划中“9月7日乘坐高铁8点40分抵达太原”，这句话凭借个人经验，认为接站是在太原南站，既没有跟计调进行确认，也没有经过查询车次和时间来确定车站，而造成漏接事故。

给我们的提示是：导游员在接到接待计划任务书后，对存在有疑问或歧义的地方，一定要核实和确认，不能凭借经验和个人主观想法来判断，要认真审阅每个细节，注意旅游团的名称、人数、航班或车次、抵达的时间和站点、所住酒店名称、停留天数、离团的时间等内容，绝不能带着问题和疑点去接团。

另外，分析和审阅了接待计划任务书后，还应就计划实施做大量的准备工作，如提前与接团司机确定会面时间和地点，了解旅游景点的开放时间，及时关注前往的路途是否有特殊状况，注意查看航班或车次的延误时间等。所做的准备工作越充分，出现失误的可能性越小，越能保证旅游行程每一个环节的顺利开展。

任务 1 熟悉接待计划

一、任务描述

导游应在旅游团抵达之前认真阅读接待计划任务书，准确、详细地了解旅游团的服务项目和要求。对接待计划上的内容如有疑问，要及时与相关人员联系核实。在阅读和熟悉接待计划任务书的同时，一是提前掌握团队情况，对不了解和不确定的问题，做到及时询问；二是确保行程安排科学有效、无漏洞、无错误，如发现问题要及时向计调提出。

接待计划任务书并无统一格式，大致包括：接待计划书（导游出团任务单）、游客信息、分房名单、行程安排、用餐情况、注意事项等。导游可以通过手机端查看电子接待计划书，并对具体行程进行实时更新，做好同步反馈。

二、任务学习目标

1. 掌握接待计划任务书所包含的信息内容。
2. 熟悉接待计划及服务项目和要求。

学习笔记

三、完成任务需要的新知识

（一）了解旅游接待计划任务书的内容

1. 接待计划书

组团社委托各地接社组织落实旅游团活动的契约型文件，包括组团社信息、地接社信息、团队操作和接待人员信息、团队基本情况信息等。

2. 行程单

行程单是组团旅行社与旅游者签订的旅游合同的组成部分，也是组团旅行社和地接旅行社需共同执行的合同标的。

3. 游客名单

入境旅游团都预先编制好，越来越多的国内旅游团也会在出发前编制名单表，在购买交通票据、购买保险、入住酒店等需要登记旅游者身份信息时使用。

4. 分房名单

为更加便捷地办理酒店入住手续，入境旅游团和部分国内旅游团会在出发前制作分房名单表，主要包括旅游者姓名和性别，后面留有空格，在入住各家酒店时便于快速填写对应的房间号。

5. 接待注意事项

旅行社针对该旅游团的特别提醒，有时会单列一份文件，有时会附在计划书或行程单的后面。

（二）熟悉接待计划

导游员应在旅游团抵达之前认真阅读接待计划任务书和有关资料，详细准确地了解该团的服务项目和要求，记录相关重要事项。

1. 旅行社信息

（1）组团社信息　组团社名称、客源地及使用语言、领队、全陪、联络人姓名及联系电话（表1–1）。

学习笔记

表 1–1 组团社信息

组团社名称	山西××国际旅行社有限公司
客源地	北京
使用语言	普通话
领队姓名及联系电话	无
全陪姓名及联系电话	冯× 183……1663
联络人姓名及联系电话	张× 136……7611

（2）地接社信息　地接社名称、联系人、计调、地陪的姓名及联系电话、旅游车司机及车辆信息（表1–2）。

表 1–2 地接社信息

计调姓名及联系电话	王× 176……4615
旅游车司机姓名及联系电话	李师傅 133……8524
车牌号	晋A36E……
座位数	56座
租车单位	山西××汽车租车有限公司
地陪姓名及联系电话	秦×× 131……2613

2. **旅游团信息**

（1）旅游团概况　旅游团名称、团号、领队、全陪姓名及电话、团队人数。

（2）旅游团成员　一般包括性别、年龄、职业、学历、宗教信仰等情况，是否有老弱病残等特殊群体。

3. **团队接待信息**

（1）住宿服务安排及标准　团队所下榻的酒店名称、星级标准、房间数、地址、电话等。房间的分配情况，考虑男女数量、小孩、老人、有无加床、有无自然单间等。

（2）用餐服务安排及标准　用餐次数、标准、地点、是否有特殊要求等。没有确定用餐地点的，地陪当天要根据行程合理安排，提前联系落实。

（3）交通服务安排及标准　抵离本地时所乘坐的飞机（火车、轮船）的班次、时间和机场（车站、码头）名称。返程或去下一站的交通票据是否已定妥，有无变更，提前与全陪或领队沟通确认。对改变的行程，可通过公众服务号在线实时查看行程、抵达时间、晚点时间，做好提前应对和针对性服务。

（4）有无其他特殊要求　该团是否需要安排有关方面负责人出面迎送、会见、宴请等事宜。

4. 线路行程

行程安排是一家旅行社设计区别性产品的重要因素。导游员要对本社特色产品的行程安排了如指掌，若对行程中的某一景点不熟悉，应提前通过旅游信息平台、景区App、小程序、一码通等数字化信息手段查询资料，获取最准确的信息。具体内容包括：

（1）旅游团出发、途径和目的地，线路行程时间及具体安排。

（2）合同中游览项目的安排。包含游览项目和游览时间，需另行付费的游览项目名称、收费标准及游览时间、门票等。

（3）购物和娱乐活动的安排。购物场所名称和停留时间，娱乐活动项目名称及活动时间，需另外付费的活动名称、收费标准等。

（4）其他自由活动的安排。

5. 接待标准和费用开支

团队接待等级及收费标准；费用开支的方式及数额、收付款对象、项目、币种、付款方式、金额等，如图1–2所示。

团队工作单

团号 DJZB20201011/13H　线路 平乔晋临汾三日游　部门 地接综合部

客人来源 华北　主要客户 携程　主要交通 公司车

导游

领队

接团日期 2020-10-11 00:00　送团日期 2020-10-13 00:00　签证类型

接团地点　送团地点　大人数 2 （其中领队____人）小孩数____

接团旗号 ××国际旅行社有限公司　计调 韩××　（TEL:134……3069）

集合时间/地点：

简介 司兼导 无加无购

客户情况

NO	客户名称	人数 大(领)+小	送团人数	备注
1	携程	2(0)+0	2	
	合计：	2(0)+0	2	

线路行程

日期	地区	行程	交通	酒店	用餐	备注
20-10-11	太原	BK2841-早9:25到太原武宿机场 138……6767-用房券		太原铂尔曼		
20-10-12	平遥	乔家大院、壶口瀑布 138……3676		临汾金都花园	早	
20-10-13	太原	平遥（城墙、日升昌、华北第一镖局、县衙）BK3298-21:50			早	

付款帐单

No.	付款对象	项目	币种	付款方式	数量	单价	金额	备注
1	导游现付	平遥电平车	R	现金	1.00	100.00	100.00	
2	壶口瀑布	景区小交通	R	现金	2.00	20.00	40.00	
3	太原富力铂尔曼酒店	房费	R	转账	1.00	按协议价	按协议价	用房券
4	临汾金都花园大酒店	房费	R	现金	1.00	298.00	298.00	
5	鑫晋源车队	车费	R	现金	1.00	700.00	700.00	
6	鑫晋源车队	车费	R	转账	1.00	按协议价	按协议价	
7	导游现付	预计过停	R	现金	1.00	400.00	400.00	
8	导游现付	礼品	R	现金	1.00	45.00	45.00	赠送特产
	合计：						1,583.00	

图1–2　团队工作单

学习笔记

四、任务实施

实训项目	熟悉旅游接待计划
实训要求	1. 熟悉接待计划的格式、内容 2. 准确分析接待计划中的相关信息
实训地点	导游模拟实训室
实训内容与步骤	一、实训准备 学生分组：学习平台发布“旅行社接待计划任务书” 二、实训开始 认真阅读接待计划和有关资料，准确分析旅游团的接待服务信息，能流畅描述，能提炼重要注意事项 （1）组团社基本信息 （2）地接社基本信息 （3）旅游团成员信息 （4）团队接待信息 （5）旅游行程安排 （6）特殊要求及注意事项 三、实训考核、点评 组间互评、教师示范性点评，总结任务要点并纠正任务实施过程中存在的问题，提出改进性建议

五、任务评价

考核项目	具体内容或要求	扣分项	扣分
描述接待内容全面（40分）	组团社基本信息、地接社基本信息、旅游团成员信息、团队接待信息、旅游行程安排、特殊要求及注意事项	内容缺少一项（或描述不详细）扣2分	
清晰罗列注意事项（30分）	罗列：时间、地点准确；旅游团成员中有不同宗教信仰的；景点中有一处需要考虑提前预约门票；旅游团成员中有儿童，需考虑房间和门票事项；其他注意事项	内容缺少一项（或描述不准确）扣2分	
合理分析疑问点（30分）	儿童的餐费、房费、门票费如何结算；有两位旅游团成员不随团抵达，是否需要接站	内容缺少一项（或分析不当）扣2分	

六、任务巩固与检测

1. 模拟练习：设计一份接待计划。
2. 扫描二维码检测任务学习情况。

任务2 落实接待事宜

一、任务描述

在旅行团抵达的前一天，导游员务必对接待计划中预定的车辆、住宿、用餐、景点等各服务环节，进行逐一落实，减少和避免各种突发或不确定因素。

导游可以通过数字化信息技术和移动设备，如旅游资源信息平台、小程序、App等使游客提前能够轻松获取资讯、随时了解旅游目的地的各种信息，实现信息资源和数据共享的同时，还能与游客在线互动沟通，了解需求，开展个性化服务，极大改善游客在吃、住、行、游、购、娱每个旅游消费环节的旅游体验。

二、任务学习目标

（1）明确导游员需要落实的内容。

（2）能运用数字化信息技术和移动设备。

（3）能够灵活处理预订服务中的突发状况。

三、完成任务需要的新知识

导游人员除了详细掌握接待计划内容，具备言语沟通、协调处理、灵活应变的能力外，还要培养自己使用新媒体，运用数字化、信息化手段收集、掌握和发布有效信息资源的能力。比如通过官网、微信公众号、小程序等媒体渠道，提前了解出发地、目的地新冠肺炎疫情最新防控政策，查询旅游景区开放、门票预约措施，密切关注目的地及沿途天气状况，特别是灾害性天气预警信息等，精准指导游客通过数字化信息平台，获取分时预约、在线预订、无接触式服务、扫码入园、智能导游导览等多种服务，提升游客数字智能体验感。

数字化信息素养已经成为数字文娱时代导游员必备基本素质之一，对于提升导游服务质量和应对能力，提升游客转化率和黏合度有很大作用。

正式接团的前一天，地陪要落实以下内容。

学习笔记

自我分析与总结

学习笔记

1. **落实车辆**

地陪要主动与司机师傅联系，核实团队的车型、车号、座位数，以及车况，商定碰头地点和时间，确保按规定时间抵达接站点。大型团队车辆较多时，需在车前醒目位置贴上车辆序号，便于区分。导游通过位置共享、导航等精准定位，科学规划出行线路，确保与司机、游客快速汇合。

2. **落实就餐**

地陪要与各有关餐厅联系，核实团队订餐情况，确认团号、日期、人数和标准，强调用餐特殊要求，熟悉餐厅地点，确认行车路线。

3. **落实住宿**

地陪要与旅游团下榻的不同酒店逐一确认，房间数、房型、是否含早餐等，务必确保房间数和房型的准确。熟悉酒店的地理位置、服务设施，以及前往酒店的路线。如有必要，还可以进一步与酒店前台确认分房名单，与行李处确认行李接送，尤其是境外团队的行李接送，为次日的入住工作做好准备。

4. **落实景区景点**

落实前往景区景点的路线与路况，尤其是路况是否有最新变化，是否需要提前更改路线。事先通过景区信息平台了解景区景点的开放时间、最佳游览线路、游览方式、停车场所及数量、厕所位置等，以保证游览活动顺利进行。落实特殊人群的票价，做到心中有数。

5. **落实团款和票据**

向计调了解团队各单项费用，掌握所有付费项目的结算方式与旅行社协议价格，提前计算出各项支出，并随时检查费用情况，使用便携式移动设备进行扫码支付、自助式发票、刷脸等无接触式支付方式，快速便捷结账并获取票据。

四、任务实施

实训项目	落实旅游接待事宜
实训要求	1. 掌握旅游接待的各项准备工作 2. 掌握落实接待工作的方法 3. 采用多媒体渠道掌握有效信息资源
实训地点	导游模拟实训室

续表

实训内容及步骤	一、实训准备 学生分组，组内分派角色：地陪、司机、酒店总台工作人员、餐厅工作人员、景点工作人员等，准备旅游接待计划单、行程安排表等资料 二、实训开始 各组按序展示，组间互评，平台公布考核结果 （1）掌握联系电话　备齐并随身携带有关旅游接待部门和人员的联系方式 （2）落实旅行车辆　联系司机，确认司机姓名、电话，核实旅游车车型、车牌号；确认与其接头时间、地点，告知日程；接大型旅游团时，要在车上贴编号或醒目的标记 （3）落实住房　熟悉旅游团下榻的饭店情况、核实旅游团的住房数、级别、是否含早餐等，如有行李运输需要提前落实 （4）落实用餐　与餐厅确认该团日程表上安排的每一个用餐情况，如团号、人数、餐饮标准、日期、特殊要求等 （5）落实景区、景点参观安排　与景区、景点进行详细沟通，提前了解营业时间、购票、预约等事项；落实娱乐、购物安排、观看注意等事项 （6）落实票款、票据　掌握所有付费项目的结算方式与旅行社协议价格，提前计算出各项支出，并随时检查费用情况 注意：以上环节中，还应体现落实车队、酒店、餐厅、景区和娱乐购物场所的新冠肺炎疫情防控政策和措施，提前在各种移动客户端做好针对性提醒和准备工作 三、实训考核、点评 小组互评，教师在学习平台反馈小组考核结果，现场总结任务要点，纠正任务实施过程中存在的问题

五、任务评价

考核项目	具体内容或要求	扣分项	扣分
信息收集（25分）	采用多媒体渠道进行信息收集；备齐并随身携带有关旅游接待部门和人员的联系方式；结合实际，关注新冠肺炎疫情防控信息	未携带相关联系方式扣5分；未体现多媒体信息扣5分，未体现新冠肺炎疫情防控信息扣5分	
落实旅行车辆（15分）	联系司机，确认司机姓名、电话，核实旅游车车型、车牌号；确认与其接头时间、地点，告知日程；接大型旅游团时，要在车上贴编号或醒目的标记	详细准确为宜，少一处扣2分	

学习笔记

学习笔记

续表

考核项目	具体内容或要求	扣分项	扣分
落实住房（15分）	核实旅游团的住房数、级别、楼层分配、是否含早餐、行李运输等，包括对停车场、路线等的确认	详细准确为宜，少一处扣2分	
落实用餐（15分）	与餐厅确认用餐情况，如团号、人数、餐饮标准、日期、特殊要求等，包括对停车场、路线等的确认	详细准确为宜，少一处扣2分	
落实景区、景点参观安排（15分）	提前了解景区或娱乐项目的营业时间、购票、预约等事项，包括对停车场、路线等的确认	详细准确为宜，少一处扣2分	
落实团款、票据（15分）	掌握所有付费项目的结算方式与旅行社协议价格，提前计算出各项支出，并随时检查费用情况	详细准确为宜，少一处扣2分	

六、任务巩固与检测

1. 模拟练习：地陪小李接团前一天与餐厅确认用餐情况，强调特殊用餐注意事项。

2. 扫描二维码检测任务学习情况。

自我分析与总结

任务 3　做好准备工作

一、任务描述

导游在对接待计划详细了解、认真落实的基础上，还需要做好一切准备工作，包含物质准备、知识准备、心理准备、形象准备等。

二、任务学习目标

（1）掌握旅游接待的各项准备工作。

（2）掌握落实接待工作的方法。

三、完成任务需要的新知识

（一）物质准备

导游工作中，随身携带的工作和个人物品，尽量做到“精而简”“广而全”，切忌“繁而多”。简单齐全，全面实用的准备，有利于用心细致地开展工作。

学习笔记

1. 工作用品

导游上团前应准备好接待计划书、导游证、身份证、接待社社旗、接站牌、游客意见反馈表、团款、扩音器、接待日志、返程车票、结算单据、电话簿等。还有旅行社为游客准备的旅游帽、行李袋等物品也要清点准备。

2. 个人用品

个人用品是指导游员为保障和提高接待质量，自行携带的物品。主要包括工作包、生活用品、防护用品、必备现金、手机及充电器、药品等。

（二）知识准备

旅游开始前，导游员应根据旅游团的计划和旅游团的性质特点，在翻译、专业领域、景区特色等知识上，做好相应的功课。

1. 参观景点的知识

导游对应行程中的景区景点，检查自己的知识储备，对不清楚、不确定的、有疑义的地方应及时查阅资料。随着游客获取资源渠道的多元化，对导游深度讲解、文化内涵和人文素养有了较高要求，导游人员必须紧跟数字旅游时代需求，不断转型升级，才能使自身智慧导览和讲解艺术能力得到提升。

2. 与旅游团游客相关的知识

导游需结合所带团队的成员构成、职业特点、文化程度、宗教信仰等，准备不同程度、不同方面的知识。有针对性地提前了解，以便更好地讲解和交流。

3. 其他知识

对热门话题、国内外重大新闻、即时信息、翻译内容要熟悉，既可以丰富讲解内容，还可以快速与游客找到共同话题，拉近距离。

（三）心理准备

心理准备是导游接待工作的必要条件。一名优秀的导游应具备良好的心理素质，拥有健康的心理状态、饱满的工作热情和对导游工作执着的热爱。

导游在上岗前做好充分心理准备，认识到导游工作的艰苦性和服务性，才能够应对和克服工作中出现的困难和障碍，才能承受游客的抱怨和投诉，还可以在慌乱中做到妥善迅速处理事情。

学习笔记

（四）形象准备

我们这里说的是形象“准备”，但并不意味着导游只在接团前修饰打扮自己一番，而是要求导游在日常生活中就养成习惯，随时注重自己的形象。导游是旅游服务的提供者和旅游形象的展示者，是传播中华优秀传统文化、弘扬社会主义先进文化、促进社会主义精神文明建设的重要窗口。

导游要在游客心目中塑造可依赖、可帮助和有能力带领他们安全、顺利地在旅游目的地进行旅游活动的形象。在带团过程中，既要重视第一印象，也要维护好整体形象，可以对照表1–3的内容进行练习。

表 1–3　导游员良好形象对照练习表

内容	要求		具体操作
重视第一印象	出面	导游员要显示出自己良好的仪容、仪表、神态、风度	衣着要整洁、得体，化妆和发型要适合个人的身体特征和身份，衣着打扮不能太光艳，以免抢了游客的风采，引起他人的不快；也不能太随便，导致游客的不满
	出口	导游员使用的语言、讲话时的声调和音色	初次见到游客时，导游员谈吐高雅脱俗、悦耳动听、幽默风趣、快慢相宜、亲切自然，很容易获得游客的好感
	出手	表现在动作、姿态、气质方面	待人自然大方，办事果断利索，站、坐、行有度，与人相处直率而不鲁莽、活泼而不轻佻，自尊而不狂傲，工作紧张而不失措，服务热情而不巴结，礼让三分但不低三下四，这样的导游员比较容易获得游客的信任
维护整体形象	形象塑造是一个动态的、连续的过程，贯穿于旅游活动的始终，而良好的第一印象仅仅体现在导游员接团这一环节上，因此维护形象比树立形象更重要、更艰巨		·始终坚持主动热情地对待每一位游客 ·善于与游客沟通情感，与他们建立友情 ·多向游客提供微笑服务、细致服务、使游客对导游产生亲切感 ·要多干实事，少说空话，做到言必行、行必果 ·做到处事不惊、果断、利索，给游客安全感 ·要善于弥补服务缺陷，一丝不苟、善始善终地做好送行工作

（五）信息准备

5G、大数据等数字化科技要素，为文旅融合提供了新动能，催生了新要求。导游服务工作要借助各种数字化信息技术，例如通过小程序提供产品介绍、直播分享、排队预约等前置服务，让游客能够在来到景区之前就可以获取足够有效、真实、实用的信息，实现服务智能化、体验互动化。

学习笔记

四、任务实施

实训项目	接团前准备工作
实训要求	1. 熟悉准备工作及内容 2. 培养职业心理素质 3. 树立职业形象
实训地点	导游模拟实训室
实训内容与步骤	一、实训准备 课前每人录制3分钟介绍准备工作的视频，以组为单位上传平台 二、实训开始 课上各组交叉观摩小组提交的视频，学生进行现场提问和评分，反馈考评结果。考核内容如下： （1）物质准备；（2）知识准备；（3）心理准备；（4）形象准备； （5）信息准备；（6）其他（加分或扣分项） 三、实训考核、点评 组间交叉，互评各组成员，进行评分反馈；教师结合共性问题进行指导纠正；对表现突出，成绩优秀的同学给予附加分

五、任务评价

自我分析与总结

考核项目	具体内容或要求	扣分项	扣分
物质准备（20分）	包括工作物品和个人物品的准备，遵循“精而简”“广而全”的原则，目的是保障和提高接待质量所携带的物品	按照常规准备项目，少一项扣5分	
知识准备（20分）	根据旅游团的计划和旅游团的性质特点，在翻译、专业领域、景区特色等知识上做准备；也要在自己不擅长的方面做足功课	按照接待任务内容，少一项或准备不充分扣5分	
心理准备（20分）	做好充分心理准备，能认识到工作的艰辛，有克服困难和解决问题的信心和毅力	从心理建设、工作认知、信心和毅力等方面进行扣分，准备不充分或认知不到位每一处扣5分	

学习笔记

续表

考核项目	具体内容或要求	扣分项	扣分
形象准备（20分）	能认识导游个人形象的重要性，努力塑造旅游形象展示者，有职业荣誉感和责任担当；从服装、妆容、仪态、气质等整体形象入手	从服装、妆容、仪态、气质等细节进行扣分，每一处不合格扣5分	
信息准备（20分）	整个实施过程体现对数字化信息化手段的运用，提升数字化信息素养	信息化手段的运用、信息素养的储备，不具备或体现不充分，扣10分	

六、任务巩固与检测

1. 模拟练习：作为新导游，游客对你的讲解不满意，你应该如何处理？

2. 扫描二维码检测任务学习情况。

项目总结

好导游，是一名好演员，也是一位好导演

作为一名新导游，工作经历有限，工作经验不够丰富，貌似很符合逻辑。但真正的好导游，没有几个是凭借运气的，他们共同的特性是有“不怕吃苦、自我奉献”的精神。尤其遇到接待计划中的内容和线路是自己没有走过的，一定想办法做足“攻略”，提前踩点，亲自体验，可以查询资料，或者咨询有经验的导游，一定要相信“耳闻—目见—手辨—足践”的道理。总之，要想真正熟悉接待计划，绝不是读懂计划，而是要把接待计划在心中提前演一遍，并设想好在哪个环节上有可能出现怎样的状况，需要做好哪些预案，会被问到哪些问题……只有这样才可能在遇到问题时不慌乱，逻辑清晰、合理巧妙地去处理。这是作为导游员需要学习和锻炼的一种必不可少的能力。做一名好导演，为游客安排一出好戏，做一名好演员，为游客一展风采。

项目检测

扫描二维码检测项目学习情况。

项目二 接站服务

学习笔记

项目导读

接站服务，是整个旅游活动开始的首次见面服务，会给游客留下很深刻的印象。主要由三个任务组成，从抵达前：确认时间和站点；到抵达后：快速准确认找团队，核对和清点人数行李；再到沿途中：致欢迎词，开始首次沿途讲解。整个过程要求：服务环节紧凑，核对内容准确。导游员以良好的形象展示旅行社的信誉品质，如图1-3所示。

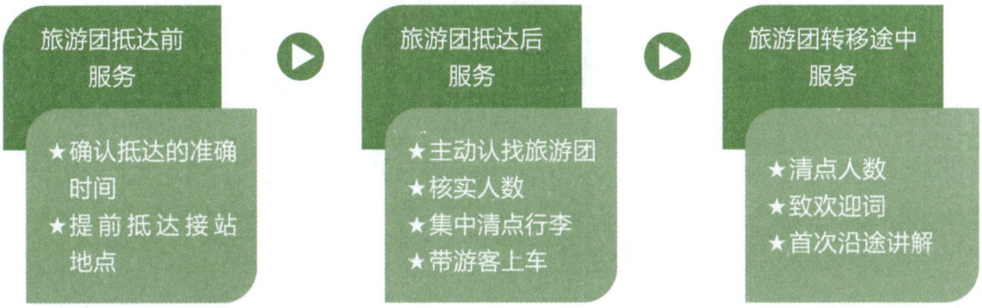

图1-3 迎接服务程序

项目学习目标

知识目标	1. 熟练掌握地陪接站服务礼仪及流程。 2. 掌握认找不同旅游团的方法。 3. 熟悉不同类型的欢迎词。 4. 掌握首次沿途讲解的创作方法。
能力目标	1. 能使用规范的接站服务礼仪。 2. 能在接团过程中快速认找不同类型旅游团队。 3. 能创作简单的首次沿途讲解词。 4. 会使用首次沿途导游的创作技巧。
素质目标	以国家职业技能人才培养为导向目标，对接“1+*X*”职业技能证书考核目标。
思政目标	树立职业强国、职业大国的宏伟志向，传承大国工匠的敬业和执着精神。

项目实施

本项目采用信息化教学方式，课前一周在学习平台发布“关于接站

学习笔记

服务流程及注意事项”的知识内容，详细罗列任务单；学生分组后，各自领取任务单，按照角色分工进行设计和创作。课堂中展示三个任务内容的完成情况，师生点评，组间互评。学生通过完成此项目，培养团队协作和创作精神，规范服务意识和流程，在实训模拟中感受成功接站和首次创作欢迎词、讲解词的成就感，逐步树立对导游职业的认知和热爱。接站服务及流程参考图1–4。

接站服务

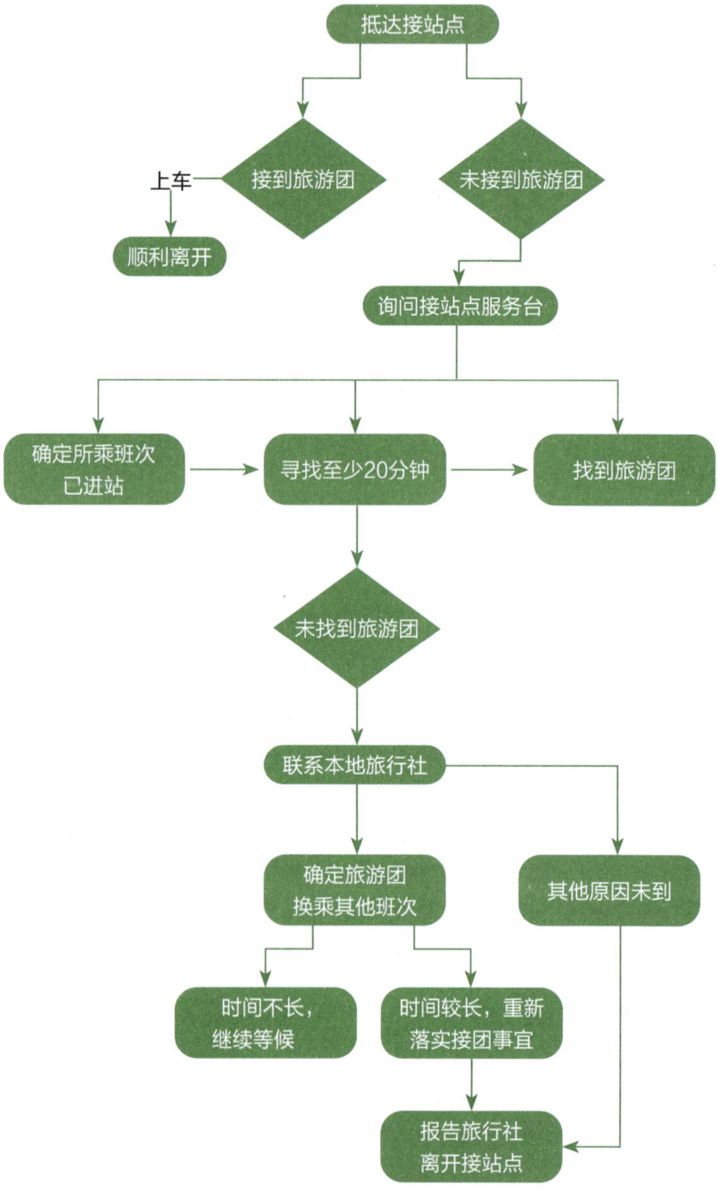

图1–4 接站流程图

案例导入

6月20日，某研学旅行社地陪小周，按接待计划提前30分钟抵达接站处迎接旅游团，等待许久，但小周未接到游客。

学习笔记

思考

应如何处理这一空接事故?

案例评析

地陪在遇到“空接”时，要尽快搞清楚事情的来龙去脉。按程序和流程依次落实，如图1–4所示。我们采取以下流程：

（1）小周应询问接站处服务台，确定所乘班次的乘客已全部进站。

（2）与司机配合，在尽可能的范围内寻找至少20分钟。

（3）若确定找不到应接的旅游团时，小周应立即与本社有关部门电话联系，报告迎接情况。

（4）再次核实该旅游团抵达的日期和最新班次情况。

（5）若旅游团换乘其他班次，或旅游团推迟到达，推迟时间不长，可留在接站点继续等候。

（6）若推迟时间较长，应按本社有关部门的安排，重新落实接团事宜。

（7）若属其他原因，并确认迎接无望时，经本社有关部门同意，小周方可离开接站点。

任务1 迎接团队

一、任务描述

迎接服务，是地陪按照接待计划中的安排，提前去往机场（车站、码头）迎候游客，确认游客并将其与随身行李安全接送至所下榻饭店，或是下一个景点的服务工作。

学习笔记

二、任务学习目标

（1）掌握迎接团队的工作流程。

（2）能够快速准确认找不同旅游团。

（3）掌握处理接站事故的工作流程。

三、完成任务需要的新知识

（一）接站准备

接站准备见图1–5。

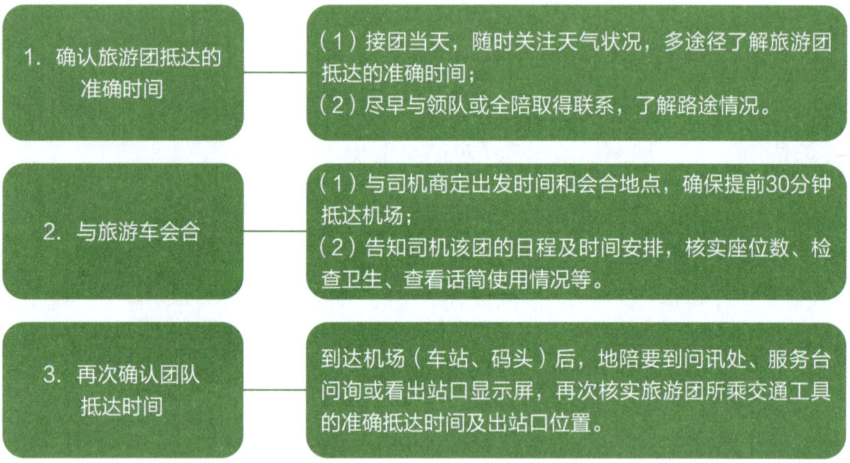

图1–5 接站准备

（二）迎接工作

1. 等候团队

旅游团所乘坐的飞机（火车、轮船）抵达后，地陪要在旅游团出站前站在出站口的醒目位置，面向出站口，高举社旗或接站牌，迎接游客的到来。

2. 认找旅游团

地陪一方面要突出自己的位置，使游客、领队或全陪能够清晰地看到自己的社旗或接站牌，另一方面也要仔细观察，主动认找旅游团（图1–6）。

3. 清点人数与行李

地陪接到旅游团，在确认无误后，应立即向领队、全陪或游客核对实到人数，如果出现增加或减少等与计划不符的情况，要及时通知接待旅行社的有关部门并做出相应调整。协助全陪和领队，提醒游客清点自己的行李及核对数量。

学习笔记

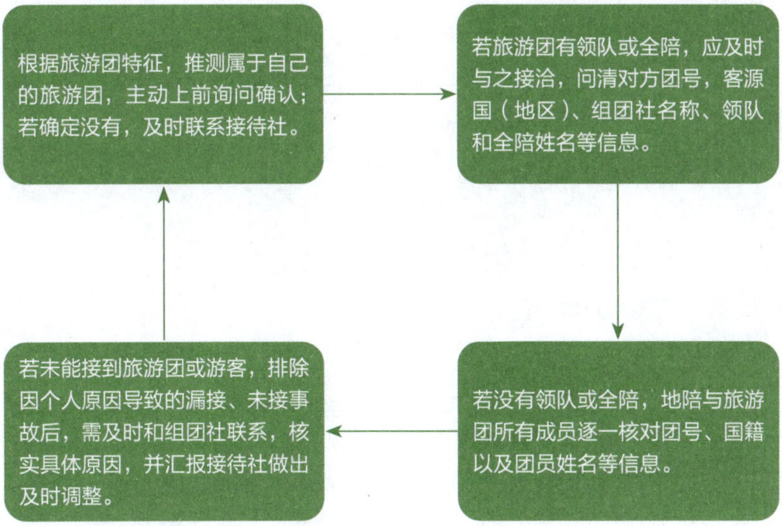

图1-6 认找旅游团

4. 引导登车

核对完毕，完成上述程序后，地陪高举社旗引领游客前往旅游车停放处。引领过程中需随时关注后面游客的行进速度，保障所有游客不落队。在通过红绿灯路口时，提醒游客注意安全。抵达旅游车停放处后，导游应站在车旁，招呼所有游客有序上车，并与司机一同协助游客放置大件行李。

（三）做好车内服务工作

游客全部上车后，地陪检查游客随身物品是否放妥，游客全部坐稳，地陪要礼貌地清点人数，并向全陪或领队询问是否可以发车了。如无异议，地陪再请旅游车司机开车。

【小技巧】

清点游客人数时主要使用目光默数的方法，用目光柔和接触游客，面带微笑，用心算人数，绝对避免用手指头点着游客来数。方法见图1-7。

图1-7 清点人数

学习笔记

四、任务实施

实训项目	认找和迎接旅游团
实训要求	1. 掌握认找旅游团的基本方法 2. 熟练操作认找团队的程序 3. 掌握认找不同类型团队的技巧
实训地点	导游模拟实训室
实训内容与步骤	一、实训准备 1. 学生分组，扮演不同类型的团队与导游 2. 制作接站牌 （1）写清团名团号，领队或全陪姓名 （2）接散客或者小型旅游团或无领队、全陪的旅游团时要写上游客的姓名 二、实训开始 （1）核对时间　要求做到“三核实”，即核对计划时间、时刻表时间和实际到达时间 （2）联系司机　与司机联系，约定会合时间地点，提前30分钟到达接站处 （3）持接站牌等候　持接站牌站立在出站口（或模拟实训教室门口）醒目的位置，迎候旅游团，便于领队、全陪或游客前来联系 （4）主动认找　由学生分组扮演几组不同团号的游客，团队资料由受测学生随机抽取；受测学生通过其他同学衣着、组团社徽记等，分析、判断并上前询问，主动认找 （5）核实团队的团号、组团社名称、人数、领队及全陪或游客的姓名 （6）清点团队人数和行李，引导登车 三、实训考核、评价 学生在实训现场，通过手机学习平台，根据各组模拟实训的表现，给出小组成绩，同时也可以给单个同学的个人表现打分。最后，通过平台汇总核算出各组和个人的最终成绩

五、任务评价

考核项目	具体内容或要求	扣分项	扣分
准备工作（20分）	确认接站时间、地点；联系司机；自制接站牌及信息	准备是否齐全，接站牌是否规范，缺一处扣3分	
迎接礼仪（20分）	个人仪容仪表；注意举旗、举接站牌的礼仪；与游客询问沟通的礼仪	站姿、微笑、语言多角度，缺一处扣3分	
主动认找（20分）	敏锐判断力；主动上前问候	准确度、主动性是否到位，缺一处扣3分	

续表

考核项目	具体内容或要求	扣分项	扣分
核对信息（20分）	与领队或全陪核对；无领队或全陪的与游客一一核对	是否一一核对；对信息的把握程度，缺一处扣3分	
引领登车（20分）	确认游客全部接到，行李清点后统一引领登车	引领和登车礼仪；清点人数和行李，缺一处扣3分	

学习笔记

六、任务巩固与检测

1. 模拟练习：导游员认找旅游团常遇到的几种情况。

2. 扫描二维码检测任务学习情况。

任务 2　致欢迎词

一、任务描述

致欢迎词，是导游在游客面前的实力亮相，也是树立第一印象的关键时机。此时导游的状态要精神饱满，热情真诚，要避免千篇一律的欢迎词，创作和设计符合旅游团的“定制欢迎词”。这样，既可以调动游客的情绪，还能够很快消除导游与游客之间初次见面的拘谨与陌生，为后续相互配合与合作做铺垫，留下深刻而美好的印象。

首次见面：致欢迎词

自我分析与总结

二、任务学习目标

（1）掌握欢迎词的类型、主要内容和注意事项。

（2）能够根据不同旅游团队创作不同的欢迎词。

（3）培养主动为游客服务的意识。

三、完成任务需要的新知识

（一）欢迎词的类型

欢迎词的常见类型见图1–8。

学习笔记

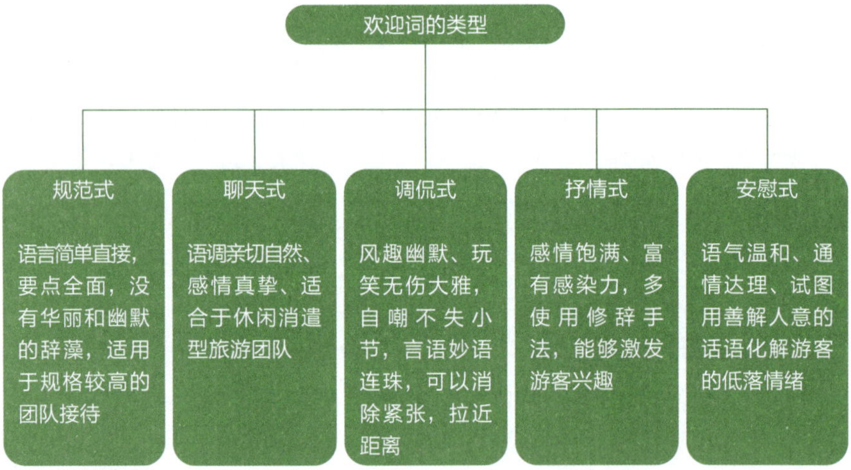

图1-8 欢迎词的类型

（二）掌握致欢迎词的时机

致欢迎词一般选择在接到游客，登车前往下一目的地的途中进行。待游客坐稳坐好，旅游车正常行驶了，开始致欢迎词。也有的是在接到游客后的接站地致欢迎词，导游员可以结合接站当天的基本情况来灵活调整致欢迎词的时机。

（三）了解致欢迎词的注意事项

致欢迎词时，导游应面对游客，站在车厢的前部，在司机附近，这样导游能及时全面地关注所有游客的表情和反应，同时也保障游客都能看到导游。为了安全起见，导游会拉出座椅上的靠板，将身体微微靠在靠板上，保持平衡和稳定，尤其是在路途颠簸的路段，导游要注意自身安全，不要因为车辆行驶中自己站立不稳而闹出笑话。

（四）欢迎词的常规内容

欢迎词的内容一般包括：

（1）代表所在旅行社、本人及司机欢迎游客光临本地。

（2）介绍自己的姓名和所属单位。

（3）介绍司机。

（4）表达尽力做好服务的态度和希望得到合作的愿望。

（5）预祝游客旅游愉快。

（五）个性创作

随着信息传播快捷化，游客出游也会做各种攻略，千篇一律的导游开场白不会让游客满意。每个导游的个性和风格不同，所擅长的领域也有不同，虽说导游是“杂家”，但也会让人感觉是杂而不专，如果导游能结合个性特点，创作不同风格的开场白，则可以提升在游客心目中的地位和形象，拉近与游客的距离。

学习笔记

四、任务实施

实训项目	致欢迎词
实训要求	1. 能掌握欢迎词包括的主要内容 2. 能针对不同团队致欢迎词
实训地点	导游模拟实训室
实训内容与步骤	一、实训准备 学生分组，角色扮演导游、旅游团游客（不同类型） 二、实训开始 导游根据不同旅游团的特点致欢迎词 （1）要求保持微笑，保持良好的站姿（拉出靠板，站稳扶好），手持话筒要离开嘴边10厘米，语音语调要柔和 （2）欢迎词内容要做到全面、规范和符合团队特点 （3）能突出团队特点，有创新，有变化 三、实训考核、点评 教师点评，总结任务要点并纠正任务实施过程中存在的问题

五、任务评价

考核项目	具体内容或要求	扣分项	扣分
站姿要领（20分）	拉靠板、面向游客、未出现插兜、摇晃身体等不雅姿态	未拉靠板扣5分；出现不规范行为各项扣5分	
主题明确（20分）	根据所选团队的类型，选择相应的欢迎词类型	主题类型对应错误，扣20分	
语言（20分）	规范、得体；表达流畅、有亲和力	每项不符合扣5分	
微笑（20分）	自然、大方；自信、热情	每项不符合扣5分	
整体创作（20分）	有创新性创作；谈吐自然、举止得体、热情亲和	每项不符合扣5分	

自我分析与总结

六、任务巩固与检测

1. 模拟练习：创作一篇“抒情式”导游词。
2. 扫描二维码检测任务学习情况。

学习笔记

任务 3 首站导游

一、任务描述

游客初到一地，对当地充满好奇、兴奋，期待导游的讲解。导游应抓住时机，给游客介绍一些具体、实用的知识和注意事项，以游客最感兴趣、最想了解的点为核心展开讲解。首次沿途的讲解内容应视行车时间长短而定，详略得当，重点突出，切忌面面俱到，长篇大论。

二、任务学习目标

（1）掌握首次沿途导游词的具体内容。

（2）能针对不同旅游团做好首次讲解，调动游客情绪。

三、完成任务需要的新知识

1. 首次沿途导游词创作

首次沿途导游是地陪的工作重点，也是展示导游员知识、导游技能和工作能力的大好机会。精彩成功的首次沿途导游会使游客产生信任感和满足感，从而在游客中树立较好印象和较高的地位。讲解内容主要是沿途风光介绍、下榻酒店介绍及本地风情介绍，也可将风景和风情两者穿插介绍，同时还要创新引入的方式方法。

（1）当地概况 简单介绍当地整体概况、气候条件、人口、历史沿革、文化传统、政治经济、社会生活、市容市貌、风土人情等，使游客对所游览的城市产生好感。

（2）主要行程 地陪要对接下来行程整体安排及旅游中的吃住行等项目进行介绍，要让游客做到心中有数，同时也要对一些注意事项进行强调和提醒。

（3）沿途风光 介绍沿途具有代表性的景物，讲解内容与所见景物同步，与游客的欣赏同步，并留意观察游客的反应，回答游客提出的问题。讲解内容不可能追求讲全，但主要内容要涉及。讲解时语言简明扼要、点到为止，还可以适当做铺垫，设一些悬念，吸引游客，调动情绪。

（4）介绍旅游团所下榻的饭店 用餐和住宿也是游客在旅行中很关注的。地陪事先对所下榻的饭店星级、位置等情况进行介绍和安排，可以打消游客的疑虑，也可以利用车上的时间集中回答大家的问题，有助于后续工作的开展。

（5）宣布集合地点及停车地点　旅游车到达饭店后，地陪应该在游客下车前向大家明确停车地点、集合时间，提醒游客记住车牌号。

（6）其他事项　地陪还可以结合旅游团的特点，视情况向游客介绍旅游目的地的法律法规、宗教信仰、风俗禁忌等内容，为游客提供更加细致周到的服务。

2. 致首次沿途导游词

导游在首次沿途讲解中，要掌握一些技巧，在介绍之前可以给游客发放当地的导游图。

（1）根据游客的特点讲解　可以根据旅游团特点、游客的年龄、文化层次来调整讲解节奏和讲解内容。对于较疲劳的游客，向他们问候完毕，便要用诙谐的语言和亲切的语调为之讲解，内容也可由浅入深，这样可以放松他们的情绪；对于精力旺盛的游客，可以加快讲解速度，按程序规定的内容讲解。

（2）讲解的内容要新鲜，要有吸引力　常规是要介绍当地人口、面积、建设等情况，让游客对所参观的城市有所了解；也可以介绍货币兑换、安全、卫生、天气、酒店设施等与旅游有直接关系的内容，使游客产生宾至如归的感觉。但是，应该注意的是，导游介绍时要注意变化方式，不能一上来就开口介绍人口面积，这会让游客感到枯燥乏味，可以用历史典故、地名由来、特产宣传引出开场，通过沿途的山、水引入对城市的赞美，让游客的兴趣油然而生。

四、任务实施

实训项目	首次沿途导游
实训要求	1. 能掌握首次沿途导游的创作技巧 2. 通过讲解能够积极调动游客的情绪
实训地点	导游模拟实训室（多媒体播放影像资料演示车外沿途景色）
实训内容与步骤	一、实训准备 学生自主分组，以小组为单位扮演导游和不同类型的旅游团 （1）在平台上提交各组名单、角色并确定旅游团类型（评价时用） （2）上传行程影像资料 二、实训开始 1. 介绍旅游行程 有重点地介绍游客在本地的旅游行程，突出地方特色

学习笔记

学习笔记

续表

实训内容与步骤	2. 介绍当地情况 介绍游览城市的概况、气候条件、人口、行政区划分、社会生活、文化传统、土特产品、历史沿革等，市容市貌、发展概况及沿途重要建筑物和街道介绍 3. 介绍沿途风光 （1）讲解内容要简明扼要，语言节奏要明快、清晰 （2）景物取舍得当，随机应变，见人说人，见物说物，与游客的欣赏同步 4. 介绍入住酒店 地陪应向游客介绍该团所住酒店的基本情况，包括酒店的名称、位置、距机场（车站、码头）的距离、星级、规模、主要设施和设备及其使用方法、入住手续等 三、实训考核、点评 教师点评，小组互评，总结任务要点并纠正任务实施过程中存在的问题

五、任务评价

考核项目	具体内容或要求	扣分项	扣分
介绍旅游行程（20分）	能抓住游客的关注点和兴趣点，重点介绍本次旅游行程，突出地方特色	每一项不符合要求扣5分	
介绍沿途风光（20分）	讲解内容简明扼要，景物取舍得当，与旅游者的欣赏同步；语言清晰有亲和力、感染力，吸引游客的注意力	每一项不符合要求扣5分	
介绍当地情况（20分）	介绍城市的概况、气候、人文、民风民俗等方面，有力宣传当地旅游文化	每一项不符合要求扣5分	
介绍入住酒店（20分）	介绍该团所住酒店的基本情况，包括酒店的名称、位置、距机场（车站、码头）的距离、星级、规模、主要设施和设备及其使用方法、入住手续等	每一项不符合要求扣5分	
整体创作（20分）	内容完整；详略得当；较全面地展示导游的基本功，有创新	每一项不符合要求扣5分	

自我分析与总结

六、任务巩固与检测

1. 模拟练习：从太原到平遥古城，进行首次沿途讲解。

2. 扫描二维码检测任务学习情况。

项目总结

学习笔记

导游词的创作，永远走在时代的路上

本项目完成了接站服务，开启了首站导游介绍，导游的讲解和艺术才能即将登场。新时代的导游员，对导游词的创作，永远走在时代的路上。

导游讲解贵在灵活，妙在变化。随着时代信息化的快速传递，游客对信息的获取和掌握极为广泛，社会公众认知的提升进而会对导游提出更高的要求。如果导游不与时俱进，不涉猎广泛，不捕捉时代热议，不紧跟时代潮流，仍一成不变、一如既往进行讲解，不去思考如何在不变的景点讲解词中“加料”，那定会引来游客的不满。但是要想真正做到颠覆常规导游词，也不是简单的“穿个马甲”换个行头的事情。举例来说，导游员需要关注最新出现的社会热议话题和网络热词，来吸引游客，并且给游客带来意外的惊喜；导游员需要将最新的考古科研等成果加入景点导游词讲解中，让游客感知导游对景点知识的专业引领；还需要导游员博览群书，对地域文化有深层次思考和提炼，有能力去反驳和批判一些错误言论……所以，这绝不是一件简单的事情，新的导游员需要做足功课，对接1+*X*职业技能证书，不断地进修、深造和打磨，时刻进行自我提升和充电，时刻紧扣时代脉搏，用心创作耳目一新的导游词，方可立足行业。

项目检测

扫描二维码检测项目学习情况。

学习笔记

项目三 入店服务

项目导读

入店服务是指导游在旅游团抵达所预订的酒店后，为游客快速办理入住手续，保障游客及行李快速进入客房所开展的一系列服务。入店服务是一种家的归属，导游在这里的每一次用心和真诚都能感动游客，能迅速拉近与游客的距离，这也是提升导游在游客心目中地位和形象的绝佳时机。酒店遵循为游客提供高品质、满意加惊喜的服务，而作为代办人，导游要将这些服务传递给游客，为他们办理入住手续、协助游客及行李进房、带游客用第一餐、查房巡房等，能否合理统筹每个环节的时间、速度，能否高效率地完成服务环节，都是衡量导游工作能力及业务素质的重要标准。

项目学习目标

知识目标	1. 掌握旅游团入店服务的程序。 2. 熟悉游客入住后的检查环节。 3. 熟悉安排次日活动的内容。
能力目标	1. 能够熟练办理入住手续。 2. 能够介绍酒店设施设备及注意事项。
素质目标	培养管家式服务意识、责任意识和效率意识。
思政目标	1. 以己之身，思他人之需，养成推己及人的态度。 2. 培养责任担当意识。

项目实施

本项目通过学习三个任务“办理入住手续”“介绍酒店设施”“安排次日活动”（图1-9）来掌握入店服务的系列流程化内容，达到对导游员入店服务整体接待过程的熟悉。服务流程难度不大，但是实际带团实施过程中的变化性很大，从而使得服务意识、责任意识、效率意识很重要。要引导和培养学生以己之身，思他人之需，推己及人的职业品质。

入店服务

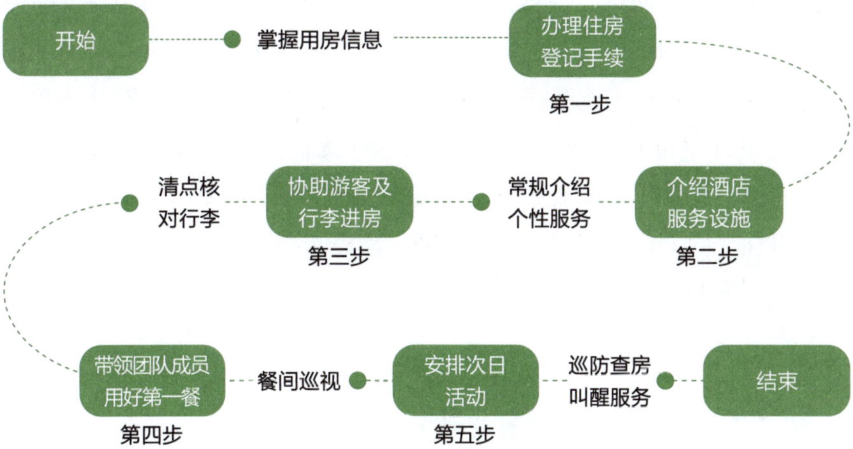

图1-9　入店服务程序图

案例导入

2019年，研学旅行指导师小青带领海外华裔青少年研学团入住一家四星级酒店，房间温馨舒适，配套设施齐全。小青心想，这么舒适的酒店游客一定很满意，估计晚上也不会有什么问题，再加上白天旅途劳累，晚上他在群内简单发了一条问候信息便倒头睡下。可谁知，没过多久，学生在交流群@小青，吐槽不会使用酒店Wi-Fi（无线网络通信技术），没有办法和家长视频，家长在大洋彼岸也很着急。有位家长打通了酒店前台，咨询了房间网络使用方法，并在群里告知了其他学生及家长。当然，他还拨通了小青的手机，发起一顿牢骚，埋怨他工作不尽职。小青才意识到自己没有告知学生们房间内网络使用方法及Wi-Fi连接的密码。

思考

请问本案例中引起家长不满的原因是什么？

学习笔记

学习笔记

案例评析

本案例中引起家长不满的原因很明显，在入店服务中介绍酒店服务设施没有结合游客需要。我们假设小青在学生们入住时或查房时，若能关注到年轻人对网络的需要，有针对性为其介绍，或者在家长交流群内及时发送房间网络使用情况等信息，就完全可以避免这种不满，而且还可以让家长快速联系到孩子，感受到导游员的细致服务。现在社会几乎人人离不开手机和网络，尤其是青年人，无论办公和娱乐都跟网络相关。所以，在介绍房间设施时切勿疏忽这项内容，既要做到高效，还要有针对性。我们应该明白：导游员的主动提醒和游客被动的提问，体现的是不同的服务品质。

任务1　办理入住手续

一、任务描述

导游带领旅游团抵达预订的酒店后，先将游客安顿在大堂休息区集中等候，导游尽快协助领队和全陪办理团队入住手续、分发房卡和早餐券，介绍酒店设施和服务项目，同时联系礼宾部照顾游客和行李进房，提醒前台做好叫醒服务。

二、任务学习目标

（1）熟悉办理入住手续。

（2）掌握办理入住手续的服务技巧。

三、完成任务需要的新知识

（一）掌握旅游团住宿服务安排及标准

掌握团队所下榻的酒店名称、星级标准、团队房间数、房间的分配情况（分房名单、游客名单），掌握男女数量、小孩、老人，有无加床、有无自然单间等情况。

（二）具备快速办理入住手续的服务技巧（图1-10）

1. 抵店前：电话落实

在旅游团抵达酒店前20～30分钟，导游员要与前台进行电话联系，告知团队抵达的时间、实际人数、实际需要的房间数，提醒置办好房

图1-10 入住服务技巧

学习笔记

卡、录入团队信息，沟通好特殊要求等事宜。提前落实是防止临时变化带来的措手不及，做到以防万一。

2. 沟通中：真诚友好

在与酒店工作人员的沟通中，导游应体现出合作的真诚和友好，在遇到问题时要多请酒店工作人员出谋划策，帮助想办法解决难题，避免用命令、施压的口吻进行交流。在处理游客住宿投诉和不满时，采取合理的沟通解决方式，多站在他人角度和立场考虑问题。

3. 处理时：逻辑条理

良好的沟通语言和艺术往往可以引导事情朝好的方向发展。正如全国金牌导游骆逸老师讲的高效沟通三步走，接情绪—强逻辑—给台阶，“接”酒店工作人员的为难情绪和游客的不满情绪，“强”事实的理论逻辑和辩证的思考逻辑，“给”双方甚至三方达到均衡满意的台阶。

（三）快速办理入住手续

旅游团抵达酒店后，地陪导游先请游客至大堂休息区稍作休息等候，尽快前往酒店前台讲明团队名称、预定单位，在接待处填写住房登记表、收银台交付房费（现金或支票）、办理押金等，按名单领取房卡和早餐券，并请领队分配房间。同时提醒游客早餐时间和地点、贵重物品寄放到酒店“贵重物品存放处”等。

办理入住手续操作流程如图1-11所示。

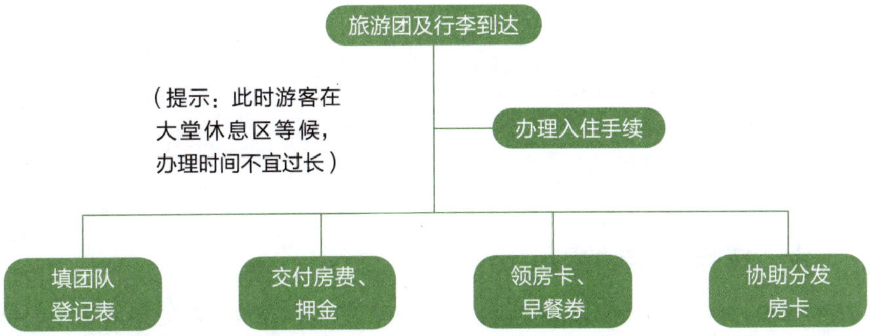

图1-11 办理入住手续操作流程

学习笔记

四、任务实施

实训项目	办理入住手续
实训要求	1. 熟悉办理入住手续 2. 掌握办理入住手续的服务技巧 3. 能够处理入住中常见问题（分房、查房等）
实训地点	导游模拟实训室
实训内容及步骤	一、实训准备 布置模拟场景，按照已有的接待计划，分组设计好现场模拟的脚本 二、实训开始 （1）熟悉旅游团住宿服务安排及标准 （2）抵店前电话与前台沟通（抵达时间、实际用房数、特殊要求等） （3）模拟中体现沟通和处理问题的技巧 （4）办理入住手续（登记、缴费、领房卡等） 三、实训考核、点评 以模拟场景的难度和处理解决问题的技巧、方式为考核点，小组派代表陈述过程设计及处理结果，各组打分 小组互评、教师点评，给出考核反馈意见

五、任务评价

考核项目	具体内容或要求	扣分项	扣分
熟悉用房情况（20分）	熟悉团队所用房数、是否有儿童、自然单间等现象，是否有特殊要求等	每缺少一项扣3分	
抵店前落实（20分）	提前打电话与前台沟通落实，通知抵达时间、实际用房数、临时变化等	每缺少一项扣3分	
安顿游客（20分）	带游客进入酒店后合理安顿，联系礼宾部核对行李；不能让游客等太长时间	每缺少一项扣3分	
办理入住手续（20分）	快速前往前台办理入住手续；与前台快速沟通，高效办理；领取房卡，分发房卡	每缺少一项扣3分	
引领游客进房（20分）	协助游客及行李进房；巡房查房，解决游客住宿问题	每缺少一项扣3分	

六、任务巩固与检测

1. 模拟练习：入住酒店后，个别游客因住宿不满意需要调房，如何解决？

2. 扫描二维码检测任务学习情况。

学习笔记

任务 2　介绍酒店设施

一、任务描述

旅游要素中的“住”，是旅游体验评价中很有话语权的环节，会对整个旅游过程形成印象值。尤其是在互联网时代，游客在住宿期间对酒店设施的体验、感受和使用评价（或好或坏），都会以用户体验视角在微博、微信等新媒体渠道宣传。那么当游客刚抵达酒店，“介绍酒店设施”就显得尤为重要。导游员通过这种“先入”和“导向”的方式，帮助游客快速了解住宿环境、基本设施和消费项目，提供管家式和个性化服务，既可以促进旅游消费，也可以提升游客的住宿体验感，真正让身在外的游客感到“像家一般熟悉和舒适”。

二、任务学习目标

（1）熟悉旅游团入住后的系列工作。

（2）能够介绍酒店设施设备及注意事项。

三、完成任务需要的新知识

1. 酒店设施常见介绍项目

酒店设施常见介绍项目见图1-12。

自我分析与总结

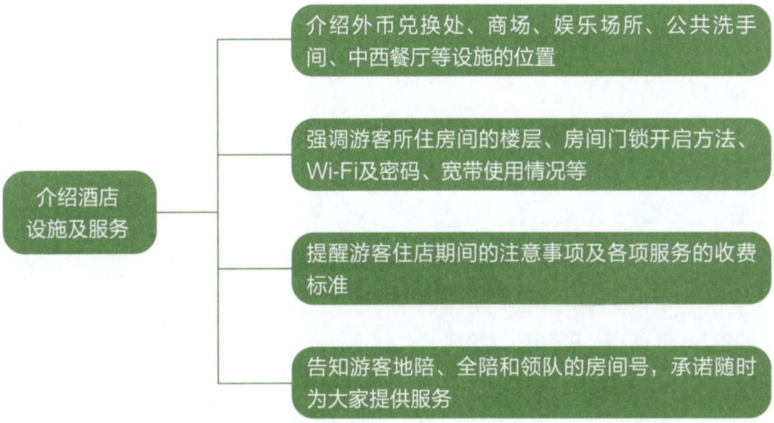

图1-12　酒店设施常见介绍项目

学习笔记

2. **常选择的介绍时机**

第一种：即将抵店时，在车上进行介绍。一般在接待大型旅游团或者学生团时，面对游客多、不易集合的情况，导游会在车上跟游客介绍即将下榻酒店的位置、星级，住宿的整体安排、房间类型、娱乐场所及营业时间等，以便游客提前知晓。同时，还会跟酒店协商，提前制作好房卡送至停车处，在游客下车前分发房卡，高效率完成入住流程。此种做法很大程度上避免了大量游客在大堂滞留的现象，也给酒店工作提供了便利。

第二种：领队分配房间的同时，地陪导游向游客介绍酒店设施。办理好入住手续后，领队分配房间和分发房卡，此时，地陪抓好时机，向游客介绍常用设施，如餐厅、商场的位置，酒店的娱乐服务项目、所住楼层、房间内Wi-Fi等内容。此处内容根据当日抵店后的情况灵活介绍，既要做到应尽的提醒，又不能过长耽误游客时间。如抵达时正是用餐时间，还应宣布用餐时间、地点和用餐形式。

第三种：协助游客及行李进房间时，若带领小型团队或VIP团入住，尽量做到引领每个房间的游客进房，进房后介绍酒店设施设备使用方法，还应有针对性地进行温馨嘱咐（如老人团、学生团的关照嘱咐）。另外，值得注意的是，在高星级酒店，介绍房间设施也是礼宾员的一项本职工作，在帮游客搬运行李进房过程中，会为游客介绍酒店房间设施设备的使用情况，解答游客的疑问。

四、任务实施

实训项目	介绍酒店设施
实训要求	1. 能够介绍酒店设施设备及注意事项 2. 熟悉旅游团入住后的系列工作
实训地点	导游模拟实训室
实训内容及要求	一、实训准备 学生分两类进行实训模拟，按所选类别进入不同的场景，分角色扮演 二、实训开始 1. 选用集中性介绍 导游员在大厅休息区集中为大家介绍酒店设施，一般是团队人数较多时，采用这种方式，集中性简洁化对酒店常规设施设备使用情况进行介绍，比如房卡使用、餐厅位置等内容，同时还会对该酒店的特殊化设施进行提醒或强调，比如冷热水时间、Wi-Fi密码信息等

续表

实训内容及要求	2. 选用引领至房间或巡房时介绍 一般在VIP团队或人数较少的团队，采用此种方式。能高度关注每位游客的需求，开展针对性介绍，比如对喜欢喝咖啡的游客重点介绍房间咖啡机的使用说明。导游员还可以在巡房时询问游客对酒店的满意程度及需求并进行解答 三、实训考核、点评 以介绍酒店设施选择的时机是否合适、内容是否全面、对设施是否足够了解、语言介绍是否清楚、服务意识是否体现等方面为考核点，进行组间互评 小组互评、教师点评，给出考核反馈意见

学习笔记

五、任务评价

考核项目	具体内容或要求	扣分项	扣分
类型匹配（15分）	所采取的介绍类别，是否与旅游团类型匹配；是否根据旅游团的特点做出最佳选择；是否调动其他工作人员的积极性	每缺一项扣5分	
时机合适（15分）	介绍的时机和场地合适；较好地掌控场面；时间观念强，不耽误游客时间	每缺一项扣5分	
语言简洁（20分）	熟悉酒店设施及服务；语速适中，语言清晰简洁，不累赘；准确解答游客疑问	每缺一项扣5分	
内容全面且有侧重（40分）	内容涉及房间、餐厅、娱乐、购物、收费标准等多个项目；能根据游客和酒店的情况有所侧重	每缺一项扣5分	
管家式理念（10分）	服务意识强，能为游客提供一站式管家服务，能站在游客立场思考，能提供优质服务	每缺一项扣5分	

自我分析与总结

六、任务巩固与检测

1. 模拟练习：假如你带的是一个残疾人旅游团，请为团队介绍酒店的设施及服务（应结合残疾人团队类型特点，介绍残疾人通道、房间内的残疾人专用设施、残疾人优惠项目等）。

2. 扫描二维码检测任务学习情况。

学习笔记

任务 3 安排次日活动

一、任务描述

安排次日活动，是导游每天向游客沟通安排的事情，往往是建立在对当日活动进行回顾的基础上，对次日活动进行安排。在结束当日行程到达饭店前，地陪导游应向游客预报晚上和次日的活动日程和时间安排，宣布次日活动内容。特别强调第二天的叫早时间、早餐时间及地点、出发时间和集合地点，提醒游客下车前带好随身物品。

对于导游来说，即使带的是同样的旅游线路，也要对行程安排进行分析和核实，因为每一段行程都有其独特性，每一次的游客和旅游环境都不同，切忌麻痹大意，照经验办事。

二、任务学习目标

（1）能够妥善安排次日活动。

（2）能够认识旅游环节中信息传递的重要性。

三、完成任务需要的新知识

（一）熟悉每日行程

导游应对接待计划及行程安排做到完全熟悉，对因突发状况或临时变化带来的行程变化要及时掌控。滞后的信息和安排，都会影响活动的进展。

1. 电子行程表

导游应随时随地关注路况、气候、车况等不确定因素带来的行程安排的变化，找到应对策略，并将调整后的安排同步更新至电子行程表，与组团社和旅游团实现信息共享。

2. 优化行程安排

合同中的行程安排是旅行社为旅游团精心设计与安排的，从理论上讲时间和线路都是最优化，但是理论与实际活动的进展总是略微有区别，应结合当日行程的实际进展情况，在合同范围内，实时优化。比如遇到一些网红景点或旅游旺季，拍照游客比较多，为不影响活动进展，在出发时间上会安排早到或错峰到，在景区内景点的参观顺序上避峰安排，避免因人多而耽误时间。

学习笔记

（二）安排次日活动

1. 何时安排

地陪一般会在就餐即将结束、游客尚未离开之前，或者在旅游车抵达下榻酒店前，向游客安排次日活动。

2. 如何安排

地陪应在回顾当日行程内容基础上，对次日行程进行安排。一般要注意：第一，回顾当日活动中的亮点。包括让游客流连忘返的景点、游客评价较高的活动、行程中让人感动的事，点评旅游团中表现积极、配合度高的游客等，带领游客回顾美好的体验，消除疲劳感，提振次日活动的精神。第二，宣布次日活动的内容。选取次日活动中有吸引力、游客关注度高的景区景点进行介绍，激发游览兴趣，阐述次日的行程安排、基本线路、涉及的景点和活动、集合出发的时间地点、准备工作和注意事项等，实实在在地让游客感到心中有数，脚下有路。

（三）重视信息传递

旅游活动日程安排及进展，其中所涉及的交通、住宿、餐饮、景点等都是环环相扣的。每一个行程的变化都会波及和影响下一个安排，所以要注重信息传递的重要性。多数漏接现象、订房预留、路线错误等都是因为双方传递和沟通信息不及时造成的。

熟悉日程是基础，信息传递是关键，实战积累是重心，这些都是导游员安排好次日活动的先决条件。

四、任务实施

实训项目	安排次日活动
实训要求	1. 能够妥善安排次日活动 2. 能够认识旅游环节中信息传递的重要性
实训地点	导游模拟实训室
实训内容及步骤	一、实训准备 熟悉“大同三日游”的接待计划及行程安排 二、实训开始 行程安排： 第一天：北岳恒山—悬空寺—永安寺—大同土林 第二天：云冈石窟—晋华宫国家矿山公园—左云摩天岭长城—杀虎口 第三天：华严寺—九龙壁—善化寺—下坡寺古街—潘家园—古城墙

学习笔记

续表

实训内容及步骤	各组根据现有的接待计划及行程安排，可以设置一些突发状况或者游客提出的意见和建议，需要变更行程等场景，来模拟导游安排次日活动的介绍 三、实训考核、点评 小组互评、教师点评，并对模拟中存在的问题提出修改意见

五、任务评价

考核项目	具体内容或要求	扣分项	扣分
熟悉景点及安排（20分）	是否完全熟悉接待计划及行程安排，对各个景点的熟悉程度	每缺少一项扣5分	
突发状况（20分）	较好地设计突发状况，比如道路临时封闭，无法通行需变更行程；气候原因，需调整行程等	每缺少一项扣5分	
游客意见（20分）	是否较好地设计游客出现不同意见分歧的场景	每缺少一项扣5分	
应对处理能力（20分）	是否具备较好地应对突发状况的承受力和能力；是否站在游客和旅行社角度妥善进行安排	每缺少一项扣5分	
沟通表达能力（20分）	是否较好地进行语言沟通，表达方式是否受游客欢迎	每缺少一项扣5分	

自我分析与总结

六、任务巩固与检测

1. 模拟练习：以“五台山二日游”为例，请做一个安排次日活动的介绍。

2. 扫描二维码检测任务学习情况。

项目总结

以己之身，思他人之需

酒店是游客住宿、休息和缓解疲劳的地方。尤其是经历了较长的旅程后，游客需要进入酒店休息，来缓解一天的疲劳。导游在这个环节要设身处地为游客着想，忧他人之忧，乐他人之乐。以最快的速度办理入住，为游客提供周到细致的服务。设想：当游客走了一天的路，舒适的床和沙发近在咫尺，却因导游员迟迟办理不好入住手续，而让游客在大厅滞留太久，引来不满，给游客留下不好的第一印象，给接下来的团队活动带来困难。因此，入店服务这个环节是考验新导游员的重要节点，务必提前做好功课。

如何做好功课呢？从导游员熟练的程度——“熟知—熟悉—熟练”就可以实现办事的效率——“精—准—狠”。流程和环节熟悉了，办事的速度和效率自然提升了，那么节省出的时间就可以把服务做得更用心，更精致。比如，我们在整个项目的流程中都在强调“快”，但仅仅快就能得到游客的认可吗？显然不是。快是前提，用心和精致是精髓。需注意，此环节较容易引起游客不满，甚至引来投诉。此处也是最能体现服务意识的。若导游可以以己之身，思他人之需，时时处处站在游客的角度去考虑和安排，定会得到大家的认可。

学习笔记

项目检测

扫描二维码检测项目学习情况。

学习笔记

项目四 商定日程

项目导读

组团社根据旅游合同或协议上旅游团的整个活动日程制订接待计划，对该团在各地的活动事先进行安排。同时，游客作为旅游产品的购买者和消费者有权审核活动计划，也有权提出修改意见。所以，与领队、全陪核对日程是一种尊重，也是一种礼遇，核对日程有助于双方沟通，对未尽事宜达成新的共识。

项目学习目标

知识目标	1. 掌握核对日程的主要内容、具体原则。 2. 熟悉造成日程调整的主要因素。 3. 熟悉增减日程的常见情形。
能力目标	1. 能够提出调整日程的合理方案。 2. 掌握增减日程的相应措施。
素质目标	1. 培养服务至上的理念。 2. 强化沟通协作的意识。
思政目标	遵循"服务第一，宾客至上，遵循合同，平等协商"的原则。

项目实施

本项目围绕"核对日程""调整日程"和"增减日程"三项任务，讲解核对、调整、增减日程的基本流程与内容（图1-13）。结合案例和旅游时事热点，引导学习认识核对日程的重要性，掌握核对日程的具体内容和常见情形，积累实际带团的工作方法和技巧，逐渐培养学生服务至上的理念，强化工作中与人沟通协作的意识。

商定日程

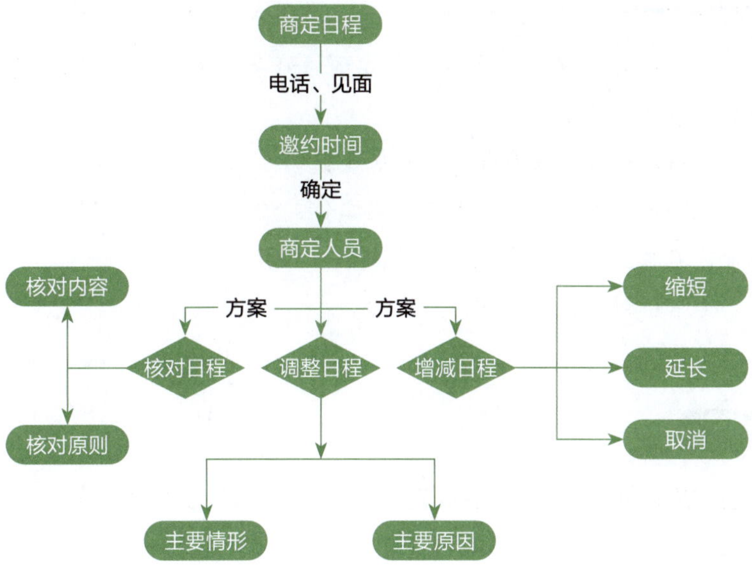

图1-13　商定日程的流程

学习笔记

案例导入

时间：2021年4月26日13：40

地点：酒店

人物：地陪、全陪

事件：全陪提出修改日程（增加新的游览项目）

角色1：地陪（小武）

角色2：全陪（小林）

全陪：您好，小武，我今天在抖音上看到，咱们太原古县城今天营业了。

地陪：是的，林导。历时8年建成的太原古县城今天刚刚开城迎客，且这几天试营业，不收门票。

全陪：我在百度地图上搜索了，从咱们这里出发不到10分钟的车程就可以到，那咱们晚上可以为大家增加这个新的景点吗？

地陪：团里的游客都想去吗？您先了解一下大家的意愿。

全陪：很多人都想去，来一趟太原，能赶上古县城开城迎客，非常幸运。

地陪：没问题，那我先预约一下，稍后联系您。

（晚饭过后）

学习笔记

地陪：林导您好，我已经在线预约好参观古县城，咱们8点在酒店门口集合出发。

全陪：好的，太感谢了，辛苦小武。

地陪：您太客气了，都是分内工作，咱们一会见。您提醒大家多带件衣服，城墙上有风，会稍微冷一些。

全陪：好的，没问题。

思考

遇到旅游团想要增加新的游览项目，地陪导游员应该如何处理？

案例评析

在带团过程中，会遇到游客提出想要更改旅游行程或增减旅游项目，导游员应该怎么做，才能既不得罪游客，又能很好地满足游客？这看起来很矛盾，但实际上是有解决之道。

首先，导游要遵循工作原则。切不可因害怕得罪游客就随意变更日程，工作没原则，表面看起来是为游客着想，实际上会带来更糟的后果。所以，一定要分清情况，遵循相应原则去执行（表1-4）；其次，要懂得沟通，在遵守原则的前提下用良好的沟通方式和沟通技巧“以理服人”，既让游客遵循“大原则”，还能站在游客角度尽量满足他们的“小要求”；最后，切忌使用“一刀切”绝对否定的说法，这会让游客感到导游没有尽力。导游始终要以提供高质量服务来赢得游客认可。如果游客提出愿意自费游览未安排的景点，在收取费用后，应予以满足，并向旅行社报备。

表 1-4　常见的旅游团提出变更旅游行程或增减项目的情形

情形	要求	原则
情形一	旅游团提出小的修改意见或要求增加新的游览项目	不绕路且不产生新的费用时，应尽量予以安排 需要加收费用时，应事先与全陪、领队和游客讲明，按规定收取费用 对无法满足的要求，要详细解释，耐心说服

续表

情形	要求	原则
情形二	旅游团提出的要求与原日程不符且涉及接待规格	耐心解释，说明情况，指出其可能带来的不良后果 婉言拒绝，并说明导游员不便单方面不执行合同 如有特殊理由，导游员应请示接团社的有关部门
情形三	旅游团与地陪手中的接待计划有部分出入	及时报告接团社，查明原因，分清责任 如果是接团社的责任，应实事求是说明情况，赔礼道歉，按正确接待计划执行 如果是组团社的责任，应在双方都能接受的基础上商定行程

学习笔记

任务1 核对日程

一、任务描述

核对日程是实施旅游活动的前提。在接待中，导游应将旅行社安排好的活动日程与全陪、领队一起核对商定，征求他们的意见。同时也需要向游客核对，一是表示对全陪、领队和游客的尊重；二是游客也有权审核活动计划，提出修改意见。

二、任务学习目标

（1）掌握核对日程的主要内容。

（2）掌握核对日程的具体原则。

三、完成任务需要的新知识

1. 核对日程的时间

核对日程的时间最好是在旅游团到达当天，越早了解游客的要求和意见，才会有充分时间进行调整安排。

2. 核对日程的人员

核对日程的人员一般是领队、全陪及团内代表，或者学术团、专业团内有威望的专家。

3. 核对日程的原则

核对日程的原则是服务第一，宾客至上，遵循合同，平等协商。

4. 核对日程的内容

核对日程的内容包括以下七个方面。

学习笔记

（1）地陪、全陪、领队手中的旅游日程有无出入。
（2）每天日程安排的具体内容。
（3）特殊活动的安排情况。
（4）向领队征求对地接社安排的详细日程的意见。
（5）离开本地时的交通工具、航班（车次）及时间。
（6）领队、全陪有无新的要求。
（7）征求领队或全陪对自费项目的安排意见。

5. **核对日程时的不同意见**

常见的在核对日程时，对方提出不同的修改意见：
第一类：对方提出修改意见或增加新的游览项目。
第二类：对方提出与原日程不符且涉及接待规格。
第三类：领队手中的计划与地陪的接待计划有出入。

四、任务实施

实训项目	核对日程
实训目标	1. 熟悉核对日程的重要性及必要性 2. 掌握核对日程的主要内容、具体原则
实训地点	导游模拟实训室
实训内容及步骤	一、实训准备 各组分角色扮演：地陪、全陪、领队、团代表等 二、实训开始 （1）邀约，商定核对日程的时间 （2）商定参与核对的人员 （3）商定核对日程的内容 （4）遵循核对日程的原则 三、实训考核、点评 小组互评、教师点评，教师公布各组考核结果，反馈考核意见

五、任务评价

考核项目	具体内容及要求	扣分项	扣分
邀约（10分）	核对日程的时间、地点，是否以电话或见面的方式邀约核对日程的时间和地点	每缺少一项扣3分	

续表

考核项目	具体内容及要求	扣分项	扣分
商定参与核对的人员（10分）	征询领队或全陪意见，结合旅游团特点，兼顾各成员参与核对日程	每缺少一项扣3分	
商定核对日程的内容（40分）	角色扮演和内容谈话中是否完整体现核对日程的内容、商量的过程、敲定的结果等	每缺少一项扣5分	
遵循核对日程的原则（20分）	是否按照“服务第一，宾客至上，遵循合同，平等协商”的原则进行	每缺少一项扣5分	
语言沟通（20分）	能使用良好的沟通语言、方式、技巧等，实现巧妙沟通、友好交流、相互协商	每缺少一项扣5分	

六、任务巩固与检测

1．模拟练习：假设你是一名地陪导游，准备与来自深圳旅游团的全陪核对该团在北京的七日游日程，请模拟整个核对过程。

2．扫描二维码检测任务学习情况。

任务2 调整日程

一、任务描述

旅行社原定的日程安排，在执行过程中并非都是按既定计划执行的，它会受天气、道路、自然灾害等客观因素，不得已进行局部调整，也会因旅游团、接待社的主观因素进行调整。调整日程是旅游活动中很具有挑战性的一项工作，涉及与多方沟通协调，权衡各方利益，一不留神还会引来游客投诉，所以无论是新老导游员，都需要慎重对待，积极应对，积累更多实战经验。

二、任务学习目标

（1）熟悉造成日程调整的主要因素。

（2）能够提出调整日程的合理方案。

学习笔记

自我分析与总结

学习笔记

三、完成任务需要的新知识

（一）调整日程的主要因素

1. 气候因素

由于突如其来的天气变化，如大风大雨等原因，导致原计划游览项目被迫取消，而由其他新的项目代替。

2. 交通或道路因素

因游客改变交通工具延长或缩短在某地的停留时间，使旅游团被迫改变行程；或由于道路封闭、维修等因素，造成交通中断，旅游车需绕路前行，导致原计划的途中景区、景点无法游览，被迫改变游览项目。

3. 节庆活动因素

当团队到达某地游览时，当地举行大型的节庆活动，造成旅游团的日程改变。

4. 下一目的地因素

由于下一个旅游目的地出现了难以预料或不可抗拒的因素，例如自然灾害等原因被迫改变行程。

5. 游客意见

由于游客在上一站旅游过程中出现的不愉快，或者与本站的旅游项目略有重复等原因，造成游客要求改变接待计划（图1-14）。

面对天气、自然灾害、交通等情况，需要对原有日程进行调整的，地陪必须获得最新信息和最准确信息，与全陪或领队商定，做出准确判断，如实传达给游客，并提出相应的解决方案。

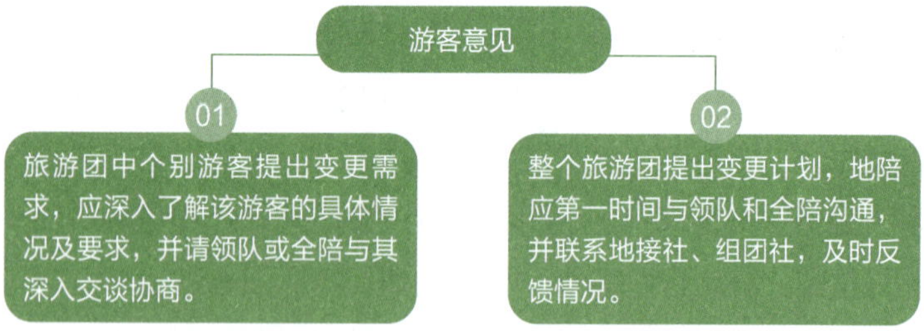

图1-14 游客意见处理

（二）调整日程注意事项

（1）任何调整，地陪需要与领队或全陪商定。

（2）地陪对调整后的日程，要有充分的预见和足够的准备。

（3）涉及新产生的费用要与领队、全陪认真协商，并向游客说明。

（4）对于重大的日程调整，一定要经组团社和地接社的同意，变更及调整的项目或计划要由旅行社工作人员或授权导游员签字确认。

学习笔记

四、任务实施

实训项目	调整日程
实训要求	1. 熟悉造成日程调整的主要因素 2. 掌握调整日程的注意事项 3. 能够提出调整日程的合理方案
实训场景	导游模拟实训室
实训内容与步骤	一、实训准备 （1）学生扮演地陪、领队、游客等角色 （2）熟悉接待计划和旅游日程 二、实训开始 1. 小组为单位，仔细阅读案例 某旅游团早上到达某市，2天的旅游行程是：下午参观景点，晚上7点观看文艺演出，次日上下午游览景区，乘晚上的火车离开。抵达当天，恰逢当地举行民族节庆活动，并有通宵篝火歌舞晚会等丰富多彩的文艺节目，部分旅游团成员提出，想先去观赏民族节庆活动，将下午的参观改到明天，并且放弃观看晚上的文艺演出，同时希望导游员能派车接送。模拟处理此案例中的情形 2. 组内讨论，分配角色 3. 模拟展示 三、实训考核、点评 小组互评、教师点评，纠正模拟过程中存在的问题，指出调整旅游活动及日程应注意的事项

五、任务评价

考核项目	具体内容或要求	扣分项	扣分
问明情况（10分）	游客提出变更意见，地陪需要第一时间了解并问明情况，站在游客角度，注意沟通的语言和方式	每缺少一项扣5分	
请领队或全陪出面（15分）	与领队或全陪及时沟通，并请他们出面，一起做游客的工作；建议游客还是按原定计划执行	每缺少一项扣5分	
解释现有困难（30分）	从各个角度和立场，客观公正地说明变更的困难，积极应对，逻辑严谨、思路清晰、表达柔和	每缺少一项扣5分	

学习笔记

续表

考核项目	具体内容或要求	扣分项	扣分
说明变更需要增加的费用（30分）	如实提供变更需要增加的费用及涉及的手续等事宜；详细罗列，有依有据；游客自愿；责任清晰	每缺少一项扣5分	
征得旅游团成员同意（15分）	不能因个别人的分歧或意见改变行程，应以领队或全陪以及团队所有人的意见为主；向旅行社报备，并及时通知下一个行程接待	每缺少一项扣5分	

六、任务巩固与检测

1. 模拟练习：请根据以下情景内容，补充完成地陪导游员向游客解释的部分。

角色1：地陪

角色2：全陪

地陪：刚接到旅行社的电话，明天北京会有大雪。

全陪：那会对我们的行程有影响吗？

地陪：这几天长城肯定是去不了了。

全陪：那有什么好的替代项目吗？

地陪：您觉得北京海洋馆怎么样？

全陪：是不错，但价位好像有点高，每位要120元，长城是每位45元。

地陪：要不带大家去红楼梦的拍摄地北京大观园吧，那是一处极富特色的古典园林。下雪时，也可以体验红楼雪景，大家拍拍照，挺好的。

全陪：门票多少呢？

地陪：每人40元，到时候按实际结算。

全陪：那好的，我先征求一下社里和旅游团的意见。

地陪：好的，我也先向社里汇报一下。

（组团社和地接社均表示同意，由地陪向游客进行解释）

地陪：____

2. 扫描二维码检测任务学习情况。

自我分析与总结

任务 3 增减日程

学习笔记

一、任务描述

导游在旅游过程中增加或减少旅游项目、调整和变更日程安排，务必谨慎周到。首先要按照既定合同来执行，如遇突发状况或团队成员对日程安排有特殊要求，也要认真对待，不可一味拒绝，应及时请示旅行社，并结合实际情况对旅行社和游客提出合理建议。

二、任务学习目标

（1）掌握增减日程的常见情形。

（2）掌握增减日程的相应措施。

三、完成任务需要的新知识

增减日程的常见情形及采取的措施如下。

1. 缩短或取消在一地的游览时间

遇到因某些原因需缩短或取消在一地的游览时间，这时应该：努力抓紧时间，将计划景点参观完毕，如确有困难，应突出本地最具代表性的景点，并对其他景点做适当介绍；如提前离开要及时通知下一站，与旅行社和有关部门联系，做好变更计划后的车、房、餐的安排（如退餐、退房等）；如遇特殊紧急情况，危及生命和财产安全的，应果断立即取消，保障游客和自身安全。

2. 延长在一地的游览时间

与旅行社有关部门联系，重新落实该团用餐、用房、用车的安排。调整活动日程，增加景点或延长在景点的停留时间，努力使时间过得充实愉悦。

3. 在一地的游览时间不变，但被迫取消某一活动，由另一活动代替

被迫取消某一活动，由另一活动代替，全陪应报告组团社，由组团社作出决定并通知相关地方接待社。导游要以精彩的介绍、新奇的内容和最佳的安排激起游客的兴趣，使新的安排能够实现。

4. 主观原因需要增加旅游项目

由多数旅游团成员向全陪或领队提出临时增加旅游项目时，地陪导游应尽量去满足，需要请示旅行社，征得全团同意的情况下，做好下一步的调整和安排。

学习笔记

四、任务实施

实训项目	增减日程
实训要求	1. 掌握增减日程的常见情形 2. 掌握增减日程的相应措施
实训场景	导游模拟实训室
实训内容与步骤	一、实训准备 （1）学生扮演地陪、领队、不同游客 （2）熟悉本次接待计划和旅游日程 二、实训开始 （1）分组，各组选择一个时事热点 【时事热点一】2021年5月22日，青海果洛藏族自治州玛多县发生7.4级地震，在当地旅游的旅游团（者）要求取消当日行程，尽快返程离开 【时事热点二】各位游客，刚接到（青岛）天气变故无法出海的通知，今天的出海游活动暂停，我们需要在此多待一天，明天正常出海，今天大家在室内组织活动 【时事热点三】2021年5月24日，意大利北部皮埃蒙特地区的马焦雷湖附近发生一起缆车坠落事故，已致9人死亡，2名儿童受伤 （2）小组内讨论所选实例的解决方案 （3）角色分工，进行模拟实训 三、实训考核、点评 小组互评、教师点评，纠正模拟过程中存在的问题，指出调整旅游活动及日程应注意的事项

五、任务评价

考核项目	具体内容或要求	扣分项	扣分
明确情形（10分）	可以准确判断所选实例对应的增减日程的情形，并做出果断判断	每缺少一项扣3分	
协商意识（20分）	与领队或全陪及时沟通，整个过程体现协商意识和服务至上的意识	每缺少一项扣5分	
提出调整方案（30分）	能从各个角度和立场出发，提出合适的解决方案，并征得旅游团的同意，及时向旅行社报备	每缺少一项扣5分	
紧急落实（20分）	确定调整方案后，第一时间通知到下一个接待单位；细化落实调整后的每一个服务环节	每缺少一项扣5分	
总结或反思（20分）	导游要对每一次的日程调整进行书面总结或反思，向旅行社汇报，作为案例留旅行社保存	每缺少一项扣5分	

六、任务巩固与检测

1．模拟练习：带团期间，遇到一位游客提出要减少日程，你该怎么做?

2．扫描二维码检测任务学习情况。

学习笔记

项目总结

导游服务时刻彰显使命担当

商定日程作为导游的一项常规工作，是保障行程顺利进行的前提，也是一项具有挑战性的工作。接待过程中，导游员不仅要及时与全陪、领队和游客商定日程，还要做好出现不同意见时的灵活应对。既要做好各方沟通，又要兼顾各方利益，还得照顾游客情绪，甚至在突发性事故或不可抗力因素面前，更要做出果断决定，这些要求导游无论从心理、思想和行动上，都要有较高的觉悟和责任意识，他们是在用自己的责任和使命担当，保障游客利益，保护人民生命和财产安全。

项目检测

扫描二维码检测项目学习情况。

自我分析与总结

学习笔记

项目五 游览服务

项目描述

游览活动及服务，是旅游活动中最重要的部分，是游客购买旅游产品的核心内容，也是导游服务工作的中心环节。导游在讲解时，一要做到心中有数，先讲什么，后讲什么，中间穿插什么典故和趣闻轶事都要预先设计；二要内容翔实，语言流畅，注重讲解方法和技巧，还应观察游客的反应，灵活调整讲解内容和速度；三要力求做到详略得当、虚实结合、有声有色、情景交融。好的讲解，能使游客从现场“看景听景的实景见闻”进入到“赏景议景的意境体验”，再到很久之后“忆景念景的思景之情”。

项目学习目标

知识目标	1. 掌握游览前准备工作的内容。 2. 掌握沿途导游介绍的内容。
能力目标	1. 掌握导游讲解的原则。 2. 能够妥善处理出发前游客未到的情况。
素质目标	培养导游职业素养和劳动精神。
思政目标	1. 培养讲解中实事求是的工作作风。 2. 做祖国大好河山的宣传使者。

项目实施

本项目从“游览前准备”“沿途导游服务”和“景区导游服务”三个任务较全面地介绍了导游开展游览服务的程序及内容，不仅涉及导游的讲解技艺，还包括导游的独特才艺展示，培养学生具备导游服务的综合素质。游览服务程序内容如图1-15所示。

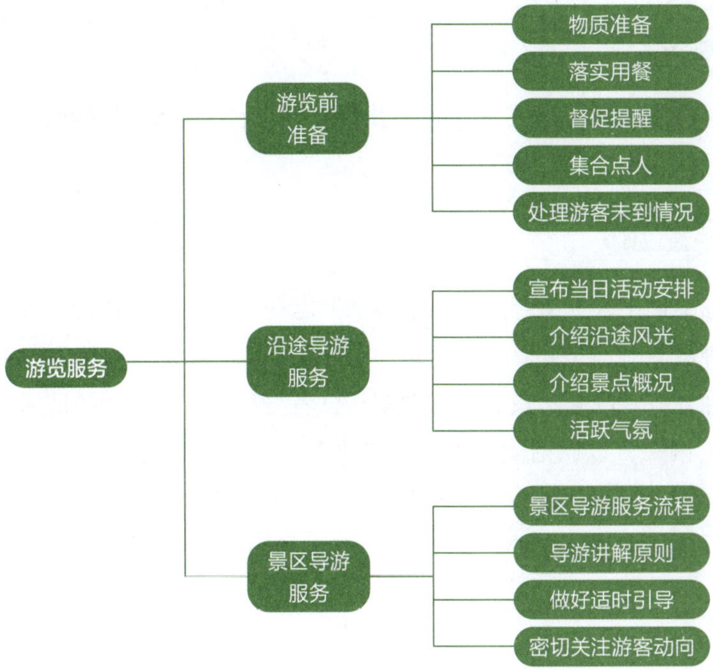

图1-15　游览服务程序图

学习笔记

案例导入

正值暑假，导游小黄带着一批亲子团游览北京颐和园。坐船游至湖上，一群鸭子正在河中嬉戏，吸引了游客的目光。就在这时，有位小朋友问道："导游哥哥，鸭子们在湖里干什么呢？"这句话把小黄问住了，心想，难道你不知道鸭子在水里干什么？又一想，这么简单的问题被小朋友问到有点尴尬，更何况这是一个开放性的问题，小朋友也并没有恶意，他就是单纯想知道鸭子在干什么。正在犹豫思考时，小黄发现，不仅是这位小朋友在等他的回答，几乎所有的游客也都盯着他，等待回答。小黄灵机一动说道："鸭子们正在开追悼会呢。"话音一落，许多游客脸上露出笑意，也期待着导游如何自圆其说。小黄解释道："今晚咱们不是去吃北京烤鸭吗，这里的几只鸭子正在为他们死去的兄弟开追悼会，你们听，这嘎嘎的声音"。听完大家哗然一片，接着又是一阵掌声。

学习笔记

思考

案例中，导游小黄在游览介绍中是怎样化解尴尬，巧妙回答游客问题的？

案例评析

本案例中，如果导游认为游客的问题是一种无知，置之不理，肯定是不合适的。但是要一本正经地回答，又显得导游的综合素质一般。面对这种开放性问题，没有绝对答案，仁者见仁，智者见智的情形，最好能剑走偏锋，以诙谐幽默的方式来回答，这样既能愉悦游客，也不失礼。案例中导游小黄的出色表现，正是导游综合素质，尤其是语言素质好、反应能力强的表现，用语言的艺术和出人意料的效果赢得游客的掌声。

任务 1 游览前准备

一、任务描述

参观游览是旅游团最主要的内容，也是游客最期待的活动。因此，组织好参观游览活动是导游服务工作的中心环节。

二、任务目标

（1）掌握游览前准备工作的内容。

（2）能够妥善处理出发前游客未到的情况。

娱乐服务：玩儿出来的精彩

三、完成任务需要的新知识

游览前准备工作如下。

（1）物质准备　准备好导游证、正式接待计划、接待社社旗、话筒、必要的票证（如门票结算单）等。

（2）落实用餐　团队旅游一般是早出晚归，因此在出发前，导游员应该对午餐和晚餐进行落实或确认。

（3）督促提醒　督促司机做好开车前的清扫和安全检查工作，为游客营造一个安全、舒适的乘车环境。提前10分钟到达出发集合的地点，导游员的早到不仅能起到带头作用，而且能给游客留下勤勉的印象。提醒游客有关注意事项，如增减衣服、带好雨具和遮阳用具等。

（4）集合点人 集合登车、清点人数，游客陆续到达后，导游员应招呼游客上车，然后清点人数，与领队和全陪核对，确定所有游客到齐后才能示意司机开车。

（5）处理游客未到情况。

①若游客未赶到，导游应向其他游客进行了解，设法找到该游客。

②若游客生病，应劝其就医或在饭店休息，并通知饭店总台进行适当照顾，落实送餐服务。

③若不愿随团活动，导游应问清情况并妥当安排。

④若时间已过，仍等不到游客。先征求领队和全陪意见，决定是否等候，若不等候，导游员必须将当日的日程及用餐地点告诉总台及旅行社，以方便掉队的游客归队。

学习笔记

四、任务实施

实训项目	游览前准备工作
实训目标	1. 掌握游览前准备工作的内容 2. 能够妥善处理出发前游客未到的情况
实训地点	导游模拟实训室
实训内容及步骤	一、实训准备 学生分组展示游览前准备工作 二、实训开始 （1）物质准备 （2）落实用餐 （3）督促提醒 （4）集合点人 （5）处理游客未到情况 三、实训考核、点评 小组互评、教师点评，结合展示过程提出修改和完善意见

五、任务评价

考核项目	具体内容或要求	扣分项	扣分
物质准备（20分）	能全面细致准备好导游证、正式接待计划、接待社社旗、话筒、必要的票证等物品	每缺一项扣5分	

学习笔记

续表

考核项目	具体内容或要求	扣分项	扣分
落实用餐（20分）	是否提前落实用餐的各种情况及特殊要求	每缺一项扣5分	
督促提醒（20分）	是否督促司机进行车况检查和卫生清理；是否给游客做相应提醒	每缺一项扣5分	
集合点人（20分）	是否提前到达集合点；引导游客上车，是否清点人数；是否与领队、全陪核对确认	每缺一项扣5分	
处理游客未到情况（20分）	是否按要求全面考虑，妥善处理游客未到的情况	每缺一项扣5分	

六、任务巩固与检测

1．模拟练习：早晨集合时间已到，游客未到，你该如何处理？

2．扫描二维码检测任务学习情况。

任务 2　沿途导游服务

自我分析与总结

一、任务描述

沿途导游服务考验导游的讲解能力和技巧，既不能求全求多，又不能寡淡无味。地陪应进行沿途风光介绍，把沿途所见的有代表性的事物进行概要介绍。行车途中导游可以展示才艺表演，以唱歌、朗诵、讲故事、打快板、说笑话等方式活跃车上的气氛。途中好的活动设计与组织可以恰到好处地调节游客的情绪，消磨路途时间，缓解游客疲劳。

二、任务目标

（1）能够熟练进行沿途讲解。

（2）能够组织好途中活动与才艺展示。

路漫漫：途中导游服务

学习笔记

三、完成任务需要的新知识

（一）沿途导游服务的内容

1. 宣布当日活动安排

在前往景点途中，地陪导游先要向游客寒暄问候，宣布当日活动安排。具体包括：介绍去程所需时间、每个游览项目需要时间、用餐时间和地点，以便游客对一天的行程心知肚明。

2. 介绍沿途风光

地陪导游在沿途讲解时要不失时机、有选择地介绍途中所见景物，讲解时要注意所见景物与介绍同步，并留意观察游客反应。如果在此之前还没有机会介绍本地的概况、风土人情，则导游员可抓住这一时机进行介绍。

3. 介绍景点概况

在即将到达景点时，地陪导游应对该景点的总体情况进行概括性介绍，如景点名称的由来、历史价值（意义）、成因、景观特征等，以使游客对景点有一个总体认识。有时，地陪导游还可有意制造一些“悬念”，激发游客游览的兴趣。

4. 活跃气氛

若乘车时间较长，地陪导游还可以视情况在车内开展一些娱乐活动，如唱歌、讲故事、讲笑话、猜谜语等。这时，地陪导游员不应只满足于当一个“演员”，还应是一个好的“导演”，要设法让全体游客都参与其中。

开展旅途游戏

个人才艺表演

（二）导游沿途活动设计

1. 个人才艺展示

通常导游都要掌握几种才艺表演，不要求很精通或者绝对专业，经过一些专业的学习和练习后，达到熟练程度即可。比如学习一两首适合旅游途中，家喻户晓的歌曲，掌握一两种简单又好玩的魔术表演，练就一个好口才，为游客讲故事、讲笑话，以娱乐和开心为主，内容积极向上（图1-16）。

学习笔记

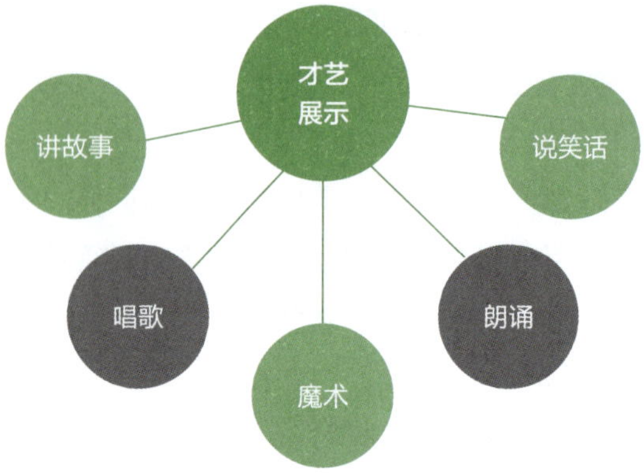

图1-16 才艺展示

2. **游戏组织**

带团途中，需要活跃一下气氛，跟游客做一些互动游戏，拉近与游客之间的距离。开展小游戏，如猜字谜、绕口令、成语接龙、脑筋急转弯等难度不大、老少皆宜的活动，既活跃了旅途气氛，又消磨了坐车时间。

四、任务实施

实训项目	沿途导游服务
实训目标	1. 能够熟练进行沿途讲解 2. 能够组织好途中活动与才艺展示
实训地点	导游模拟实训室
实训内容及步骤	一、实训准备 学生自行选择沿途讲解内容，提前做好准备，课上现场展示 二、实训开始 （1）宣布当日活动安排 （2）介绍沿途风光 （3）介绍景点概况 （4）组织活动 （5）才艺展示 三、实训考核、点评 教师点评，结合考核结果提出反馈和修改意见

五、任务评价

考核项目	具体内容或要求	扣分项	扣分
宣布当日活动安排（20分）	包括去程所需时间、每个游览项目需要时间、用餐时间地点和其他安排等	每缺一项扣5分	
介绍沿途风光（20分）	有选择地介绍途中所见景物，讲解时要注意所见景物与介绍同步，并留意观察游客反应	每缺一项扣5分	
介绍景点概况（20分）	景点名称的由来、历史价值（意义）、成因、景观特征等，使游客对景点有一个总体认识；回答游客的提问	每缺一项扣5分	
组织活动（20分）	车内开展一些娱乐活动，如猜字谜、绕口令、成语接龙、脑筋急转弯等小游戏活跃气氛；老少皆宜，大众喜欢	每缺一项扣5分	
才艺展示（20分）	参照常见的几种才艺表演，如讲故事、朗诵、唱歌、魔术等进行学习，现场展示，注意技巧	每缺一项扣5分	

六、任务巩固与检测

1. 模拟练习：选择你喜欢的一处景点，介绍其沿途风光。

2. 扫描二维码检测任务学习情况。

任务 3　景区导游服务

一、任务描述

景区导游服务，要求导游根据景点选择适宜的讲解技能和方法，有针对性地进行介绍，要做到讲解内容正确无误，讲解方法独特有吸引力，内容安排有艺术性，语言通俗易懂。另外，还要做好适时引导，时刻兼顾游客安全，以免游客落队或发生意外。

二、任务目标

（1）能够根据景点选择适宜的讲解方法。

（2）能够掌控景点讲解中的突发状况。

学习笔记

自我分析与总结

学习笔记

三、完成任务需要的新知识

1. 景区导游服务流程

（1）交代游览注意事项　到达景点下车前，地陪导游要讲清楚游客在该景点旅游时应注意的事项，并提醒游客记住停车地点、车辆特征、车牌号码以及游览结束后集合的时间、地点。

（2）重视景点讲解　在景点讲解时，地陪导游应手举导游旗走在旅游队伍前面，一边引路，一边讲解。对于景点的讲解，应注意：讲解内容正确无误，讲解方法独特有吸引力，内容安排追求艺术性，语言讲究通俗易懂。

2. 导游讲解原则

（1）因团因人而异　带团活动中，导游会遇到不同性别、年龄、性格、教育程度和兴趣爱好的游客，他们的关注点各不同，在讲解时，要结合团队特点或散客特点，因团或因人而异地进行讲解。

（2）因地因景制宜　应根据不同地域文化特色、不同景区和景点的特色，因地因景制宜选取不同的讲解方法，比如讲山水、讲文化古迹、讲历史建筑等各有千秋。

（3）因时因境而变　在不同的旅游环境、天气状况和时间氛围中，讲解要有大的变化。比如去泰山，遇晴天和雨天要有很明显的不同，甚至游客会因为下雨而感到爬山扫兴，但是好的导游讲解，能化解游客心中的不愉快，在导游员的讲解引导下品味另一番景色体验。

3. 做好适时引导

对游客的拍照时机进行适当引导，尽量提前宣布照相时间，以免游客只顾照相而误了听讲解。

4. 密切关注游客动向

在景点，全陪、领队一般跟在队伍后面关注旅游队伍的情况。地陪导游员在前面讲解时，也应时刻留心游客的动向，以免游客走失或发生安全事故。另外，还应特别注意照顾老弱病残游客。

四、任务实施

实训项目	景区导游服务
实训目标	1. 能够运用导游讲解原则 2. 能够因地制宜地选择讲解方法
实训地点	导游模拟实训室

学习笔记

续表

实训内容及步骤	一、实训准备 学生选取景点，提前准备讲解词，上台模拟展示景区导游服务过程 二、实训开始 （1）抵达景区后交代游览注意事项 （2）进入景点，选择适宜的讲解方法，注意讲解语言 （3）做好引导，注意拍照时间 （4）随时关注游客动向，避免游客走丢 三、实训考核、点评 教师点评，对每位学生的展示，逐个提出修改和完善意见

五、任务评价

考核项目	具体内容或要求	扣分项	扣分
交代游览前注意事项（20分）	讲清楚游客在该景点游览时应注意的事项；交代清楚停车地点、车辆特征、车牌号码以及游完景点后集合的时间、地点等	每缺少一项扣5分	
讲解内容（30分）	是否能确保讲解内容正确无误，选择无争议的知识内容；内容充实，详略得当，虚实结合	每缺少一项扣5分	
讲解方法（20分）	能够根据景点选择适用的方法：分段讲解法、描绘法、突出重点法、简述法、触景生情法、虚实结合法、问答法、悬念法等；方法得当，引人入胜	每缺少一项扣5分	
讲解语言（20分）	丰富生动，流畅；有灵活性、趣味性、知识性	每缺少一项扣5分	
关注游客动向（10分）	能时刻留心游客的动向，适时做好引导，以免游客走失或发生安全事故	每缺少一项扣5分	

自我分析与总结

六、任务巩固与检测

1. 模拟练习：以云冈石窟景区为例，模拟一段景区导游服务。

2. 扫描二维码检测任务学习情况。

项目总结

导游讲解，同中取异

导游在做游览服务时，首先要遵守风景区法律法规，了解所在景点

学习笔记

的相关规定，正确引导游客开展游览服务。其次是做好专业讲解服务。包括沿途讲解和景点讲解，从游览前的精心准备到游览中的专业讲解，再到游览后的经典回顾，担当好宣传祖国大好河山的职责使命。

根据不同旅游团的特点，导游要做到三点：一是精心设计，每团讲解的侧重点和讲解方法要有所不同，体现因“团”而异；二是要丰富活动，沿途可以为游客奉上精彩的才艺表演，为游客营造不一样的旅游体验；三是真诚服务，在服务的每一个环节上都能站在游客的立场考虑，用心提升服务质量，赢得游客的认可。

项目检测

扫描二维码检测项目学习情况。

项目六 用餐服务

学习笔记

项目导读

民以食为天，食、住、行、游、购、娱这些旅游要素中，“食”排在第一位，其重要性不言而喻。随着“光盘行动”的开展，酌量适度点餐的新理念深入人心，厉行节约，不浪费得到社会普遍认可。

旅游期间的安全用餐和美食体验会为游客带来美的享受。导游提供良好的用餐服务需要讲究技巧，尤其是在旅游旺季，旅游用餐极具挑战性，常会遇到餐厅没有席位、人多上菜速度慢、游客饥肠辘辘干等的现象。这时无论导游怎样催促餐厅都无济于事，只能一边受游客埋怨，一边催菜。其实，导游规划好当日用餐地点、时间、人数和用餐要求，预算好到达餐厅的时间，提前电话落实这些事项，完全可以避免让游客久等的现象。

项目学习目标

知识目标	1. 掌握餐前准备的内容。 2. 掌握团队用餐服务程序。
能力目标	1. 能够处理游客换餐要求。 2. 能够准确引领游客到指定桌位。 3. 能够解决用餐中的问题。
素质目标	1. 养成提前落实的职业习惯。 2. 树立食品安全观。
思政目标	树立食品安全观。

项目实施

餐前准备是前提，餐中服务是保障，二者缺一不可。本项目围绕用餐服务中“餐前准备”和“餐间服务”的程序和内容（图1-17），帮助学生进一步掌握用餐服务技能，引导学生重视安全用餐，优化游客用餐体验。将理论知识和实践操作紧密结合，创造出好的服务品质。

餐饮服务

学习笔记

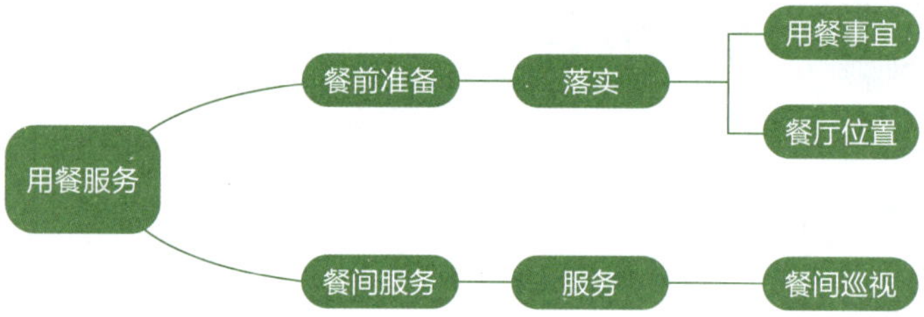

图1-17 用餐服务

案例导入

小黄是个年轻帅气、才艺出众的导游，在多次接团中得到游客赞扬。可在一次接待中，有件事情不禁让他头疼。原来他所接待的是来自西班牙的31名华裔少年研学旅游团，参加的是国内的寻根之旅夏令营。行程中的前几天一切都比较顺利，他与少年们相处融洽，途中为小游客们展示才艺、朗诵诗词，带他们一路欢声笑语，品尝各种中餐美食，远在国外的家长们看到用餐中各种面食和中式炒菜，很开心孩子们能尝到家乡美食，纷纷为旅行社的精心安排点赞。可到了最后这两天，小朋友在国内的新鲜劲儿过了，各种问题接连不断。其中最头疼的是，每次一到用餐时间，满满一桌菜小朋友没吃几下，就都说吃饱了。可一到景区，他们都会抢着去快餐店吃，根本无心游览，甚至有小朋友直接拒绝用餐。小黄的工作越来越难，非常苦恼，不知道该如何做。在休息期间，他跟领队老师交流了自己的困境，领队笑着说，孩子们肯定是想吃西餐啦。小黄才意识到他们这几天连着吃中餐，可他们从小的生活习惯是吃西餐。他马上意识到问题症结所在，反映给旅行社，马上对后面的用餐进行了调整。当导游员小黄向小朋友们宣布晚上吃西餐时，大家一阵欢呼。

思考

本案例中，用餐问题出现在哪里？

案例评析

一方面，旅行社在进行用餐安排时，应该考虑到中西方的用餐区别，要了解不同国家和地方的饮食习惯和注意事项，做到用餐兼顾。尽管此次研学是为了让华裔少年品尝国内美食，但过犹不及，反而造成游客的不悦。另一方面，导游在用餐服务过程中，要及时观察餐桌食物，询问游客的用餐感受和建议，及时听取他们的意见，在可行的范围内，及时调整用餐内容，更好地满足游客的用餐体验。本案例中，导游小黄一开始没找到问题所在，但他的聪明之处，在于及时跟领队沟通交流，解决了困境。所以，带团过程中，地陪导游不可忽视领队和全陪在团队中的作用，要保持随时沟通，促进旅游活动的顺利进展。

学习笔记

任务1　餐前准备

一、任务描述

旅游团用餐服务一般是午餐和晚餐，形式多以桌餐、自助餐为主，也有风味餐和宴会餐。无论哪种形式，导游都需要提前落实本团用餐的地点、时间、人数、规格、标准、形式和特殊要求。导游需要了解各地用餐习惯，准确把握接待计划中用餐要求及特殊要求，确保在安全用餐服务基础上为游客提供美食体验。

二、任务学习目标

（1）掌握餐前准备的内容。

（2）能够处理游客换餐要求。

三、完成任务需要的新知识

1. 餐前落实

地陪导游至少提前半小时跟餐厅落实就餐事宜，一则是为了告知餐厅实际用餐人数和因各种原因带来就餐时间的变化（提前或推后）；二则有经验的导游会根据旅游旺季的特点，避免用餐高峰期上菜慢的情况，会与餐厅提前约定时间，在团队即将抵店前10分钟，告知餐厅起菜。这样团队到达后可以很快用餐，减少游客的等待时间。

2. 熟悉餐厅

导游要熟悉用餐地点和环境，提前告知游客。目的是能准确快速引领游客，抵达餐厅桌位，并第一时间介绍餐厅洗手间、开水间的位置，安顿游客稍作休息等候用餐。

学习笔记

3. **换餐要求**

对于游客的换餐要求，地陪导游要根据具体情况作出处理（图1-18）：如旅游团在用餐前3小时提出换餐要求，地陪导游要尽量与餐厅联系，按有关规定办理；若接近用餐时提出换餐，一般不应接受要求，但导游应做好解释工作；若游客仍坚持换餐，导游可建议他们自己点菜，费用自理。游客要加菜、加饮料等要求应满足，但费用自理。

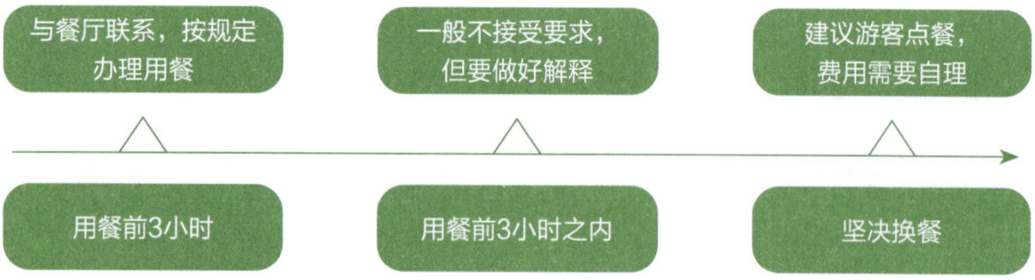

图1-18 换餐处理

四、任务实施

实训项目	餐前准备
实训目标	1. 掌握餐前准备的内容 2. 能够处理游客换餐要求
实训地点	导游模拟实训室
实训内容及步骤	一、实训准备 学生分组，提前设计接待计划，准确掌握用餐信息，尤其是特殊用餐要求；模拟过程应体现食品安全观、细微服务等理念 二、实训开始 （1）按接待计划，提前规划（要有淡旺季概念） （2）提前一小时联系餐厅，落实用餐时间、人数、用餐要求 （3）计算好路程时间，提前10分钟，再次联系餐厅，通知起菜时间 （4）熟悉餐厅位置，不走弯路，确保准确带领游客找到餐厅桌位 （5）合理处理游客的换餐要求 三、实训考核、点评 小组互评，教师点评，提出修改和完善意见

五、任务评价

考核项目	具体内容或要求	扣分项	扣分
熟悉接待计划用餐要求（20分）	能准确把握旅游团接待计划中所有用餐要求，不遗漏、不出错	每缺一项扣5分	
餐前落实（30分）	能提前与餐厅落实当餐具体内容及要求，有旅游淡旺季意识，体现餐前落实的服务技巧和沟通能力，细致全面	每缺一项扣5分	
熟悉用餐环境（10分）	是否熟悉用餐环境，能确保准确引领游客至餐厅桌位；不耽误时间，有服务意识	每缺一项扣5分	
妥善处理换餐要求（20分）	能妥善处理游客提出的换餐要求，合理而不失分寸，解释得当，能尽全力办理	每缺一项扣5分	
安全和服务意识（20分）	能体现用餐安全意识和服务意识，能做好细致周到的餐前准备工作	每缺一项扣5分	

六、任务巩固与检测

1. 模拟练习：遇上旅游旺季，原计划中午用餐的地方已经预定不上，导游员应该怎么办？

2. 扫描二维码检测任务学习情况。

任务 2　餐间服务

一、任务描述

餐间服务是导游引领游客进入餐厅，引导游客入座，介绍餐厅设施及菜肴特色，席间用餐过程中热情询问用餐情况，并实时征询游客对用餐的建议和要求，为游客提供的一系列周到细致的服务。

二、任务学习目标

（1）掌握团队用餐服务程序。

（2）树立食品安全观，保障游客用餐安全。

学习笔记

自我分析与总结

学习笔记

三、完成任务需要的新知识

（一）团队用餐服务程序

1. 引客入座

导游带游客进入餐厅前，要熟悉餐厅位置及餐桌号，如果不能事先确定的，也要及时向餐厅工作人员了解清楚后，带领游客准确就座，切不可带着游客满场绕，或者让游客干站着等太久，要为游客指明餐厅洗手间、开水间的位置，方便游客使用。

餐饮服务：
特色美食

2. 介绍餐厅设施及菜肴特色

用餐前，向游客介绍餐厅及菜肴特色，说明餐标中所含酒水范围及自费项目，不可含糊其词。

3. 餐间巡视

用餐开始后，导游要巡视用餐情况一两次，解答游客在用餐中的问题，并监督餐厅是否按计划标准提供餐品。当菜品全部上齐后，要合理掌握时间，留给游客一定的饭后休息时间，然后按约定时间集合出发。另外，还应照顾好领队、全陪、司机等工作人员的就餐。

4. 快速结账

安顿所有游客正常用餐后，导游员快速就餐完毕，并与餐厅前台或主管沟通实际用餐人数、费用等事宜，填写《餐饮费用结算单》，索要相应票据，并要求餐厅留样。

（二）常见的用餐种类

旅游团用餐种类有：桌餐、自助餐、风味餐和宴会餐。其中自助餐也是时下旅游团常见的一种用餐方式，种类多样，南北兼顾，干净卫生，文明节约。餐厅事先准备好食物饮料陈列在食品台，待游客进入餐厅后，根据个人喜好及口味，自助取餐。

四、任务实施

实训项目	用餐服务
实训目标	1. 掌握团队用餐服务程序 2. 能够妥善处理用餐中的问题
实训地点	导游模拟实训室
实训内容及步骤	一、实训准备 学生分组，扮演地陪、领队、餐厅经理、游客等不同角色

续表

实训内容及步骤	二、实训开始 （1）引客入座 （2）介绍餐厅设施及菜肴特色 （3）餐间巡视 （4）快速结账 三、实训考核、点评 小组互评，教师点评，提出修改和完善意见

五、任务评价

考核项目	具体内容或要求	扣分项	扣分
提前落实（20分）	能提前落实用餐时间、地点、人数、用餐要求等内容；强调特殊用餐要求；旅游旺季，提前落实和巧妙沟通显得尤其重要	每缺一项扣5分	
引导服务（10分）	提前下车，准确引导游客有序进入餐厅，到指定桌位；介绍自己及全陪、领队的用餐地点	每缺一项扣5分	
介绍服务（30分）	介绍餐厅设施及菜肴特点，餐标是否包含酒水等情况说明；开水间和洗手间的位置，需第一时间介绍给游客；强调注意事项等	每缺一项扣5分	
中途巡视（30分）	用餐期间一两次巡视，解答游客问题，监督餐厅是否按要求上菜、检查菜肴的质量问题等，征求游客对菜品的建议等	每缺一项扣5分	
快速结账（10分）	掌握时间；结清账目、索要发票，要求餐厅留样	每缺一项扣5分	

六、任务巩固与检测

1. 模拟练习：游客对菜品不满意，拒绝用餐，请问该如何处理？

2. 扫描二维码检测任务学习情况。

项目总结

践行“舌尖上的安全”

食品安全，关乎生命，属民生大事。丰富多样的旅游用餐，除满足游客的日常饮食需求外，也提供给游客品尝当地特色美食的绝佳机会，

学习笔记

自我分析与总结

学习笔记

甚至不少游客就是奔这一口“网红餐”去的。随着人们消费水平和饮食体验需求的变化，游客对餐饮的标准和品质也随之改变，游客的维权意识更加强烈，类似那些曾经出现在旅游中的“天价虾”“霸王餐”的现象已经受到严厉处罚，旅游监管部门和服务部门也高度重视，正在以最严谨的标准、最严格的监管、最严厉的处罚、最严肃的问责，加强食品安全工作。而导游作为服务环节中的监管员，要自觉做“文明用餐、厉行节约”的宣传者、实践者和监督者，时刻以游客生命安全为重，确保游客“舌尖上的安全”。

项目检测

扫描二维码检测项目学习情况。

项目七　送站服务

学习笔记

项目导读

送站服务是旅游团接待工作的尾声，应处处体现真诚和用心，加深游客对旅游服务的最后印象。导游在做好送站准备、办妥离店服务工作的基础上，途中还应做好行程回顾，带游客总结此次旅行，重温旅游过程中的美好体验。致欢送词是对旅游活动的有力总结，使游客产生留恋之情；协助游客办理离站手续、目送并深情告别是对游客的平安祝福和依依不舍。导游员应该一如既往，保持积极的工作态度，以饱满的工作热情，善始善终地做好最后这项工作，确保游客顺利、安全离开。

项目学习目标

知识目标	1. 熟悉送团服务程序与内容。 2. 熟悉导游善后服务工作。
能力目标	1. 能够妥善处理送团中的突发状况。 2. 能够总结整个接团工作。
素质目标	培养导游员职业责任感、职业道德和敬业精神。
思政目标	培养善始善终的做事原则。

项目实施

本项目以“送站准备”“离店服务”“送站服务”“善后工作”四个任务，分别介绍了导游送站前的业务准备、离店服务程序、送站服务程序和善后工作内容（图1–19），培养学生善始善终的做事原则，养成专业的职业习惯，做一名有感情的职业导游。

送站服务

学习笔记

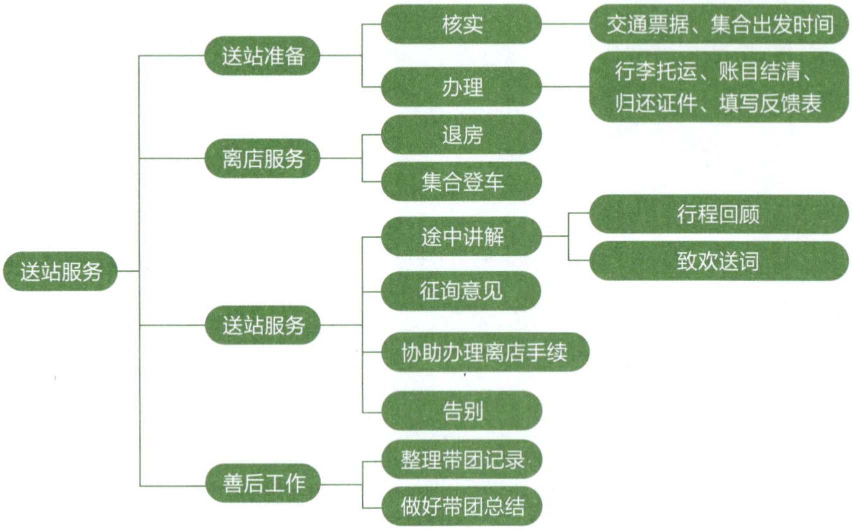

图1-19 送站服务流程图

案例导入

澳大利亚旅游团即将结束旅程离团，次日上午是自由活动，一部分游客想要尽早离开酒店前往市区购物，然后再到机场；另一部分游客想要在酒店就餐后直接前往机场。离团前一天晚上，地陪、领队和司机师傅进行了商定。

地陪：李师傅，旅游团是下午3点的飞机，他们有的人想要在酒店用午餐，午餐后坐车前往机场；有的人想要早些退房到市区购物，再前往机场。

司机：这有点为难，接待计划里的安排是午餐后1点直接送往机场，没有其他的车次安排。

领队：主要大家都是从国外来的，想要买些国内特产和纪念品，原定的计划中安排上午自由活动也是有此用意。

司机：从酒店出发去机场的路是最近的，可否建议购物的游客明早7点出发前往购物广场，购物结束后再返回酒店，中午就餐后集合一同前往机场。

地陪：明天我陪同大家一起去，室内路线和购物地方我都熟悉，这样会比较节省时间。

三人共同商量后，领队将此建议告知游客，得到游客的好评。

学习笔记

思考

地陪导游为什么要这样安排?

案例评析

对于游客的提议，在可行的范围之内，导游应想办法尽量满足，但需要跟领队、司机等人员商议，确保每个环节都能同步调整。尤其是旅游团离开当天的活动，更应该格外上心，每一处都要认真考虑，不要出错。

此案例中，旅游团游客提出想要在离开本地当日（上午自由活动时间）外出购物，这存在很多不可控的因素。对于有经验的导游，无论是自由活动、参观游览还是购物，都不能安排游客在范围广、地域复杂、路途较远的地方，这样可减少不确定因素，最大限度降低误机的概率。所以，地陪导游提出陪同也是为了减少这些不可控因素，确保旅游团每一个成员都能按时登机，顺利返程。

任务 1　送站准备

一、任务描述

旅游团离开的前一天，地陪导游应做好送站前的业务准备，主要有：核实确认离站交通票据、商定出行李时间、商定出发时间、协助酒店结清与游客有关的账目，并做到及时归还证件。地陪导游不仅要向游客说明时间安排，还应提醒、督促游客尽早与酒店结清所有自费项目账单（如酒水费、电话费、洗衣费等），如有损坏客房设施，地陪应协助酒店妥善处理赔偿事宜。

二、任务学习目标

（1）熟悉送站前的业务准备。

（2）能够合理安排送站前事宜。

三、完成任务需要的新知识

送站前的业务准备如下。

学习笔记

1. 票据

旅游团离开本地的前一天，地陪导游应再次确认离开的交通票据，如航班号（车、船次）、离港（站）时间及具体机场（车站、码头）位置等。如交通工具班次有变更，应及时通知下一站接待单位，以免漏接，提醒全陪向下一站交代有关情况。

2. 行李

若离店前，团队有大件行李需托运，地陪导游应在前一天与全陪、领队商量好出行李的时间，通知游客和礼宾处，同时提醒游客行李打包注意事项。出行李时，地陪导游应与全陪、领队、行李员一起清点件数，检查行李是否上锁，有无破损等，最后在行李交接表上签字，确保无误。

3. 次日叫早、集合和出发时间

地陪导游应与领队、全陪商定好次日的叫早时间、早餐时间、集合时间及出发时间。如果出发和早餐时间比较早，应通知餐厅，提前准备或者做好早餐外带。

4. 结清账目

在离开前，地陪导游应从酒店前台了解旅游团中产生的额外费用，并提醒游客尽早与酒店结清相关费用，如长途电话费、洗衣费及房间酒水饮料费等。若游客不小心损坏了客房设备，地陪导游应协助酒店妥善处理赔偿事宜。

四、任务实施

实训项目	送站准备
实训要求	1. 熟悉送站前的业务准备 2. 能够合理安排送站前事宜
实训地点	导游模拟实训室
实训内容及步骤	一、实训准备 学生分组，小组内扮演地陪、全陪、领队、游客、行李员、前厅接待员、收银员等工作人员 二、实训开始 （1）核实交通票据 （2）确定出行李的时间和方法 （3）商定次日叫早、早餐、集合及出发时间 （4）协助酒店办理与游客的账目

续表

实训内容及步骤	三、实训考核、点评 小组互评、教师点评，纠正模拟过程中存在的问题

五、任务评价

考核项目	具体内容或要求	扣分项	扣分
核实交通票据（30分）	能准确把握接待计划中关于送站的相关信息，车票、时间等内容，此项内容较多且信息量大	每缺少一项扣5分	
确定出行李的时间（20分）	与领队、全陪商量出行李的时间，通知游客和礼宾处，同时提醒游客行李打包注意事项	每缺少一项扣5分	
商定次日叫早和集合时间（20分）	与领队、全陪商定好次日的叫早时间、早餐时间、集合时间及出发时间；协商早餐事宜等	每缺少一项扣5分	
协助结清账目（30分）	提醒游客尽早与酒店结清相关费用；协助酒店妥善处理游客赔偿事宜；核对团队费用及明细，快速结清团队费用	每缺少一项扣5分	

六、任务巩固与检测

1. 模拟练习：游客在酒店酒吧消费后挂账在前台，请模拟退房时地陪导游员协助酒店结清与游客个人费用的过程。

2. 扫描二维码检测任务学习情况。

任务2　离店服务

一、任务描述

旅游团在离店前，导游要做好行李的交接确认工作，及时办理退房手续，结清账目，带领游客集合登车，清点人数，提醒游客检查有无遗漏物品，一切妥当后方可开车。旅游团队退房时注意提前通知客房服务中心，提高退房效率。地陪导游可以提前收齐游客房卡，办理退房手续，与酒店结清有关账目。旅行社只承担团队房费、餐费，游客的其他

学习笔记

自我分析与总结

学习笔记

一切消费，包括房内有偿物品、电话费、个人用餐、酒水等消费，都由游客自己承担。

二、任务学习目标

（1）熟悉离店服务程序。

（2）能够按流程快速办理离店手续。

三、完成任务需要的新知识

离店服务程序如下。

1. 集中交运行李

地陪导游按事先商定好的时间，与领队和全陪一起检查清点行李，与酒店行李员办好行李交接手续。

2. 办理退房手续

地陪导游收齐团队所有房卡，至酒店前台办理退房手续，核对用房情况，确认无误后，签字结账。

如存在个别游客尚未结清账目，电话通知其本人尽快至前台结清费用；如有损坏客房设备的情况，地陪导游应积极协助酒店，与游客商量，妥善处理赔偿事宜。

出发前，地陪导游应再次提醒游客，检查个人证件、贵重物品和行李是否有遗落。

3. 集合登车

提醒司机在指定地点等候，有醒目标志，方便游客寻找。所有离店手续办妥后，地陪导游站在车门一侧，微笑迎接游客上车入座。游客上车后，地陪导游要仔细清点人数，并得到全陪或领队的确认。全部到齐后再次提醒游客检查证件、物品是否有遗漏。如无遗漏，一切妥当后示意司机开车离开。

四、任务实施

实训项目	离店服务
实训要求	1. 熟悉离店服务程序 2. 能够按流程快速办理离店手续
实训地点	导游模拟实训室

学习笔记

续表

实训内容与步骤	一、实训准备 学生分组，模拟离店服务，分别扮演领队、全陪、地陪、旅游团成员和酒店工作人员 二、实训开始 （1）集中交运行李 （2）办理退房手续 （3）集合登车 三、实训考核、点评 小组互评，教师点评，纠正模拟过程中存在的问题，指出离店服务中应注意的事项

五、任务评价

考核项目	具体内容或要求	扣分项	扣分
集中交运行李（20分）	地陪导游与领队和全陪商定出行李时间，告知游客，一起检查清点行李，与酒店行李员办理交接手续	每缺少一项扣5分	
办理退房手续（20分）	统一收齐房卡，快速办理退房手续，核对无误后签字结账；提醒未结清账目的游客尽快至前台结算	每缺少一项扣5分	
集合登车（20分）	提前规划和通知集合时间；能提前安排司机在指定地点等候；有醒目标志；地陪导游在门口迎接游客上车入座；清点人数无误，示意司机开车	每缺少一项扣5分	
处理赔偿事件（20分）	能处理退房中的问题，协商赔偿事宜，帮助酒店和游客协商处理	每缺少一项扣5分	
流程完整（20分）	整个离店服务，流程完整，环节紧扣、服务周到，处理得当	每缺少一项扣5分	

自我分析与总结

六、任务巩固与检测

1. 模拟练习：旅游团中一位游客在退房时，前台提出房间有物品损坏，需要赔偿，该游客拒不接受，但此时其他游客已在车上集合准备出发，请问：作为地陪导游，你应该怎么处理？

2. 扫描二维码检测任务学习情况。

学习笔记

任务 3　送站服务

一、任务描述

迎来送往，自古便是礼仪之道，体现关怀祝福之意。送站服务是将游客安全送至机场、车站、码头，离开旅游团的过程。导游要做好途中讲解工作，带游客回顾行程，情真意切地致欢送词，提醒游客离团前注意事项，协助游客办理离站手续，与游客深情告别、目送离开，这一系列工作重要而特别，为游客留下深刻印象。

二、任务学习目标

（1）掌握送站服务的具体内容。

（2）能够创作欢送词。

离别之前：致欢送词

三、完成任务需要的新知识

送站服务具体内容如下。

1. 途中讲解

（1）行程回顾　送行途中，导游应该对旅游团在本地的旅游及行程做一个简要回顾，可以总结归纳所游览景物的特点，也可以分享旅游团中的感人故事和趣事，引发大家的情感共鸣。讲解方式可以采用归纳或提问的方式，讲解内容可以根据实际的路程择优选择。

（2）致欢送词　欢送词饱含深情，包括感谢、惜别和祝愿三方面。欢送词要注意：切忌过分渲染，给人虚假之嫌，点到为止，才会使真情自然流露。若因工作有失误，导游要道歉，消除游客怨气，表明自己的诚意，有益于化解游客的不满情绪。如果团队旅行顺利圆满，此时的感谢告别将会是锦上添花，会收到非常好的效果。欢送词常见的类型有：惜别式、道歉式和感谢式。

2. 征询意见

导游应在旅游团离站前，请全陪、领队和游客填写意见征询表，从中得出他们对当地旅游活动的评价和建议，诚恳听取游客意见，进行积极反思，促进下一步更好的工作。

3. 协助办理离站手续

导游应协助游客办理离站手续（领取登机牌，帮助办理超规格行李托运手续等）；旅游团进入安检口或隔离区后，导游不要急于离开，最好等旅游团所乘交通工具启动后再离开。

学习笔记

4. 告别

当游客进入安检口或隔离区时，导游应与游客深情告别，并祝他们一路平安。如游客是乘坐火车或汽车离开，导游应等交通工具启动后方可返回；如游客是乘坐飞机离开，应等他们安检结束后方可离开，不可仓促挥手，扭头就走。

四、任务实施

实训项目	送站服务
实训要求	1. 掌握送行服务的具体内容 2. 能够创作欢送词
实训地点	导游模拟实训室
实训内容及步骤	一、实训准备 学生分组，阅读接待计划，扮演游客、领队、全陪和地陪导游 二、实训开始 （1）行程回顾 （2）致欢送词 （3）征询意见 （4）协助办理离站手续 （5）告别 三、实训考核、点评 小组互评、教师点评，纠正模拟过程中存在的问题，指出送站服务应注意的事项

五、任务评价

考核项目	具体内容或要求	扣分项	扣分
行程回顾（30分）	能概要回顾旅游团整个行程，讲解重点部分，回顾感人故事和趣事，感染游客情绪，回顾在本地的快乐时光	每缺一项扣5分	
致欢送词（20分）	欢送词饱含深情，包括感谢、惜别和祝愿三方面，把握好分寸	每缺一项扣5分	
征询意见（15分）	请全陪、领队和游客代表填写意见征询表，了解游客对旅游活动和行程的建议；做好反馈和总结	每缺一项扣5分	

学习笔记

续表

考核项目	具体内容或要求	扣分项	扣分
协助办理离站手续（20分）	及时移交交通票据和行李托运单，协助游客办理离站手续	每缺一项扣5分	
告别（15分）	应等交通工具启动后或等游客安检结束后方可离开，不能仓促挥手，扭头就走	每缺一项扣5分	

六、任务巩固与检测

1. 模拟练习：请为研学旅游团设计一篇欢送词。
2. 扫描二维码检测任务学习情况。

任务 4　善后工作

一、任务描述

善后工作

善后工作是导游服务程序的最后一步，过程整理和结果反馈直接关系到旅行社对游客的善后服务，也是增加游客满意度和忠诚度的重要途径。游客离开后，导游工作并没有结束。带团总结是保证导游服务质量不断提升的重要手段，应写清楚主要开展的服务工作、游客对各方面接待服务的反映和个人感受。最后，还要根据带团过程中的开支情况，按规定尽早与财务部门结清账目、归还物品，如有游客委托事宜，应尽快按照程序办理。

自我分析与总结

二、任务学习目标

（1）熟悉善后工作的内容。

（2）能够做好总结工作和处理好后续遗留问题。

三、完成任务需要的新知识

带团善后工作内容如下。

（一）做好总结工作

1. 带团总结

带团总结要实事求是地汇报接团情况，结合整个接团和服务流程，分析工作的成败之处；回顾特重大事件或突发状况，积累经验教训，在

学习笔记

每一次的总结和反思中不断成长。带团总结应包括下列内容：

（1）旅游团名称、人数、抵离时间、线路等。

（2）旅游团成员的基本情况以及游客的特殊表现。

（3）各服务环节的落实情况，有无失误或做得成功的地方。

（4）是否发生重大事情，其处理办法是什么。

（5）游客对旅游活动和对导游的建议。

（6）导游本次接团心得体会及反思。

2. 查漏补缺

导游应仔细回忆带团过程中存在的问题，比如哪些景点线路不熟悉、讲解不到位，对游客的哪些问题回答有偏差或回答不上，进行认真查漏补缺，尽快补齐欠缺的知识，提高业务水平。

3. 吸取经验教训

工作中出现一些失误在所难免，重要的是引以为戒，不再重蹈覆辙，所以写好总结、吸取其中经验教训，形成自己的带团经验和技巧是必要的。

（二）处理遗留问题

旅游团队可能发生的遗留问题，如图1-20所示。

虽然工作基本结束，但导游仍然要以高度的责任心继续工作，按有关规定和旅行社领导的指示妥善处理好这些遗留问题。

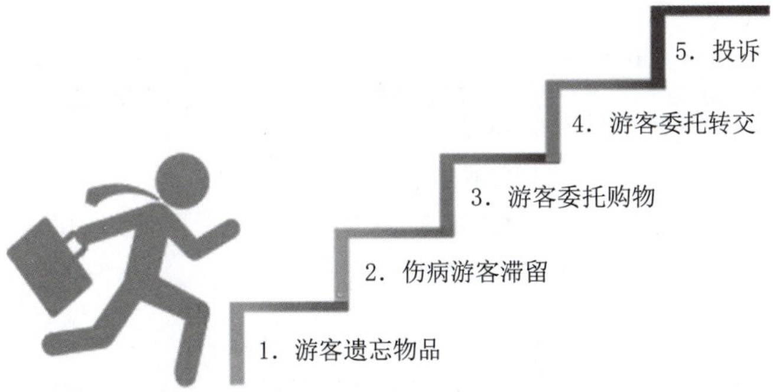

图1-20　旅游团队遗留问题

（三）归还所借物品

导游带团时向旅行社借用的导游旗、接站牌、扩音器等物品应及时归还，以保证旅行社业务的正常运行。

（四）账目结算

地陪导游要根据带团过程中的开支情况仔细填写旅行社的报账单，

学习笔记

按门票、餐费发票、房费发票、交通费和车费发票、杂费发票，分类粘贴好所有的发票，以及与车队、酒店、餐厅的签单凭证，交旅行社计调人员审批，报账备案。

四、任务实施

实训项目	带团善后工作
实训目标	1. 熟悉善后工作的内容 2. 能够做好工作总结和处理好后续遗留问题
实训地点	导游模拟实训室
实训内容及步骤	一、实训准备 学生模拟完成实训任务 二、实训开始 （1）做好总结工作 （2）处理遗留问题 （3）归还所借物品 （4）账目结算 三、实训考核、点评 教师点评，指出善后工作存在的问题并进行改正

五、任务评价

考核项目	具体内容或要求	扣分项	扣分
做好总结工作（30分）	能结合整个接团和服务流程，分析工作的成败之处；回顾特重大事件或突发状况，及时查漏补缺，积累经验教训	每缺一项扣5分	
处理遗留问题（20分）	按照5种遗留问题，设计并解决其中一种，考核责任心、服务意识、处理方式、处理结果	每缺一项扣5分	
归还所借物品（20分）	所有借用的导游旗、接站牌、扩音器等物品应及时归还，以保证旅行社业务的正常运行	每缺一项扣5分	
账目结算（30分）	按门票、餐费发票、房费发票、交通费和车费发票、杂费发票，分类粘贴好交旅行社	每缺一项扣5分	

六、任务巩固与检测

1. 模拟练习：游客将一本画册落在旅游车上，打电话请导游帮忙邮寄，请模拟处理。

2. 扫描二维码检测任务学习情况。

项目总结

行百里者半九十

导游从接站到送站，再到完成送站后的善后总结工作，才算是真正意义上完成了一个完整的旅游团服务工作。很多时候，我们在做一件事情时，往往在一开始时都是信心满满，可越到后面，热情和激情就泄气了。旅游团的团期多数都在3天以上，旅游活动披星戴月般的长途跋涉，无论从精力还是体力而言，对导游来说都有较高的要求。行百里者半九十，越是到最后，越是接近成功时，也最难坚持。

俗话说，万事开头难，坚持难，善始善终更难。导游工作既要开好头，还得收好尾，中间任何一个环节都不得马虎。导游既是杂家又是专家，是一种服务，也是一种荣誉，导游肩负着讲好中国故事，传播优秀文化的使命，只有对职业的忠诚和热爱，才会在历经百战后，始终热爱，始终坚守，这是一种难得的职业担当和职业精神。

项目检测

扫描二维码检测项目学习情况。

学习笔记

自我分析与总结

模块二

智者乐水　仁者乐山——景区导游服务

项目一 城市景观导游

学习笔记

项目导读

参观游览活动是一次完整旅游行程的核心，是旅游者旅行的根本目的，对于导游员来说是为旅游者提供导游服务、体现服务质量与服务水平的重要环节。城市景观导游是指导游员对旅游者所抵达或经过的城市、乡镇及所在的省区进行的有关当地的历史沿革、地理概况、气候状况、社会发展、经济建设、文化民俗等方面的导游讲解服务。

项目学习目标

知识目标	1. 熟悉城市景观导游知识。 2. 掌握城市景观导游技巧。
能力目标	1. 能够对城市景观进行导游词创作。 2. 能够进行城市景观导游讲解。
素质目标	1. 培养城市景观审美情趣。 2. 培育良好的服务意识和职业素养。
思政目标	爱祖国、爱家乡，立足本职工作，做好城市宣传员。

项目实施

本项目从城市景观导游准备和城市景观导游服务两个任务着手，从讲解时机、内容、作用、要点等环节，掌握城市景观导游服务知识与技能。引导学生学习专业知识，将理论与实践相结合，如图2-1所示。

学习笔记

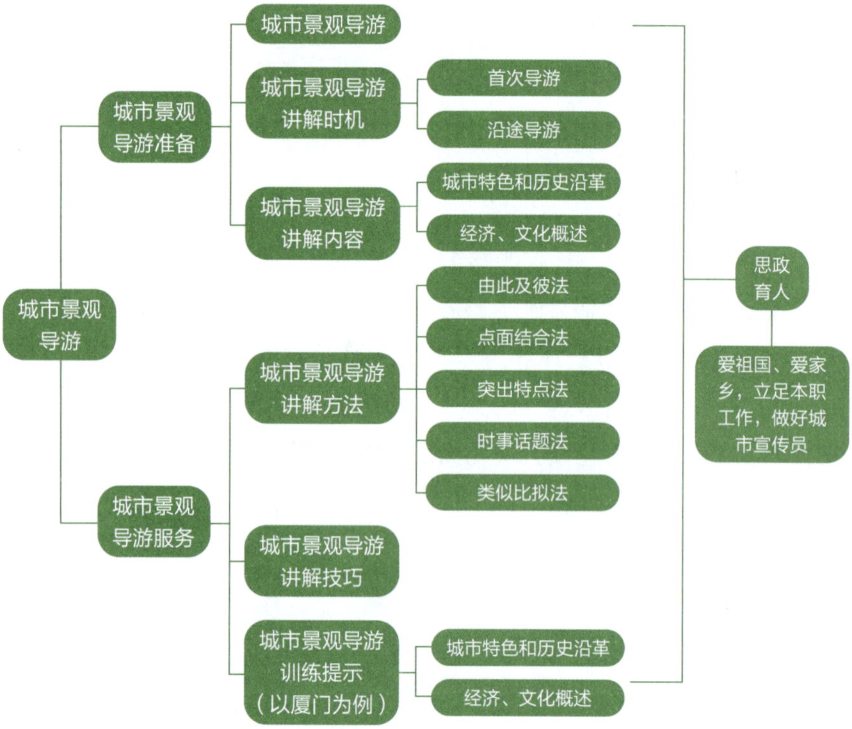

图2-1 城市景观导游

案例导入

导游小张发现团队中有一名游客总是习惯随地吐痰，为了保持城市的环境卫生，小张想直接提出制止他的这种行为，但顾及该游客的自尊心，觉得不够妥当。于是，小张买了一盒面巾纸来到这位游客面前："先生，您是不是感冒了？请多注意防寒保暖，保重身体。"说话间把面巾纸递给游客。这位游客显得很诧异，连说谢谢，随后的行程中，小张再也没有看到这位游客随地吐痰。

讨论

请同学们认真阅读案例，进行分组讨论，在带团过程中，导游小张运用了哪些服务技巧？

案例评析

导游不但要掌握良好的专业知识，还要具有优秀的职业技能，同时还要有保护公共环境的社会公德意识。导游小张通过自身较高的服务技能引导游客的言行举止，为保护城市环境作出贡献。

案例中，小张用递上面巾纸和关心的语言："您感冒了吗?"顺利地解决了问题。当这名游客拿到面巾纸时，便意识到自己的行为欠妥，从而能够自觉地约束自己；一句关心的问候也避免了尴尬局面。因此，导游在处理问题时要善于运用柔性语言，关注旅游团特殊游客情况，不断提高服务水平。

学习笔记

任务 1　城市景观导游准备

一、任务描述

城市景观导游主要体现在城市概况介绍和沿途景观介绍两个方面。这里所指"沿途"不仅是指在游览车上，而且也指在步行街上，这里不仅要讲景观、建筑，还要讲街上的行人、树木、装饰以及城市整体，沿途讲解往往是零散的，但开始或结束都要给游客一个"概括"，使之对城市有完整的了解。如果乘游览车进行市容沿途导游，导游员一定要注重将自己所讲的内容和车窗外所观景物保持一致，尽量避免车外景观与车内讲解毫无关系。

二、任务学习目标

（1）掌握城市景观导游的特色和历史沿革。

（2）掌握城市的政治、经济和文化概况。

三、完成任务需要的新知识

（一）城市景观导游

城市景观导游是指导游对旅游者所抵达或经过的城市、乡镇及所在的省区进行的有关当地的历史沿革、地理概况、气候状况、社会发展、经济建设、文化民俗等方面的讲解，使旅游者对当地基本情况有个初步了解。

（二）城市景观导游讲解时机

1. 首次导游

对于大多数游客来说，经过长途跋涉固然疲劳，但踏上异乡土地，内心是兴奋好奇的，急于了解当地风情。地陪导游应在车站、码头或机场迎接游客上车后抓住这个时机，向游客介绍城市最具特色、最具代表性的内容。

学习笔记

2. **沿途导游**

导游人员既可以在首次导游中对城市全貌作简单介绍，也可以在沿途的城市游览中详细讲解，无论繁简都应突出城市的主要特色和游客感兴趣的话题。

（三）城市景观导游讲解内容

1. **城市特色和历史沿革**

（1）抓住城市自身的特色　要对城市众多元素进行提炼与筛选，抓住特色，尽情渲染。如，南京——六朝古都、虎踞龙盘；昆明——春城无处不飞花；深圳——中国改革开放的窗口等。

（2）提炼城市自身的特色　在长期的历史发展过程中，每个城市都形成了区别于其他城市的独特个性。可以从城市创建成因、发展轨迹、历史地位、重大事件、名人轶事、典故传说、生动的文学形象等几方面总结、提炼。

2. **经济、文化概述**

经济是城市的命脉，文化是城市的灵魂。

（1）城市的经济介绍　可以是多方位的综合介绍也可以是突出重点的专门介绍，城市经济介绍的主要内容有：特色经济、知名企业、交通运输、居民生活水平等。

（2）城市的文化内容　要能反映该城市的文化特色和当地居民的精神风貌。导游人员要对地域文化及其特征了如指掌。

四、任务实施

实训项目	城市景观导游准备
实训要求	1. 掌握城市景观导游的基本内容 2. 能够进行城市景观导游词创作
实训地点	教室或模拟导游实训室
实训材料	外景影像资料
实训内容与步骤	一、实训准备 （1）教室布置模拟旅游车内场景，播放城市景观视频、图片等 （2）准备旅游团行程单、话筒、导游证、导游旗、城市景观导游词等 （3）学生分组，分角色模拟城市景观导游实训 二、实训开始 导游员了解旅游团队基本信息，准备为旅游者介绍旅游目的地城市概况

续表

实训内容与步骤	三、实训考核、点评 小组互评、教师示范性点评，总结任务要点并纠正任务实施过程中存在的问题，提出改进性意见或建议

五、任务评价

具体内容或要求	分数	得分
确定接待方案	10	
准备相关知识	60	
掌握服务内容	10	
熟悉接待信息	10	
明确特殊需求	10	
总得分		

六、任务巩固与检测

1. 作业：创作一篇城市景观导游词。
2. 扫描二维码检测任务学习情况。

任务 2　城市景观导游服务

一、任务描述

承德某旅行社地陪导游员即将接待一个上海老年旅游团，接下来地陪导游员要如何做好城市景观导游服务。

二、任务学习目标

（1）能够运用城市景观导游讲解方法。

（2）能够掌握地市经济、文化概况、市容特色与历史沿革等内容做好市容讲解。

（3）能够有针对性地对团队旅游者进行城市景观导游。

三、完成任务需要的新知识

（一）城市景观导游讲解方法

1. 由此及彼法

由此及彼法指由谈此事而后又涉及另一件事，二事之间是有关联

学习笔记

自我分析与总结

学习笔记

的，这样可展开思路，给旅游者更多知识。

2. **点面结合法**

点面结合法指在讲解时要突出重点，抓住典型，以点带面。导游中“点”是指游览点，“面”是指游览点以外的更加详尽的情况，但是这些情况必须和“点”有联系，并且也是旅游者想要了解的。主要体现在全程与线路、景区与景观、景物与影响三个方面。

3. **突出特点法**

突出特点法指抓住参观游览项目最显著的特色，把它充分表达出来，以给人深刻印象，引起人们极大的游览兴趣。

4. **时事话题法**

时事话题法指随机寻找话题，在完成正式游览之余，为融洽与游客关系，增加相互了解，而进行一种自由的、无拘无束的交谈。千万别小看这种方法，通过这种方法，导游和游客可以相互了解，游客可将自己的感受、想法、要求都毫无保留地“谈”出来，使导游获取信息，从而有针对性地进行下一步接待工作，会收到意想不到的效果。

5. **类似比拟法**

类似比拟法指使用一些类似的、熟知的事物来解释陌生的事物。由于历史、地理、民族、文化，以及思维方式的不同，同样一个事物或说法，对不同国家、不同地域的游客就大不一样，游客理解起来就会有些困难。如中国的朝代、年号、什么是“张飞穿针，大眼瞪小眼”，什么是“气管炎（妻管严）”等这些对于外国游客是生疏的，那么，导游员就要运用类似比拟的方法。在讲中国的朝代时，尽量用外国人熟悉的年代、熟悉的历史事件去比拟；讲到谚语、成语、典故等，若能引用游客来源地的类似的表达方式，结果就会事半功倍。

（二）城市景观导游讲解技巧

城市景观导游讲解多限于导游员唱独角戏，形式比较呆板，不足以活跃旅游气氛。导游应拓展多方面的知识，通过讨论问题、猜谜、唱歌等方式，激发游客参与意识，满足游客“新鲜好奇”的心理，引发兴趣。

（三）城市景观导游训练提示（以厦门为例）

1. **城市特色和历史沿革**

要了解厦门，先要知道它的总体风格是“城在海上，海在城中”。厦门历史悠久，用两句话来概括，就是“古同安今厦门”和“扼台湾之要，为东南门户”。同安，首次设县在公元282年，距今已有1700多年历史，而现在的厦门市有相当一部分是当年同安县的主体；第二句话则点出了厦门在我国历史和现实中，军事交通上的重要地位。

要了解厦门，还要知道它的市花、市树、市鸟：市花是三角梅，三角梅花色众多，朴实无华，可做盆景；市树是凤凰木，这种树枝秀叶美，是典型的南国树种；市鸟是白鹭，白鹭优美高雅，厦门岛形似白鹭，白鹭曾栖息于岛上，厦门有"鹭岛"之称。白鹭、凤凰木和三角梅充分体现了厦门的风貌。

2. 经济、文化概述

厦门环境优美，风景名胜众多，侨乡风情，闽南习俗，海滨美食，中外风格建筑融为一体，形成了如诗如画的海上花园。这里有国家重点风景名胜区鼓浪屿、万石山，郑成功水操台及纪念馆，陈嘉庚先生故居，有胡里山炮台、南普陀寺、台湾民俗村，还有道南楼、南熏楼和鳌园等。

学习笔记

四、任务实施

实训项目	城市景观导游服务
实训要求	1. 能够运用城市景观导游讲解方法创作承德市容导游词 2. 掌握城市景观导游讲解技巧 3. 能够运用城市景观导游服务技能调动游客情绪
实训地点	模拟导游实训室
实训材料	城市景观导游词、话筒、导游证、导游旗、旅游团行程单等
实训内容及步骤	一、实训准备 （1）了解团队信息，行程安排，提高讲解针对性 （2）依据城市特色、历史沿革，以及经济文化情况，创作城市景观导游词，并进行模拟讲解训练，时间不少于5分钟 （3）学生分组，小组内角色扮演导游员与旅游者 二、实训开始 （1）介绍当天行程安排 （2）介绍承德概况、历史沿革、气候条件、行政划分、社会生活、文化传统、土特产品等 （3）市容市貌介绍，发展概况及沿途重要建筑物和街道介绍 （4）讲解内容要简明扼要，语言节奏明快、清晰 （5）景物取舍得当，随机应变，与旅游者的欣赏同步 三、实训考核、点评 小组互评，指导教师点评，总结任务要点并纠正任务实施过程中存在的问题

学习笔记

五、任务评价

模拟实训评分				
姓名：		讲解内容：		
项　目	要　求	分　数	得　分	总体评价
服务规范（15分）	引导明确	4		
	面对游客	3		
	面部表情	3		
	前后衔接	5		
导游讲解（30分）	规范正确	10		
	主题明确	10		
	灵活应变	5		
	适当发挥	5		
语言表达（25分）	自然流畅	8		
	层次分明	7		
	生动幽默	5		
	音量适当	5		
导游技巧（10分）	语言技巧	4		
	服务技能	6		
应变能力（10分）	积极预防	5		
	处理得当	5		
总体印象（10分）	仪容仪表	2		
	礼节礼貌	3		
	服务态度	5		
总得分				

六、任务巩固与检测

1. 模拟练习：山东某旅行社的导游接到来自陕西的20名家庭旅游者，请模拟地陪导游，对旅游者进行首次沿途讲解并介绍城市概况。

2. 扫描二维码检测任务学习情况。

项目总结

导游服务的目的就是满足旅游者审美与愉悦身心的需要。导游的工作就是通过自身的不断学习，满足旅游者的这种求知、求异、求新的需求，掌握城市景观导游讲解要领，将一座城市或地区能形成吸引力的信息或特点经过精选介绍给旅游者，熟练运用讲解方法为旅游者提供导游服务。

项目检测

扫描二维码检测项目学习情况。

学习笔记

自我分析与总结

学习笔记

项目二 水体景观导游

项目导读

自然界的山水景观是风景构成的基本要素，我国主要的水体景观类型有海洋江河、湖泊、泉水和瀑布等。这些景观在构景和造景中均具有形态美、倒影美、声音美、色彩美、光影美、水味美、奇特美等特点。因此，做好水体景观导游，能增强景观的自身美感，丰富游览情趣。

项目学习目标

知识目标	1. 熟悉水体景观导游知识。 2. 掌握水体景观导游技巧。
能力目标	1. 能够对水体景观进行导游词创作。 2. 能够进行水体景观导游讲解。
素质目标	1. 培养水体景观审美情趣。 2. 培育良好的服务意识和职业素养。
思政目标	1. 培养对自然山水的崇敬与热爱，善待自然，保护自然。 2. 坚信“绿水青山就是金山银山”。

项目实施

本项目从水体景观导游准备和水体景观导游服务两个任务着手，从水体景观分类、造景功能、讲解要领和常见问题几方面学习基本知识和技能。引导学生学好专业知识，将理论与实践相结合，如图2-2所示。

万水千山总有情：水体景观导游

图2-2　水体景观导游

学习笔记

案例导入

导游小丽带领旅游团游览黄果树风景名胜区，因景区较大，人员密集，环境嘈杂，小丽一路小跑好意带领团队游客到临近瀑布景观附近进行讲解，可是团队游客却屡屡打断她的讲解，导游小丽一头雾水。

讨论

请同学们认真阅读案例，进行分组讨论，在带团过程中，导游小丽哪里出了问题？她应该怎么做？

学习笔记

案例评析

黄果树风景名胜区属于典型水体景观，景区规模较大，参观路线较复杂，这对导游的服务技能水平要求较高，一方面要能有针对性地准备讲解内容；另一方面要提高服务意识和服务水平，满足游客需求。

具体做法：

（1）熟悉景区情况，多做温馨提示。

（2）应用讲解技巧，对于大型景区进行分段讲解。

（3）游览行进张弛有度，劳逸结合。

（4）对游客的兴趣表示理解，并表示乐于服务。

（5）鼓励游客多提问题，并主动征求其意见。

（6）及时总结，随时调整，针对游客感兴趣的内容进行讲解，集中回答有关问题，尽最大可能满足游客的要求。

导游员是游客之师、游客之友，要想得到游客的认可，就一定要在提高个人服务技能水平上下功夫，只有这样才能成就更加优秀、自信的自己。

任务1 水体景观导游准备

一、任务描述

水体景观，是以自然水体为主构成的景观。它有观赏、游乐、康疗、度假等旅游功能。有水则“灵”是对水景的高度概括。水体景观按其性质分为：江河型（如广西漓江）、湖泊型（如江西鄱阳湖）、瀑布型（如贵州黄果树瀑布）、泉水型（如山西晋祠难老泉）和海洋型等水体景观。

二、任务学习目标

（1）熟悉水体景观分类。

（2）掌握水体景观造景功能和特点。

学习笔记

三、完成任务需要的新知识

（一）水体景观分类

1. 海洋景观

海洋是地球上广大连续水体的总称，其面积占地球表面的70.9%。海洋的中心部分叫洋；海洋的边缘部分叫海，其面积约占海洋总面积的11%。海和洋很难截然分开，它们彼此沟通，组成统一的世界海洋。

海岸带由三个基本单元组成：一是海岸，是指在平均高潮线以上的沿岸陆地部分；二是潮间带，是指介于平均高潮线和平均低潮线之间的地带；三是水下岸坡，是指平均低潮线以下的浅水部分。

海滨地区水天一色，视野无比开阔，气候受海洋调节而冬暖夏凉，空气清新，尘埃极少，空气中含有一定量的碘，氧和臭氧的含量也高，有利于人体内维生素的积累和红细胞的增加，有利于食物消化和新陈代谢。

海洋不仅是旅游航行的纽带，而且还有和煦的阳光、宽敞的海滩、清洁的海水；加上有大量富含氧的阴离子的空气，配合着大量海底生物和海滨地带的综合景物，成为最吸引游人和具有高尚情趣的旅游活动场所。

2. 江河景观

江河是一种天然的地表水流，是由一定区域的地表水（雨水、冰雪融水）和地下水补给，并沿着狭长的谷槽流动的水体。较小的称为溪、涧，较大的称为江、河。江河景观的特点主要由它所处的地理环境特点和社会历史背景不同而不同。

3. 湖泊景观

湖泊是陆地表面比较宽阔的天然凹地中蓄积的停滞或缓慢流动的水体。湖泊作为旅游资源，与动态的河流不同，其美感首先在于静态的湖光山色。湖泊素有“大地明珠”之称。湖泊的游览与导游应从分类开始。

（1）按湖泊的成因分类。

①冰川湖：冰川湖是因冰川的刨蚀作用而形成的冰蚀湖，或冰川在消融过程中，在冰碛物之间的凹地积水而形成的冰碛湖。

②风沙湖：在西北干旱、半干旱地区，由于地表覆盖着松散沙层，地表水多下渗成为地下水，雨季少量洪流与地下水汇集在沙丘间低洼处，形成湖泊或沼泽，如内蒙古毛乌素沙漠中的湖泊群。全国最有名的风沙湖，要数甘肃敦煌鸣沙山下的月牙泉。

学习笔记

③岩溶湖：岩溶湖是因地表水或地下水对可溶性岩石进行溶解和搬运作用而形成的湖泊。云南东南部、贵州西南部、广西西部有密集的岩溶湖群。

④构造湖：构造湖是因地壳运动所产生的凹陷盆地积水而形成的湖泊，如洞庭湖、鄱阳湖。

⑤断层湖：断层湖是因地壳构造运动使地面凹陷积水而形成的湖泊，是最常见的湖泊，如滇池、洱海。

⑥火口湖：火口湖是因火山喷发后，火山口洼地积水而形成的湖泊，如长白山天池、台湾日月潭。

⑦火山堰塞湖：火山堰塞湖是因火山喷发时，喷发出来的玄武岩流阻塞了河道面形成的湖泊，如镜泊湖、五大连池。

⑧人工湖：人工湖是人工建设形成的各种水库，如三门峡水库、千岛湖、密云水库等。

（2）按湖泊所含的盐分分类　按湖泊所含的盐分，可分为淡水湖、咸水湖、干盐湖三大类。鄱阳湖、洞庭湖、太湖、洪泽湖、巢湖为我国五大淡水湖；青海湖是我国最大、最著名的咸水湖；察尔汗盐湖是我国的干盐湖，即固体盐湖。

（3）按所处的地形环境分类　按所处地形环境，湖泊可分为平原湖泊和山地丘陵湖泊两大类。

4. 泉水景观

泉是地下水的天然露头。达到一定规模的泉水，才有可能开发成为泉水景观。严格地说，地下水出露地表，才称为“泉”，但人们习惯上把直接取自地下岩层中的水叫“泉水”。泉水有冷泉、温泉、矿泉之分。

（1）冷泉　凡是泉温等于或低于该地年平均气温的泉水，叫作冷泉。冷泉主要由雨水或地表水渗入地下不太深的透水层后，又沿着岩石裂隙出露地表而形成，故冷泉多为浅层地下水的露头。

（2）温泉　凡是泉温超过当地年平均气温的泉水（或者水温超过20℃的泉），叫作温泉。温泉成因较多，无论是何种原因形成的温泉，在高温和高矿化条件下，水中均含有一定数量的特殊化学成分，故温泉一般是矿泉。

（3）矿泉　凡是泉水中富含有益于人体健康的微量元素等矿物成分和气体的泉水（其矿化度为1克/升以上），称作矿泉。

5. 瀑布景观

瀑布是河床落差造成的跌水。观赏、导游瀑布景观，首先应了解构

学习笔记

成瀑布景观的四大要素：一是造瀑层，即河谷中突然形成急坡地段的坚硬岩层；二是有从造瀑层倾泻下来的水体，即瀑布；三是瀑下深潭；四是瀑前峡谷，峡谷一般不太长，但很幽深狭窄。

（二）水体景观的造景功能

1. 独立成景

山脉是地形的骨架，水是山的灵魂。水域风光数量多、质量高、景观美。水有海、江、湖、瀑、泉、冰川之别。有些水域占地面积广，景观独特，以其固有的水态、水色、水形、水声等独立成景。以水为主的自然景点之美，不但在于各种水体类型本身，更在于各种水体与其他造景因素的相互配合。

2. 与地形、地貌、动植物、气候等因素配合成景

（1）水与地形、地貌的配合　水与地形的配合是基本的配合，众多自然风景区堪称山水浑然一体，形成了绿水青山交相辉映的绝妙风景。

（2）水与动植物的配合　水与动植物结合成的景色，如杭州西湖的花港观鱼、虎跑梦泉、苏堤春晓，四川九寨沟的五彩池，海南省的“海岛椰林”等景观，以及济南的“四面荷花三面柳，一城山色半城湖”的大明湖。

（3）水与天气和气候的配合　水与天气和气候的配合中，“落霞与孤鹜齐飞，秋水共长天一色”“万顷湖平长似镜，四时月好最宜秋”，都是以文学艺术形式描述鄱阳湖、杭州西湖的绝妙景色。“雷峰夕照”“南屏晚钟”“双峰插云”“三潭印月”等，是水与天气组合而成的名景。

3. 为人文景观的布置创造了条件

（1）水与历史文化因素的配合　水与历史文化因素如经济、政治、军事、交通、文化、建筑、宗教等方面的配合，水自然景观的历史文化内涵，主要来源于此。

（2）水与现代建设成就因素的配合　水与现代建设成就因素的配合是指中华人民共和国成立以来，我国在开发江河、防治水害中所取得的重大建设成就。这些建筑既是建筑工程，也是旅游资源，丰富了原有的水体景观，成为新奇的旅游资源。

4. 为旅游文学、艺术的创作提供了源泉

水对文学、艺术、绘画等中国文化发展有着深远的意义，中国传统绘画中有大量的作品以山水作为题材，描绘祖国的大好河山。

学习笔记

四、任务实施

实训项目	水体景观导游准备
实训要求	1. 掌握水体景观导游的基本内容 2. 能够进行水体景观导游词创作
实训地点	教室或模拟导游实训室
实训方式	分组讨论、查找资料、总结提炼
实训内容与步骤	一、实训准备 （1）随机分组，确定准备哪一类型水体景观内容 （2）明确某一类型水体景观典型代表，小组成员查找素材，创作导游词 （3）旅游团接待计划、水体景观视频及图片素材等 二、实训开始 了解旅游团队的基本信息，为该旅游团有针对性地创作某一水体景观导游词 三、实训考核、点评 小组互评、教师示范性点评，总结任务要点并纠正任务实施过程中存在的问题，提出改进性意见或建议

五、任务评价

自我分析与总结

具体内容或要求	分数	得分
确定接待方案	10	
准备相关知识	60	
掌握服务内容	10	
熟悉接待信息	10	
明确特殊需求	10	
总得分		

六、任务巩固与检测

1. 作业：创作西湖景区导游词，注意讲解重点内容和表达技巧。

2. 扫描二维码检测任务学习情况。

任务 2 水体景观导游服务

学习笔记

一、任务描述

地陪导游员，带领12名来自陕西的亲子游团在趵突泉公园景区参观游览，请你为他们提供导游服务。

游览路线：公园南门—万竹园—白雪楼—双御碑—趵突泉—三大殿—尚志堂—名泉区—天尺亭—漱玉泉—李清照纪念堂—龟石—东门。

二、任务学习目标

（1）掌握水体景观导游要领。

（2）能够完成水体景观导游服务。

水体景观导游

三、完成任务需要的新知识

（一）水体景观的讲解要领

1. 从造景功能讲解其美感

（1）形态美　海洋、江河、流泉、瀑布以动态为主，湖泊则以静态为主。这种美，游客通过眼睛可以直接感受。但水体形态美背后的成因，则需要导游员的特色讲解来弥补。不同形态的水能引发游客不同的情感，导游员在导游讲解中要及时捕捉游客的回馈信息，引导发挥旅游活动的益智功能。

（2）倒影美　水在光线的作用下，景物能形成倒影，从而与岸上实物相互辉映，构成奇特景观。观赏倒影景观往往需要有特定的观赏地点和适宜的观赏位置，这一点往往容易被游客所忽视。导游员在引导游览时，要注意寻找最佳位置，提醒并引导游客观赏。

（3）声音美　流动的水会发出各种声音，并且在不同水域的运动中，能发出不同的声音。如泉水的叮咚声、溪流的潺潺声、瀑布的轰鸣声等。水的声音能激起游客的游兴和遐想。导游员在游览时应合理安排时间和行进路线，让游客有机会聆听水发出的各种声音，此时的导游员则要注意“此时无声胜有声”。

（4）色彩美　投入水中的光线，通过水分子的选择吸收和散射，会出现不同的颜色，给人以美的享受。如渤海、黄海呈黄色，东海呈蓝色，南海呈深蓝色，九寨沟的五彩池、五花海等则呈现出多种色彩。在带领游客游览时，导游员要注意选择时间和观赏位置，同时对色彩的成因及文化承载作引申讲解。

学习笔记

（5）光影美　水体在日光、月光和灯光的作用下呈现出来的各种光学景象是非常美妙神奇的，令人赏心悦目。

（6）水味美　正常情况下水是无色无味的，但当水中融入其他物质时，会导致水的味道发生变化，如青岛崂山矿泉水、杭州虎跑泉水等均为甘甜醇厚的泉水，成为酿酒、泡茶和饮料加工的理想水源。导游员要向游客介绍水体的特色水味，有条件的情况下，让游客亲身体验，如品饮甘泉、品尝茶水等。

（7）奇特美　在不同的条件下，水能形成一些奇特的景观。如安徽寿县的“喊泉”，其涌泉量与人的声音大小成正比；四川广元的“含羞泉”，一遇震动，泉水便像害羞的姑娘，悄然隐去，等安静后复出。

2. 从时代变迁讲解其作用

不同类型的水体景观，不但要联系除水以外的各种自然造景因素，还应从时代变迁讲解其作用，以反映其内在的、本质的联系。从历史的和现实的状况加以分析，从而揭示其文化内涵，提升游客的体验。

（二）常见问题处理

1. 游客落水

在河、湖边游览时，要提醒游客，尤其提醒孩子、老人不要太靠近河、湖行走，以免落水。在乘船和竹筏时，要提醒游客不要超载、不能打闹。

有人落水时，导游应立即组织抢救，必要时请救生员、救生艇协助救援；会游泳的人，应脱去鞋袜及厚重的衣服下水救人；如不会游泳，除了呼喊他人外，应赶快将木板、竹竿等物体抛向溺水者，让他抓住后再拖他上岸。

溺水者被救上岸后，多已神志不清，四肢冰冷，面色青紫，口腔、鼻腔充满血性泡沫，甚至呼吸停止、心跳微弱或完全停止。

营救时，首先以最快的速度撬开口腔，除去口鼻的泥沙、杂草等污物，将舌头拉出口外，松解衣带。救护的人取半跪的姿势，将溺水者的腹部放在膝盖上，头朝下，拍打背部，以倒出呼吸道及肺部的积水。如溺水者还不能恢复呼吸，要立即施行人工呼吸；如果没有脉搏，应立即同时进行心肺复苏抢救。

组织营救的同时应拨打电话求助，电话联系景区工作人员，并及时安排就医。

2. 小腿抽筋的预防与治疗

旅行时，由于路比平时走得多，腓肌过度疲劳，小腿抽筋是常有的

学习笔记

事。治疗方法较多，简单易行，是以放松局部肌肉来达到缓解疼痛的目的。

（1）旋转法　即起身而坐，伸直抽筋的腿，用手握住前脚掌，向外侧旋转踝关节，只要动作连贯有力，通常能立即止住疼痛。

（2）扳脚法　即取坐姿，一手用力压迫痉挛的腿肚肌肉，一手抓住足趾向后扳脚，使足部弯曲，再上下活动一下脚，抽筋就能得到缓解。

（3）按压法　即在膝关节内侧腘窝两边有硬而突起的肌肉主根，腓肠肌头神经根便附着在里面，用大拇指强力按压此处，异常兴奋的神经就会镇静下来，从而达到停止抽筋、消除疼痛的目的。

小腿抽筋的预防比较简单。在活动前、活动后、睡前，按摩腿肚肌肉即可。经常抽筋的人可在游泳前将捣烂的生姜渣汁涂在腿上，充分按摩，同样能收到很好的预防效果。

（三）水体景观导游训练提示

1. 介绍景区概况

趵突泉公园位于济南市中心，南靠千佛山，东临泉城广场，北望大明湖，全园共规划为十个景区，总面积近百亩。始建于一九五六年，因内有趵突泉而得名。

2. 介绍水体景观的类别

趵突泉公园是一座以泉水为主的自然山水公园，为济南七十二名泉之冠，被誉为“天下第一泉”，趵突泉水水质洁净，清洌甘美，水温一年四季恒定在18℃左右。

3. 水体景观造景功能和特点

趵突泉公园以观泉、赏鱼、品茶、山石、文化为特色，以小巧玲珑、步移景异、清洁幽静、古朴典雅而著称。趵突泉，三窟并发，声如隐雷，水涌若轮称趵突腾空。云雾润蒸的奇特景观为济南八景之一。

4. 从时代变迁，揭示文化内涵

史书记载：齐国和鲁国因边界争执发生战争，次年春，鲁桓公到齐国谈判边界问题，会齐侯（齐襄公）于泺。泺，泺水的源头，即趵突泉。所以趵突泉为人所知已有两千五六百年的历史了。历代的文学家、诗人都有作品赞美，康熙、乾隆皇帝也在趵突泉边写诗刻石，颂扬名泉。

学习笔记

四、任务实施

实训项目	水体景观导游服务
实训要求	1. 能够运用水体景观导游讲解方法创作趵突泉导游词 2. 掌握水体景观导游讲解技巧 3. 能够运用水体景观导游服务技能提供亲子团队旅游者需求
实训地点	模拟导游实训室
实训材料	水本景观导游词、话筒、导游证、导游旗、旅游团行程单等
实训内容及步骤	一、实训准备 （1）了解团队信息，行程安排，提高讲解针对性 （2）收集整理趵突泉景区相关资料，创作水体景观导游词，并进行模拟讲解训练，时间不少于5分钟 （3）学生分组，小组内角色扮演导游员与游客 二、实训开始 （1）介绍景点概况、游览行程安排、安全提示，以及注意事项等 （2）从水体景观的造景功能、特点、作用等重点内容进行讲解，注重表达技巧 （3）分组实训，通过情景模拟提升导游员语言能力和应变能力 （4）注意合理安排游览时间，给游客留出充足的欣赏拍照时间 （5）做好安全提示，以及环境保护提示 三、实训考核、点评 小组互评，教师点评，总结任务要点并纠正任务实施过程中存在的问题，提出改进性意见或建议

五、任务评价

模拟实训评分				
姓名：		讲解内容：		
项　目	要　求	分　数	得　分	总体评价
服务规范（15分）	引导明确	4		
	面对游客	3		
	面部表情	3		
	前后衔接	5		
导游讲解（30分）	规范正确	10		
	主题明确	10		

续表

项　目	要　求	分　数	得　分	总体评价
导游讲解（30分）	灵活应变	5		
	适当发挥	5		
语言表达（25分）	自然流畅	8		
	层次分明	7		
	生动幽默	5		
	音量适当	5		
导游技巧（10分）	语言技巧	4		
	服务技能	6		
应变能力（10分）	积极预防	5		
	处理得当	5		
总体印象（10分）	仪容仪表	2		
	礼节礼貌	3		
	服务态度	5		
总得分				

六、任务巩固与检测

1．作业：自由选取一处水体景观设计游览路线，创作水体景观导游词。

2．扫描二维码检测任务学习情况。

项目总结

水是自然景观中重要的组成部分，“山水相映成趣”“山清水秀”都形象地说明了水的功能。水，既可以作为独立景观存在，又有更多的与其他自然景观与人文景观配合，体现了一种综合美，导游要把握住水体景观的外在与内涵才能展现出水体景观带给人们的精神享受。

项目检测

扫描二维码检测项目学习情况。

学习笔记

自我分析与总结

学习笔记

项目三 山地景观导游

项目导读

山是风景构成的基本要素。山地景观是基本地貌类型中最富有多样性、组合型造型的自然景观。由于山地自然环境结构的丰富性和特殊性，再加上不少山地附着的人文景观与历史文化胜迹，从而构成了综合性很强的山地自然与人文景观资源和旅游生态环境资源，为人们进行观光、休憩、疗养、登山、攀岩、探险、考察等多种旅游活动，提供了特殊的条件。因此山地景观导游需要导游重点掌握。

项目学习目标

知识目标	1. 熟悉山地景观的基本知识。 2. 掌握山地景观的导游技巧。
能力目标	1. 能对山地景观进行导游词创作。 2. 能对山地景观进行导游讲解。
素质目标	1. 培养山地景观审美情趣。 2. 培养良好的服务意识和职业素养。
思政目标	1. 养成环保意识，增强社会责任感。 2. 培养学生对大自然和祖国的热爱之情。

项目实施

本项目从山地景观导游准备和山地景观导游服务两个任务着手，从山地景观的分类、旅游功能、旅游欣赏几方面学习基本知识和掌握技能。引导学生学习专业知识，将理论与实践相结合，如图2-3所示。

游三山赏五岳：山地景观导游

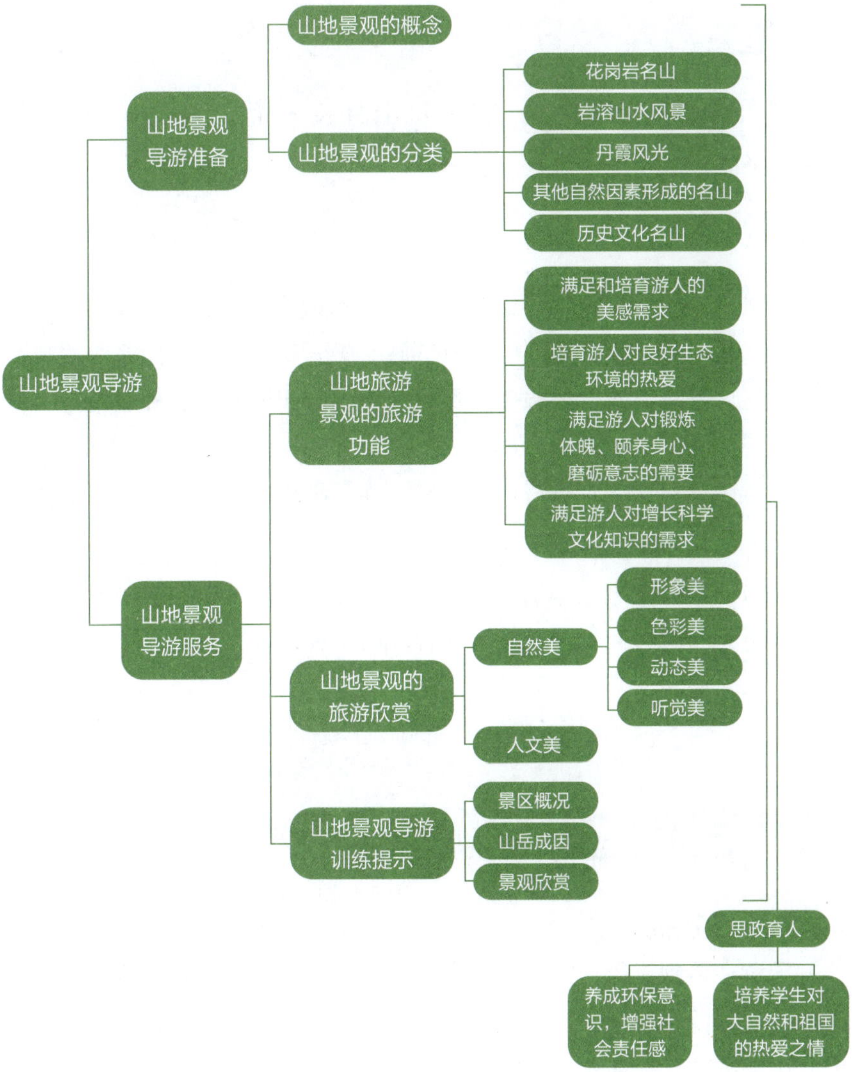

图2-3　山地景观导游

学习笔记

案例导入

散客到某景区游览时，因为对该景区不熟悉，便聘请了当地一家知名旅行社的导游。一路上，导游陪同他参观游览兴致颇高，这位游客对导游的讲解服务也比较满意。可是，当他们即将结束游览离开景区时，听到身旁有游客谈论、赞赏的景点自己并没有去过，经过一番打听才知道，这是一个重要景点，导游却没带自己去！随后，这位游客向旅行社投诉了该导游。

学习笔记

讨论

请同学们认真阅读案例，进行分组讨论，在带团过程中，该导游做错了什么？

案例评析

案例中的导游真是得不偿失，尽管一开始他的讲解服务得到了游客的认可，但实际上他并没有在游览前与游客沟通，也没有设计参观路线，没能做到有针对性的服务，更是缺少导游职业素养和敬业精神，从而导致游客的不满而遭到投诉。

导游应该对该景点进行概况介绍，在了解游客需求的情况下确认好参观路线，避免给游客留下遗憾。

从另一个角度讲，如果是参观时间不足或是服务费用问题造成的，也应该事先与游客沟通好，给游客合理的解释，减少游客的损失，让游客乘兴而来满意而归。

任务1　山地景观导游准备

一、任务描述

导游在接到旅行社的行程计划后，要详细了解团队基本情况。准备山地景观导游讲解知识，根据旅游团情况调整导游讲解与服务内容，并为其讲解准备兴趣话题等内容。

二、任务学习目标

（1）熟悉山地景观导游知识。

（2）能对山地景观进行导游词创作。

山地景观导游

三、完成任务需要的新知识

（一）山地景观的概念

山，又称山岳，在学术上是指高度较大、坡度较陡的高地，一般海拔500米以上，相对高度在200米以上，且具有明显的由山顶、山坡和山麓组成的隆起高地。

学习笔记

（二）山地景观的分类

从旅游观光的角度来看，可把山地景观分为体育探险登山旅游地形和风景观赏山岳旅游地形。体育探险登山旅游地形海拔较高，以高山冰雪世界和冰川地貌的奇诡景象为特征，是探险和科学考察人员向往的理想场所。风景观赏山岳旅游地形，是指在具有自然美的典型山岳景观基础上，渗透人文美的山地空间综合体。它给人一种综合美感，包括形象美、色彩美、动态美、听觉美、嗅觉美以及人文因素美等，其中以形象美为核心和基础。

按照山岳的成因为依据，可以将风景观赏山岳分为以下几大类型。

1. 花岗岩名山

花岗岩是分布十分广泛的酸性侵入岩，岩体造型丰富，质坚形朴，常形成山地的核心。

其景观特点是：主峰明显、群峰簇拥、峭拔危立，雄伟险峻。

我国的泰山、黄山、华山、衡山、九华山、崂山、天台山、盘山等，大部分由花岗岩组成。

2. 岩溶山水风景

岩溶地貌又称喀斯特地貌，主要发育在碳酸岩类岩石地区。

其景观的基本特征是：山地高度不大，石峰林立或孤峰突起，而且造型丰富。景区内溶洞遍布，洞内常有地下湖或地下暗河，以及由石灰岩溶解沉淀而形成的石钟乳、石笋、石柱、石花等千姿百态的洞穴景观，主要分布在广西和云贵高原等地。

3. 丹霞风光

丹霞山地是在红色砂岩地区发育而成的，因为在广东仁化县丹霞山发现而被命名为丹霞地貌。

其景观特点是丹山碧水、精巧玲珑。

仁化丹霞山是我国典型的丹霞风光。位于江西省铅山县、福建省武夷山市境内的武夷山风景区，36座峰峦雄踞于九曲溪畔，形成“曲曲山回转，峰峰水抱流”的丹霞山水，以及深邃、幽奇的洞穴景观。安徽的齐云山是我国丹霞地貌中最高的山地，因“一石插天，直入云汉，谓之齐云”。此外，江西贵溪的龙虎山和圭峰、广东乐昌金鸡岭等都是著名的丹霞风景区。

4. 其他自然因素形成的名山

（1）火山流纹岩山地　火山流纹岩山地的典型代表为位于浙江乐清的雁荡山，因古时岗顶有湖，秋雁宿之，而得雁荡之名。属于致密坚硬

学习笔记

的火山流纹岩，在外力作用下，形成丰富多彩的造型地貌和变幻造型地貌景观。著名的灵峰、双莺峰、展旗峰等造型逼真，被称为我国“造型地貌博物馆”。

（2）熔岩山地　熔岩山地以黑龙江五大连池火山为代表，历史上曾多次喷发，形成了14座火山椎体和广阔的熔岩台地。熔岩流堰塞白河，形成5个串珠状湖泊，谓之五大连池。因岩浆喷发的场面活跃如初，故有“火山地貌博物馆”之称，是我国重要的火山地貌保护区。

（3）砂岩山地　以张家界为代表的武陵源风景区，形成独特的砂岩峰林地貌。其景观特征是奇峰林立、造型生动、沟谷纵横、植被茂密。

5. **历史文化名山**

历史文化名山因文化景观或历史遗迹众多而形成名山。此类名山特点突出，拥有独特的历史价值、文化价值、宗教价值等。

有“革命摇篮”之誉的井冈山，名闻寰宇的八达岭，因《黄鹤楼》一诗而传名的武汉蛇山；因开凿石窟而享誉世界的名山，如洛阳的龙门山等。此外，以寺观为中心形成的佛教、道教游览名山更是遍布大江南北，大家都熟悉的佛教名山有五台山、九华山、峨眉山等，道教名山有武当山、青城山、龙虎山等。这些山地自然风光优美，加之建筑景观宏伟，历史文物和宗教文物众多，组成了具有浓厚宗教文化氛围的游览胜地。

四、任务实施

实训项目	山地景观导游准备
实训要求	1. 掌握山地景观导游的基本内容 2. 能够进行山地景观导游词创作
实训地点	教室或模拟导游实训室
实训方式	分组讨论、查找资料、总结提炼
实训内容与步骤	一、实训准备 （1）随机分组，确定准备哪一类型山地景观内容 （2）明确某一类型山地景观典型代表，小组成员查找素材，创作导游词 （3）旅游团接待计划、山地景观视频及图片素材等 二、实训开始 了解旅游团队基本信息，为该旅游团有针对性地创作某一山地景观导游词 三、实训考核、点评 小组互评、教师示范性点评，总结任务要点并纠正任务实施过程中存在的问题，提出改进性意见或建议

五、任务评价

具体内容或要求	分数	得分
确定接待方案	10	
准备相关知识	60	
掌握服务内容	10	
熟悉接待信息	10	
明确特殊需求	10	
总得分		

六、任务巩固与检测

1. 作业：选取一处山地景观设计游览路线，创作山地景观导游词。

2. 扫描二维码检测任务学习情况。

任务 2　山地景观导游服务

一、任务描述

在黄山景区工作的导游员小周接到一个来自山东的旅游团。请为小周设计接待方案并进行黄山景区导游服务。

训练提示：黄山景区游览线路，南大门—云谷寺景观区—云谷索道上行—始信峰景观区—狮子峰景观区—排云亭景观区—天海景观区—玉屏楼景观区—玉屏索道下行—慈光阁景观区—南大门。

二、任务学习目标

（1）熟悉山地景观的旅游功能。

（2）掌握山地景观赏析方法。

（3）能够进行山地景观导游讲解。

三、完成任务需要的新知识

（一）山地旅游景观的旅游功能

1. 满足和培育游人的美感需求

山地形成的原因多样，存在的时间不一，组成的岩石不同，所在的

学习笔记

自我分析与总结

学习笔记

环境各异，便形成了不同的质地、体量、线条和色彩，从而呈现出雄、奇、险、秀、幽等不同的审美特征。在山地，赶上奇峰异石、流泉飞瀑、林木花草、虫蛇鸟兽、云霞雾霭、日出日落，可以满足旅游者获得多种美感的需求。

2. 培育游人对良好生态环境的热爱

山地一般空气清新，森林茂盛，花草丛生，较多地保留了大自然的风貌。很多山地都是物种基因库、野生动植物的避难所，蕴藏着丰富的生态资源和生态知识，能激发人们对自然生态环境的热爱和提高环境保护意识。

3. 满足游人对锻炼体魄、颐养身心、磨砺意志的需要

登山是一种集锻炼体魄、磨砺意志、观赏风景、呼吸新鲜空气于一体的体育运动，有助于健身、健心、康复精神和元气。适当高度的山地也是疗养避暑的胜地，而攀登极高山就是对人类体能和意志的挑战。

4. 满足游人对增长科学文化知识的需求

游览名山，可以增加人们的地质、地貌、水文、气候、生物等自然科学知识。而且，许多闻名遐迩的寺庙、古城垣、古寨堡、古战场遗址，以及摩崖石刻、摩崖造像等历史文化遗产多分布在山地内。游览山地，对增加我们的科学、历史知识和提高文化艺术欣赏水平有很大的帮助。

（二）山地景观的旅游欣赏

1. 自然美

（1）形象美　形象美是指总体形态和空间形态美，表现为雄伟、奇特、险峻、秀丽、幽深、宽旷等特征，既是各种基本形象的空间综合体，又具有独特的形体形象特征。

（2）色彩美　色彩是山地景观外在形象的色调，由植物和地、天、光、气等因素构成的色彩变化。山地景观中最常见的是绿色，也是人们视觉最舒服的一种基调色彩，不同季节的各种植物、花卉是构成山地景观色彩美的主要因素，天气阴晴雨雾的变化使山地景观的色彩发生变化，也构成绚丽多彩的山地景观。

（3）动态美　山岳景观的动态美，由流水、飞瀑、浮云、飘雾和动物活动等要素构成，流水和飞瀑是山地景观的重要组成部分。

（4）听觉美　听觉美是指自然景观的各种声音，在特定的环境中给人的一种美感享受，给人以精神熏陶和联想，激发美感认识。

2. 人文美

人文美主要体现在山地景观中的人文遗迹和附会的神话传说等。人们在改造和利用山地时，十分注重景观的协调，在山景妙处点缀人文景观如亭、台、楼、阁、道路等，烘托自然，强化景观美感。

学习笔记

（三）山地景观导游训练提示

1. 景区概况

黄山是我国十大风景名胜之一，也是全国唯一拥有世界自然文化双遗产和世界地质公园两项世界级桂冠的景区。黄山风景神奇秀丽，是著名的花岗岩名山，奇松、怪石、云海和温泉是黄山四绝。

2. 山岳成因

黄山山体主要由燕山期花岗岩构成，垂直节理发育，侵蚀切割强烈，断裂和裂隙交错，长期受水溶蚀，形成花岗岩洞穴与孔道。黄山经历了造山运动和地壳抬升，以及冰川和自然风化作用，才形成其峰林结构。

3. 景观欣赏

黄山千峰竞秀，万壑峥嵘。有七十二峰，素有“三十六大峰，三十六小峰”之称，主峰莲花峰与光明顶、天都峰并称三大黄山主峰，为三十六大峰之一。

奇松，即形态奇特的松树。黄山松长在岩缝峭壁间，苍劲、刚毅，尤以“迎客松”的美姿著称。

怪石，已被命名的怪石有120多处，其形态各异。黄山怪石从不同的位置，在不同的天气观看，可谓“横看成岭侧成峰，远近高低各不同”。

云海，黄山的云海云来雾去，变幻莫测，时而风平浪静，时而波涛汹涌、白浪排空，黄山的云海也分为西、东、前、后海。

黄山温泉的水温达42℃，久旱不涸，流量稳定。水质透明，无色无嗅，滋味甘美，可饮可浴。

黄山集中国各大名山的美景于一身，现在冬雪则成为黄山第五绝。黄山不仅自然景观奇特，而且文化底蕴深厚，传轩辕黄帝曾在此炼丹。

四、任务实施

实训项目	黄山景区导游服务
实训要求	1. 能够运用山地景观导游讲解方法创作黄山景区导游词 2. 掌握山地景观导游讲解技巧 3. 能够运用山地景观导游服务技能为旅游者有针对性地服务
实训地点	模拟导游实训室

学习笔记

续表

实训材料	山地景观导游词、话筒、导游证、导游旗、旅游团行程单等
实训内容及步骤	一、实训准备 （1）了解团队信息，行程安排，提高讲解针对性 （2）收集整理黄山景区相关资料，创作山地景观导游词，并进行模拟讲解训练，时间不少于5分钟 （3）学生分组，小组内角色扮演导游员与旅游者 二、实训开始 （1）介绍景点概况、游览行程安排、安全提示，以及注意事项等 （2）从山地景观的功能、特点、观赏角度、文化内涵等内容进行讲解，注重表达技巧 （3）分组实训，通过情景模拟提升导游语言能力和应变能力 （4）注意合理安排游览时间，给旅游者留出充足的欣赏拍照时间 （5）做好安全提示，以及环境保护提示 三、实训考核、点评 小组互评、指导教师点评，总结任务要点并纠正任务实施过程中存在的问题，提出改进性意见或建议

五、任务评价

模拟实训评分				
姓名：		讲解内容：		
项　目	要　求	分　数	得　分	总体评价
服务规范（15分）	引导明确	4		
	面对游客	3		
	面部表情	3		
	前后衔接	5		
导游讲解（30分）	规范正确	10		
	主题明确	10		
	灵活应变	5		
	适当发挥	5		
语言表达（25分）	自然流畅	8		
	层次分明	7		
	生动幽默	5		
	音量适当	5		

续表

项　目	要　求	分　数	得　分	总体评价
导游技巧（10分）	语言技巧	4		
	服务技能	6		
应变能力（10分）	积极预防	5		
	处理得当	5		
总体印象（10分）	仪容仪表	2		
	礼节礼貌	3		
	服务态度	5		
总得分				

六、任务巩固与检测

1．作业：选取5A级景区中的山体景观，进行游览线路设计和导游词创作。

2．扫描二维码检测任务学习情况。

项目总结

我国是多山国家，有些山巍峨壮观、气象万千；有些山旖旎秀丽、千姿百态；还有些山与宗教、文化融为一体。这些著名的山岳，引来人们竞相攀登游览。其中以“黄山归来不看岳”闻名的安徽黄山、“匡庐奇秀甲天下”著称的江西庐山的名气最大，享有“世界级名山”的声誉。因此，山地景观就是以自然美和人文美完美结合的综合体，要讲好山地景观，导游要掌握扎实的山地景观知识，要具备较高的审美情趣，以及高超的导游服务技巧。

项目检测

扫描二维码检测项目学习情况。

学习笔记

自我分析与总结

学习笔记

项目四 中国园林导游

项目导读

中国园林历史悠久、风格独特，造园艺术更是源远流长。园林的形成主要受统治阶级的思想及佛道、绘画诗词艺术的影响。中国古典园林的构造，主要是在自然山水基础上，辅以人工的宫、廊、楼、阁等建筑，以人工手段效仿自然，融建筑、雕塑、书法、文学为一体，包含着深刻而丰富的美学思想，具有很高的游览价值，是重要的旅游资源。

项目学习目标

知识目标	1. 了解园林的类型和特征。 2. 熟悉园林的典型代表。 3. 掌握园林的导游讲解要领。
能力目标	1. 能对园林景观进行导游词创作。 2. 能对园林景观进行导游讲解服务。
素质目标	1. 培养园林景观审美情趣。 2. 培育良好的服务意识和职业素养。
思政目标	1. 传承大国工匠精神，崇敬劳动者。 2. 激发热爱祖国传统文化的热情。

项目实施

本项目从中国园林导游准备和中国园林导游服务两个任务着手，讲解了中国园林的分类、特点和构景手法、园林中蕴含的哲理和构园法则、带领游客欣赏园林几方面的知识。引导学生学习专业知识，将理论与实践相结合，如图2-4所示。

学习笔记

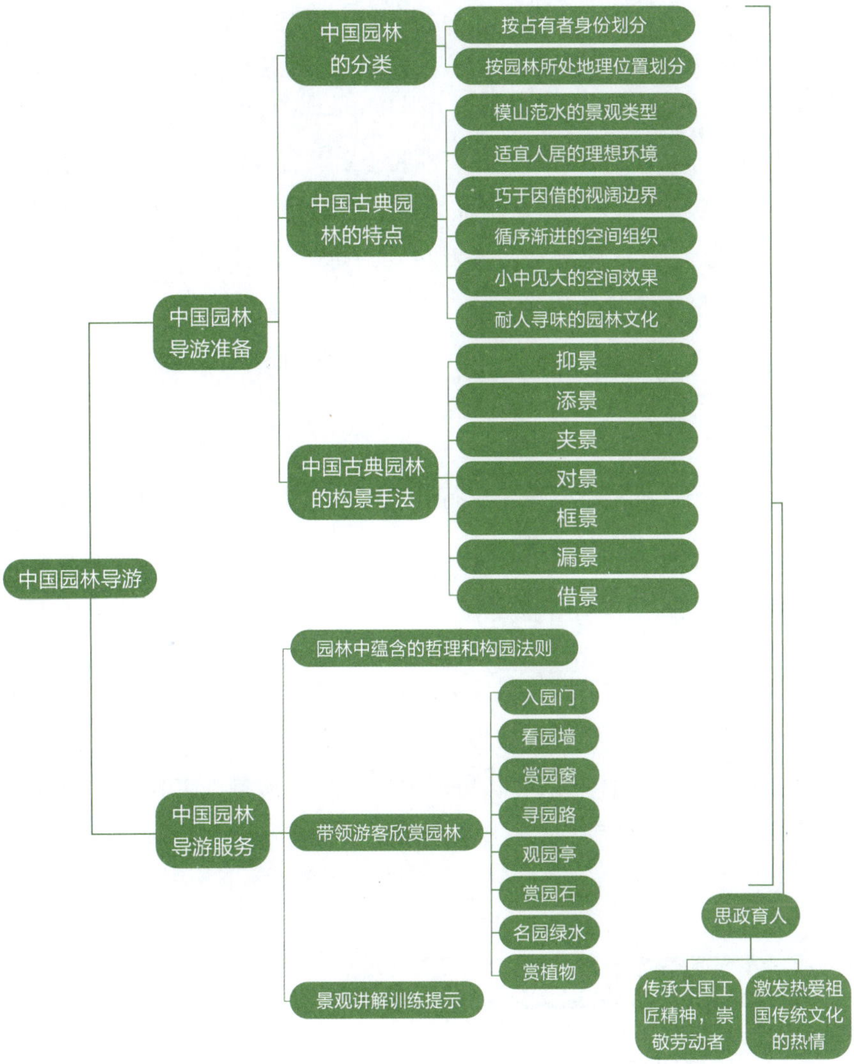

图2-4　中国园林导游

案例导入

中国名胜风景区中讲究借景

游北京颐和园，站在“湖山真意”亭内西眺，玉泉山的塔影正好镶嵌在两柱之间，形成远借组成的最好框景。近借又称邻借，从首都北海公园五龙亭朝东南望去，景山公园的秀丽景色尽收眼底，相映生辉。在同一园内，透过空窗、门洞窥望，隔院楼台也可互借成景。“落霞与孤鹜齐飞，秋水共长天一色”，是站在高楼亭阁俯

学习笔记

览到的湖光山色；“林瑟瑟，水泠泠，溪风群籁动，山鸟一声鸣”，是以“音”入景；“天上一轮皓月，池中一轮水月”，则是借“水”成景；至于“应时而借”，或“银装素裹”“柳暗花明”，或“梧荫匝地”“层林尽染”，都能构成不同时令的绚美画面。对此，造园大师计成说：“极目所至，俗则屏之，嘉则收之”，意思是景胜者借入，景败者摒除。

讨论

请同学们认真阅读案例，进行分组讨论，中国园林的构景艺术还有哪些？

案例评析

中国古典园林在造园构景中运用多种手段来表现自然；以求得渐入佳境、小中见大、步移景异的理想境界，以取得自然、淡泊、恬静、含蓄的艺术效果。园林构景手法可以分为抑景、添景、夹景、对景、框景、漏景、借景等。

任务 1　中国园林导游准备

一、任务描述

以山水为主的中国园林风格独特，布局灵活多变，将人工美与自然美融为一体，形成巧夺天工的奇异效果。这些园林建筑源于自然而高于自然，隐建筑于山水之中，将自然美提升到更高的境界。

导游员在进行中国园林导游时，要针对不同旅游团的特点，采用灵活的讲解方法，选取最佳游览路线，在保证安全游览的同时，让游客最大限度获得中国园林美的享受。

二、任务学习目标

（1）熟悉中国园林导游知识。

（2）能对中国园林进行导游词创作。

学习笔记

三、完成任务需要的新知识

园林导游

中国园林建筑将山水地形、花草树木、庭院、廊桥及楹联匾额等精巧布设，使得山石流水处处生情，意境无穷。

（一）中国园林的分类

1. 按占有者身份划分

（1）皇家园林　皇家园林是专供帝王享乐的园林。“普天之下莫非王土”，在统治阶级看来，国家的山河都是属于皇家所有的。所以其特点是规模宏大，真山真水较多，园中建筑富丽堂皇，建筑体形高大。现存的著名皇家园林有北京的颐和园、北京的北海公园、河北承德的避暑山庄。

（2）私家园林　私家园林是供皇家的宗室外戚、王公官吏、富商大贾等休闲的园林。其特点是规模较小，所以常用假山假水，建筑小巧玲珑，表现其淡雅素净的色彩，现存的私家园林，如北京的恭王府，苏州的拙政园、留园、沧浪亭、网师园，上海的豫园等。

2. 按园林所处地理位置划分

（1）北方类型　北方园林，因地域宽广，所以范围较大；又因大多为古都所在，所以建筑富丽堂皇。因自然气象条件所局限，河川湖泊、园石和常绿树木都较少。由于风格粗犷，所以秀丽媚美则显得不足。北方园林的代表大多集中于北京、西安、洛阳、开封，其中尤以北京为代表。

（2）江南类型　我国南方人口较密集，所以园林地域范围小；又因河湖、园石、常绿树较多，所以园林景致较细腻精美。其特点为明媚秀丽、淡雅朴素、曲折幽深，但究竟面积小，略感局促。南方园林的代表大多集中于南京、上海、无锡、苏州、杭州、扬州等地，其中尤以苏州为代表。

（3）岭南类型　岭南园林因其地处亚热带，终年常绿，又多河川，所以造园条件比北方、南方都好。其明显的特点是具有热带风光，建筑物都较高而宽敞。现存岭南类型园林有著名的广东顺德的清晖园、东莞的可园、广州的余荫山房等。

（二）中国古典园林的特点

1. 模山范水的景观类型

地形地貌、水文地质、乡土植物等自然资源构成的乡土景观类型，是中国古典园林的空间主体的构成要素。乡土材料的精工细作，园林景观的意境表现，是中国传统园林的主要特色之一。中国古典园林强调

学习笔记

“虽由人做，宛自天开”，强调“源于自然而高于自然”，强调人对自然的认识和感受。

2. 适宜人居的理想环境

中国古典园林追求理想的人居环境，注重营造健康舒适、清新宜人的小气候条件。由于中国古代生活环境相对恶劣，中国古典园林造景都非常注重小气候条件的改善，营造更加舒适宜人的环境，如山水的布局、植物的种植、亭廊的构建等，无不以光影、气流、温度等人体舒适性的影响因素为依据，形成舒适、宜人居住的理想生活环境。

3. 巧于因借的视阔边界

中国古典园林不拘泥于庭院范围，通过借景扩大空间视觉边界，使园林景观与外面的自然景观相联系、相呼应，营造整体性园林景观。无论动观或者静观都能看到美丽的景致，追求无限外延的空间视觉效果。

4. 循序渐进的空间组织

中国古典园林善于运用动静结合、虚实对比、承上启下、循序渐进、引人入胜、渐入佳境的空间组织手法和空间的曲折变化。园中园式的空间布局原则常常将园林整体分隔成许多不同形状、不同尺度和不同个性的空间，并将形成空间的诸要素糅合在一起，参差交错、互相掩映，将自然、山水、人文景观等分割成若干片段，分别表现，以形成丰富的似乎没有尽头的景观。

5. 小中见大的空间效果

古代造园艺术家们抓住大自然中的各种美景的典型特征提炼剪裁，把峰峦沟壑再现于小小的庭院中，在二维的园址上突出三维的空间效果。“以有限面积，造无限空间。”

6. 耐人寻味的园林文化

人们常常用山水诗、山水画寄情山水，表达追求超脱与自然协调共生的思想和意境。古典园林中常常通过楹联、匾额、刻石、书法、音乐等形式表达景观的意境，从而使园林的构成要素富于内涵和景观厚度。

（三）中国古典园林的构景手法

1. 抑景

中国传统艺术历来讲究含蓄，所以园林造景也绝不会让人一走进门口就看到最好的景色。最好的景色往往藏在后面，这叫作先藏后露，欲扬先抑，山重水复疑无路，柳暗花明又一村，采取抑景的办法，才能使园林显得有艺术魅力，如园林入口处常迎门挡以假山，这种处理叫作山抑。

学习笔记

2. 添景

当眺望远方自然景观或人文景观时，如果中间或近处没有过渡景观，就会缺乏空间添景层次。如果在中间或近处有乔木或花卉作中间或近处的过渡景，这乔木或花卉便是添景。添景可用建筑小品、树木绿化等来形成。体形高大姿态优美的树木，不论一株或几株往往能起到良好的添景作用。

3. 夹景

当风景点的远方，或自然的山，或人文的建筑，他们本身都很有审美价值，如果实景的两侧大而无当，就显得单调乏味；如果两侧用建筑物或树木花卉屏障起来，使得风景点更显得有诗情画意，这种构景手法即为夹景。

4. 对景

在园林中，或登上亭、台、楼、榭可观赏堂、山、桥、树木，或在堂、山、桥、树木等处可观赏亭、台、楼、阁、榭。这种从甲风景点观赏乙风景点，从乙风景点观赏甲风景点的方法或者构景方法，叫对景。

5. 框景

园林中建筑的门、窗、洞，或乔木树枝抱合成的景框，往往把远处的山水美景或人文景观包含其中，这便是框景。

6. 漏景

园林的围墙上，或走廊一侧或两侧的墙上，常常设以漏窗，或雕以带有民族特色的各种几何图形，或雕以民间喜闻乐见的葡萄、石榴、老梅、修竹等植物，或雕以鹿、鹤、兔等动物，透过漏窗的窗隙，可见园外或院外的美景，这叫作漏景。

7. 借景

大至皇家园林，小至私家园林，空间都是有限的。在横向或纵向上让游人扩展视觉和联想，最重要的办法便是借景。借景有远借、邻借、仰借、俯借、应时而借之分。

四、任务实施

实训项目	中国园林导游准备
实训要求	1. 掌握园林景观导游的基本内容 2. 能够进行园林景观导游词创作
实训地点	教室或模拟导游实训室

学习笔记

续表

实训方式	分组讨论、查找资料、总结提炼
实训内容与步骤	一、实训准备 （1）随机分组，确定准备某一类型园林景观内容 （2）明确某一类型园林景观典型代表，小组成员查找素材，创作导游词 （3）旅游团接待计划、园林景观视频及图片素材等 二、实训开始 了解旅游团队基本信息，为该旅游团有针对性地创作某一园林景观导游词 三、实训考核、点评 小组互评、教师示范性点评，总结任务要点并纠正任务实施过程中存在的问题，提出改进性意见或建议

五、任务评价

具体内容或要求	分数	得分
确定接待方案	10	
准备相关知识	60	
掌握服务内容	10	
熟悉接待信息	10	
明确特殊需求	10	
总得分		

自我分析与总结

六、任务巩固与检测

1. 作业：选取北方园林代表景观，设计游览路线并创作导游词。

2. 扫描二维码检测任务学习情况。

任务 2 中国园林导游服务

一、任务描述

承德避暑山庄景区导游员接到一广州商务考察团，蒙蒙细雨天气为其提供导游服务。

旅游线路为：丽正门—外午门—内午门—澹泊敬诚殿—四知书屋—照房—烟波致爽—云山胜景—岫云门。

学习笔记

二、任务学习目标

（1）掌握园林景观导游要领。

（2）能够进行园林景观导游讲解。

三、完成任务需要的新知识

我国园林历史悠久，风格独特，在世界园林史上享有盛誉，深受海内外游客喜爱。我国的园林强调“随势造型”，朝代不同，园林风格不同，地域不同，园林形式各异，甚至一个地区内流派纷呈。中国园林之所以能本于自然，高于自然，正是因为中国古典园林审美趣味和艺术风格明显地受到人的风格、人的品格和文化修养的影响。

（一）园林中蕴含的哲理和构园法则

中国造园历来以景“构园”，“构”也就是指构思，构思出让人玩味不已、流连忘返的既可游又可居之园。中国的造园非常讲究叠山理水，山水相得益彰。同时，极其重视处理动静、虚实、曲直、显隐的辩证关系，为我们创造出一个个复杂的层见叠出的游览空间。中国的园林讲究的是以少胜多，以实带虚，由局部想象出全体，由具体形象感受到园艺家的志趣和追求，让我们处处感受到中国园林的含蓄美和愈品愈奇，显示出中国园艺家的高妙艺术。

（二）带领游客欣赏园林

1. 入园门

中国园林之门，是构成一座园林的重要组成部分，园门往往有特殊的寓意，也是赏园的引子。造园家在构思园门时，常常是搜奇夺巧、匠心独运。

2. 看园墙

墙原本属于防护性建筑，意在围与屏，标明界线、封闭视野。而园林中的墙，则兼有造景的意义。用墙造景妙在“透”：似隔还连，欲藏还露。一个“透”字，把一园景物均融会贯通。墙上开门设窗就是这个道理。窗分空窗、漏窗，空窗不装窗扇，空透的窗框把隔院楼台“纳入”窗洞。构成一幅幅天然的立体画图。游者站在窗前，如面对画幅，走进门中，也仿佛步入画里。

3. 赏园窗

游赏中国园林，人们会看到各式各样的窗。窗在园林中不只是通风、采光，尚有“纳景”之妙。人们透过它，可以看到一个新美的世界。园林是时空艺术，通过四时景致的变换，空间的连续、流动，所谓

学习笔记

“山重水复疑无路，柳暗花明又一村”，来调节游人的心理活动。

园林中的窗十分讲究，或空窗，或漏窗，不同的窗洞组成不同的空窗。所谓空窗，是指不装窗扇的窗，有月窗式、蕉叶式、莲瓣式、海棠式、梅花式，样式极为丰富。所谓漏窗，是指窗洞内镶嵌各式窗格、窗花，单就漏窗的花纹图案，有的是琴、棋、书、画，有的是民间故事和传说，有的是吉祥图案，如蝙蝠、如意、荷花等，有的是古典小说故事、佛教故事等。园林中的窗多应用在轩、馆、亭、榭、墙垣之上。

4. 寻园路

路与人类历史一样悠久。路用于造园，既是“交通线”，又是“风景线”。古人说，“园之路，犹眉目，如脉络，失之则面目全非，绝无精神；得之则神采飞扬，遍体通泰。”指明园路的重要性。路既是分割各景区的景界，又是联系各个景点的纽带。如绘画中的轮廓线，是构园要素，也是一种艺术“导游”，能决定一座园林的艺术形式。西方园林追求形式美、建筑美，园路宽大笔直，交叉对称，名曰“规则式园林”，法国的“凡尔赛宫苑”便是一个杰出的范例。中国园林则讲究含蓄，崇尚自然，园路回环萦纡，以“自然式园林”著称于世。

园路分主次，主路连接景区，次路连接景点。主次分明，才能把偌大园子、若干景致连缀在一起，组成一个艺术整体。我国园林大都以山水为中心布置成环行路，或在环行路中伸出若干登山越水的“幽径”，其间时而设游廊环山枕水，时而以桥梁穿插在山池之间，时而又有花径、林径、竹径、石径，形成各具特色的游赏路。

5. 观园亭

造园家以亭点景、衬景、造景，或为山水增美，或成组景的主体，最能显示中国园林的艺术美。赏亭要品味亭式：多角形的有梅花亭、海棠亭，多边形的有十字亭等。为表现亭体或轻盈或庄重的不同风姿，亭又分单檐、重檐、三重檐，尖顶、平顶、单坡顶等。若按建亭的位置分，有山亭、水亭、桥亭、路亭。

6. 赏园石

石景由来甚久，在中国历代园林中，可谓“无园不石”。古代叠石家把各种天然石块用于造园，创造出千姿百态的山石景观，形成了我国独创的一门叠石艺术石的运用。小至盆景，只需几块小石组合，便给人以群山耸立之感；大至以石叠山，模拟真实山林的峰峦洞壑。

鉴赏石景，因不同石类而相异其趣。石景要“外师造化，中得心源”，凡自然界的名山秀色，如黄山、泰山，无不提炼成景。倘游者熟悉三山五岳，再细品叠石，才可“百仞一拳，千里一瞬，坐而得之”，此谓赏石者也要“胸有丘壑”。叠石主张“有林则生，有水则媚，有路则活”，并讲究“横看成岭侧成峰，远近高低各不同”的空间构图。同一石景，视点不同，其形象也千差万别，因而可造成近景对远借景的多种景致。

7. 名园绿水

中国造园离不开水。从西汉开始，我国造园家就利用水的势态声貌来再现湖海溪涧等不同水景，形成了“不下筵堂，坐穷泉壑”的理水传统，使人安居厅室即可遍阅自然界的山山水水。

“名园依绿水”，水是最活跃的构景因素。一水萦回，蜿蜒于亭馆山林之间，或分泉溪，或聚为池，变化多姿；水如纽带，把园中景物融会贯通，使沉静、凝固的空间蕴含着流动美。和西方园林中的“水法”（喷泉）不同，中国理水贵在有源。源头讲究“隐”，“洞府深深映水开，幽花怪石白云堆。中有一脉清流出，不识源从何处来”，多么富于诗情画意。

8. 赏植物

中国园林不注重树形的整齐划一，欣赏的是色、香、形、韵，尤其讲究疏密有致、高下有情，或孤植成独立的风景树，或五株栽植成丛，或浅草疏林。

（三）景观讲解训练提示

1. 园林概况介绍

避暑山庄位于承德北部，是我国现存最大的皇家园林，是清代皇帝夏天避暑和处理政务的场所。修建此山庄时，融合中国南北园林风格为一体，使避暑山庄称为中国古典园林艺术的总结。避暑山庄分宫殿区、湖泊区、平原区、山峦区四大部分。

2. 欣赏园林

避暑山庄宫殿区位于山庄南部，占地10.2万平方米，是清代皇帝理朝听政、举行大典和寝居之所。澹泊敬诚殿是避暑山庄的正殿，它用珍贵的楠木建成，也称“楠木殿”，建筑风格朴素淡雅，但不是帝王宫殿的庄严。

湖区最大的岛屿如意洲岛，康乾七十二景中十景在此。主体建筑是一座宫殿，殿后有水芳岩秀殿。正宫落成前，这里是康熙皇帝处理朝政和居住的地方。岛的西北处是著名的园中之园沧浪屿，是仿苏州沧浪亭而建的。虽面积不大，但殿堂、水阁、清泉、小亭、回廊巧妙地组织在一起，令人流连忘返。

学习笔记

四、任务实施

实训项目	避暑山庄景区导游服务
实训要求	1. 能够运用园林景观导游讲解方法创作避暑山庄景区导游词 2. 掌握园林景观导游讲解技巧 3. 能够运用园林景观导游服务技能为旅游者有针对性的服务
实训地点	模拟导游实训室
实训材料	避暑山庄导游词、话筒、导游证、导游旗、旅游团行程单等
实训内容及步骤	一、实训准备 （1）了解团队信息，行程安排，提高讲解针对性 （2）收集整理避暑山庄景区相关资料，创作园林景观导游词，并进行模拟讲解训练，时间不少于5分钟 （3）学生分组，小组内角色扮演导游员与旅游者 二、实训开始 （1）介绍景点概况、游览行程安排、安全提示以及注意事项等 （2）从园林景观的分类、特色、构景艺术、文化内涵等内容进行讲解，注重表达技巧 （3）分组实训，通过情景模拟提升导游员语言能力和应变能力 （4）注意合理安排游览时间，给旅游者留出充足的欣赏拍照时间 （5）做好安全提示，以及环境保护提示 三、实训考核、点评 小组互评、指导教师点评，总结任务要点并纠正任务实施过程中存在的问题，提出改进性意见或建议

五、任务评价

模拟实训评分				
姓名：		讲解内容：		
项　目	要　求	分　数	得　分	总体评价
服务规范（15分）	引导明确	4		
	面对游客	3		
	面部表情	3		
	前后衔接	5		
导游讲解（30分）	规范正确	10		
	主题明确	10		
	灵活应变	5		
	适当发挥	5		

续表

项　目	要　求	分　数	得　分	总体评价
语言表达（25分）	自然流畅	8		
	层次分明	7		
	生动幽默	5		
	音量适当	5		
导游技巧（10分）	语言技巧	4		
	服务技能	6		
应变能力（10分）	积极预防	5		
	处理得当	5		
总体印象（10分）	仪容仪表	2		
	礼节礼貌	3		
	服务态度	5		
总得分				

学习笔记

六、任务巩固与检测

1. 作业：简述中国园林蕴藏着的文化精髓。
2. 扫描二维码检测任务学习情况。

项目总结

自我分析与总结

中国园林建筑艺术是中国灿烂的古代文化的组成部分，是中国古代劳动人民智慧和创造力的结晶，中国的园林被誉为“世界园林之母”。中国源远流长的文化底蕴，让中国园林别具一格，充满诗情画意。园林运用工程技术和艺术手法，通过筑山叠石、理水引泉、营造厅堂、栽花植卉，反映主人的追求、园艺家的技艺，形成人工景观和自然风景的和谐。

项目检测

扫描二维码检测项目学习情况。

学习笔记

项目五 古代建筑导游

项目导读

中国古代建筑是中华民族灿烂文化的重要组成部分，是中国文化的有效载体，是中国古代各个时代文明程度的光辉标志。可以说，在中国，旅游者无论走到哪里都能见到中国古代建筑的身影，这些景观既具有观赏价值，又具有深厚的文化内涵。

项目学习目标

知识目标	1. 熟悉古代建筑导游知识。 2. 掌握古代建筑导游技巧。
能力目标	1. 能对古代建筑景观进行导游词创作。 2. 能对古代建筑景观进行导游讲解。
素质目标	1. 培养古代建筑景观审美情趣。 2. 培育良好的服务意识和职业素养。
思政目标	1. 传承大国工匠精神，崇尚劳动光荣。 2. 深挖文化精髓，坚定文化自信。

项目实施

本项目从古代建筑导游准备和古代建筑导游服务两个任务着手，从古代建筑艺术的特征、导游讲解单体建筑、台基、斗拱、屋顶、彩画、环境小品几方面学习基本知识和掌握技能。引导学生学习专业知识，将理论与实践相结合，如图2-5所示。

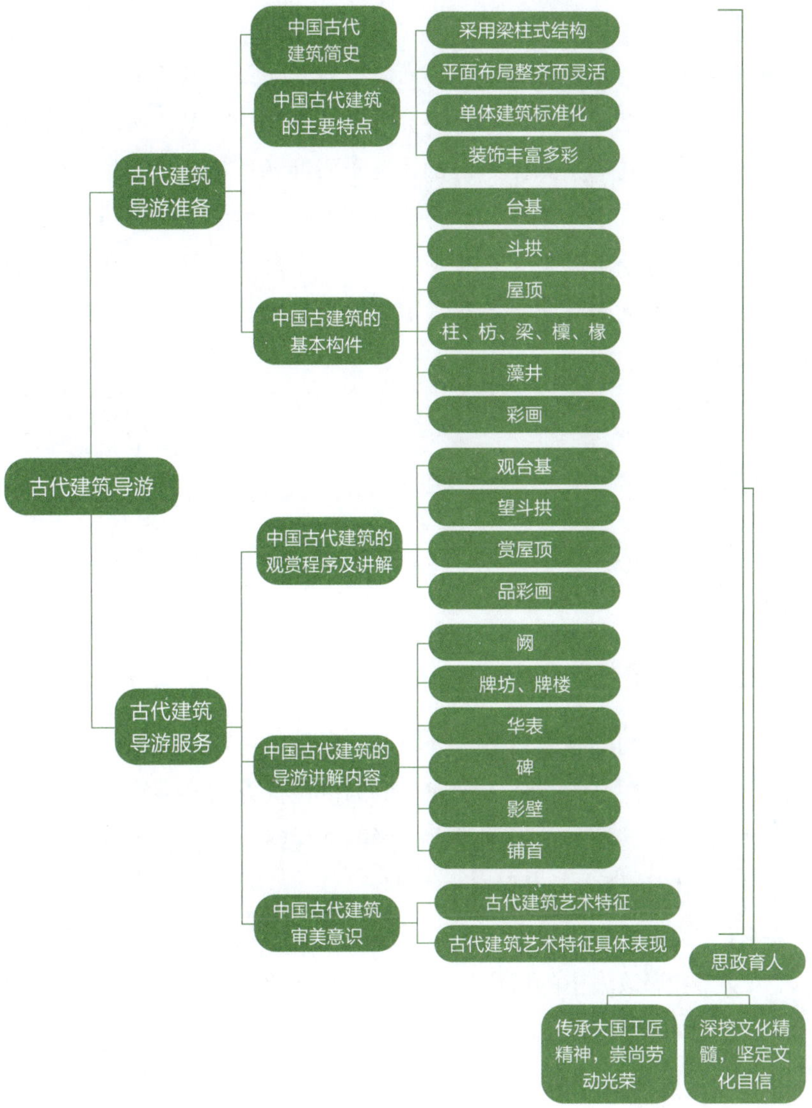

图2-5 古代建筑导游

学习笔记

案例导入

导游小王工作不久便接到一佛教旅游团任务，行程中白马寺、龙门石窟这两处景点都没去过几次，这样一个团队就让他更加心虚了。接下来的三天时间，他翻阅资料恶补了关于洛阳城的城市风貌、政治、文化、经济。同时，又向旅行社前辈请教了佛教知识，对白马寺和龙门石窟的前世今生和它在中国佛教中的重要地位，以

学习笔记

及建筑风格、艺术特色、文化内涵进行了学习。接下来，小王又在接团前一天跟随单位其他导游员进入景区现场学习，熟悉了景区的参观路线、精华景点、休息区、洗手间和拍照绝佳位置等，终于感觉心里有点底了。第二天，小王按计划接到团队，热情周到地为团队游客进行导游服务，几天下来，团队中的游客对小王的敬业精神和专业素养大加赞赏，最终，小王圆满完成接待任务，得到旅行社的好评。

讨论

请同学们认真阅读案例，进行分组讨论，导游小王的做法如何？你会怎么做？

案例评析

宗教旅游团的旅游目的十分明确，导游员有精心准备。导游小王态度认真、非常用心，相信未来他会成为一位优秀的导游员。我们都应该有这样的钻研精神，把祖国优秀灿烂的文化继承好、宣传好。

1. 到陌生地方导游服务时

（1）认真研究该城市的旅游景观及风情特色。

（2）了解该城市的城市概况、特色、文化、著名景观及城市交通、住宿、餐饮等情况。

（3）“三人行必有我师”，虚心向其他导游员、工作人员、游客请教学习，提供周到服务。

2. 游客提出导游员不熟悉的专业问题时

（1）向游客道歉，并如实说明自己不熟悉此专业的情况，但应表示出自己对此专业问题会请教学习的态度。

（2）鼓励游客提出问题，自己认真做好记录，作出给予回答的“保证”。

（3）抓紧时间，利用带团间隙请教有关人员或其他导游。

（4）适时给予游客答复，不足之处请求游客谅解。

任务1　古代建筑导游准备

学习笔记

一、任务描述

我国的建筑是民族科学技术、艺术才能和审美情趣的结晶。建筑物、环境、装饰既具有物质的一面，同时也反映精神文化的一面。它的造型、形象所产生的精神功能和美的观念，成为构成建筑文化的重要因素。

我国古代建筑类型多样，名城古镇、宫殿坛庙、各地民居、陵寝祠墓、佛寺窟塔，形成蔚为大观的建筑艺苑，反映出各民族各地区的历史文化、社会政治经济、伦理道德观念、审美情趣，可以说建筑就是一部国家民族的文明史，观赏多姿多彩的建筑文化，风格迥异、造型独特、气势不凡的建筑使游人惊叹。

二、任务学习目标

（1）熟悉古代建筑的基本知识。

（2）掌握古代建筑导游词创作内容。

中国古代建筑景观导游

三、完成任务需要的新知识

（一）中国古代建筑简史

原始社会早期，原始人为了避免猛兽和恶劣天气的侵害，或居于崖洞，或构木为巢。氏族部落利用木架和草泥建造简单的穴居和半穴居，逐步发展为地面上的房屋，奠定了木构架建筑的雏形。

夏朝把板筑技术和排水技术用于城市建造，出现许多规模不大的设防城堡；商朝已经掌握较成熟的夯土技术和较大的木构架技术，使用了陶制下水管，有了宫室、宗庙、陵墓、院落群体组合和灌溉工程防御体系。

从战国时期至清朝，我国的封建社会时期木构架建筑体系逐步发展成熟。秦朝出现了空前规模的宫殿（如阿房宫）、陵墓（如秦始皇陵）、城防（秦长城）、公路（如驰道、直道）、水利工程（如都江堰、灵渠）。

汉朝，大量使用成组的斗拱，木构楼阁逐步代替高台建筑，砖石砌筑技术发展了，砖券结构出现了，先后营建了规模宏伟的长安城、洛阳城和规制整齐的邺城，表明独特的中国建筑体系至汉朝基本形成。

魏晋南北朝时期，佛教建筑繁荣发展，出现许多壮丽的寺、塔、石窟和精美的雕塑与壁画。

唐朝，单体建筑屋顶坡度平缓，出檐深远，斗拱比例精确，柱子粗

学习笔记

壮，多用板门和直棂窗，风格庄重朴实。等级制度更为详密，建造的殿堂、陵墓、石窟、塔、桥及城市，在布局和造型上都气魄雄伟，雕塑和壁画尤为精美，是中国封建社会前期建筑艺术的高峰。

北宋是中国古代建筑体系发生大转变的时期。颁行《营造法式》，作为上述各种建筑的设计、结构、用料和施工的规范。

中国古代建筑体系到了元朝，又进入一个融合多种文化的新发展时期。大都（今北京）是按照汉族传统都城的布局建造起来的，是自唐长安城以来又一个规划周详、规模宏伟的都城。

明清两朝是古代建筑体系发展的最后一个高峰。明朝，砖的产量增长，大部分城墙和一部分长城都用砖包砌，地方建筑业大量使用砖瓦。琉璃瓦的数量及质量都超过以往。宫式建筑高度标准化、定型化。民间建筑的类型和数量增多，质量提高。各民族的建筑也有发展，地方特色更加显著。

（二）中国古代建筑的主要特点

1. 采用梁柱式结构

这种结构以木材为主要材料，由立柱、横梁和顺檩等构件组合而成。各构件的结合依靠榫卯，构成框架，后来又发明用“斗拱”结合。

2. 平面布局整齐而灵活

中国古代建筑有两种基本的布局方式。一种是整齐对称式，主要见于都城、宫殿、坛庙、陵寝、衙署、府宅、寺院、道观、祠堂、会馆等。其特点是：主体建筑安排在中轴线上，两旁布置陪衬建筑，左右对称，组成层次丰富的院落。另一种是灵活多变式，主要见于园林、民居、山村、水镇。其布局原则是随山川形势灵活安排，不拘一格。

3. 单体建筑标准化

单体建筑各部分（基座、屋身、屋顶）及其装饰的规格、色彩的运用，必须符合礼制规定；其用料标准、构件尺寸，都是标准化、定型化的。自南北朝后期起，房屋的面阔、进深和所需构建的断面尺寸，已有一整套数制。

4. 装饰丰富多彩

中国古代建筑的装饰分雕塑和彩绘两类。雕塑包括雕刻在柱子、梁枋、门窗、隔扇纸上和雕塑在屋顶、梁头、柱子之上的人物、神佛、飞禽、走兽、花草、鱼虫，还包括室内外的、可以独立存在的神佛、狮子等雕塑。彩绘主要施于内外檐的梁枋、斗拱及室内的天花、藻井、柱头之上，构图与构件形状密切结合，内容丰富，构图精巧，色彩绚丽。

学习笔记

（三）中国古代建筑的基本构件

1. 台基

台基，又称基座。中国古代建筑为了防潮、防腐，以及弥补单体建筑不够高大雄伟的弱点而使用它。大致分为四个等级。

（1）普通基座　多用素土或灰土或碎砖三合土夯筑而成，高约一尺，常用于小型建筑（普通民居）。

（2）较高级基座　比普通基座高，或在基座上边修汉白玉栏杆，用于大型建筑（官员富商宅第）或宫殿中的次要建筑。

（3）更高级基座　通常称为须弥座（又称金刚座，原为佛像下的基座，以显示佛的崇高伟大），表示建筑使用者的高贵，装有汉白玉栏杆，通常用于宫殿和高级寺庙中的主要殿堂建筑。

（4）最高级基座　将基层带石栏杆的须弥座叠在一起，使建筑物显得更加雄伟高大，只用于皇宫中最高级建筑和重要庙宇的主要建筑（如北京故宫三大殿、曲阜孔庙大成殿）上。

2. 斗拱

我国建筑特有的一种支撑构件。在立柱和横梁交接处，从柱顶上加的一层层弹出呈弓形的承重构件叫拱，拱与拱之间垫的斗形方木叫斗，合称斗拱。其功能一是扩大立柱的支撑面，便于承接梁头和枋头；二是支撑和挑高屋檐，利于采光，出檐越深则所用斗拱的层数就越多；三是增加檐下的结构，起装饰作用。拱端由于不承重，多作变形处理，或向斜下方延伸（称昂），或向斜上方抹去（称蚂蚱头），装饰效果各异。斗拱只限于宫殿、寺庙使用。统治者以斗拱层数来显示建筑物的等级。

3. 屋顶

（1）硬山顶　屋面两面坡，两侧山墙与屋面平齐，或高出屋面构成风火墙，两侧以砖墙承重。

（2）悬山顶　又称挑山顶，屋面两面坡，坡两侧伸出山墙之外，屋面上有一条正脊和四条垂脊，两侧以柱子承重。

（3）庑殿顶　又名四阿顶，屋面四坡五脊，前后两坡相交形成横向正脊，左右两坡与前后坡相交，形成自正脊两端斜向延伸到四个屋角的四条垂脊，屋檐向上微翘，四面坡略有凹形弧度。

（4）歇山顶　屋面是悬山顶与庑殿顶的组合，上2/3为悬山顶，下1/3是庑殿顶，因而形成四坡九脊（一条正脊，上部四条垂脊，四角与垂脊间有四条戗脊）的造型。

学习笔记

（5）卷棚顶　卷棚顶整体外貌与硬山、悬山一样，唯一的区别是没有明显的正脊，屋面前坡于脊部呈弧形滚向后坡。

（6）攒尖顶　是圆形和正多边形建筑的屋顶造型，除圆形攒尖顶无脊外，屋脊自屋面各角向中心屋顶会聚，脊间坡面略呈弧形。

（7）盝顶　梁架结构多用四柱，加上枋子抹角或扒梁，形成长方形屋面，顶部是在平顶的屋顶四周加上一圈外檐，形如古代的一种叫“盝子”的妆具。

4. 柱、枋、梁、檩、椽

柱，常用松木或楠木支撑，圆柱形，置于石础（或桐础）上。枋，两根柱之间起连接作用的方形横木。梁，顺着前后方向架在柱子上的长木，用来支撑檩木，常用松木、楠木或杉木支撑。檩，架在屋架或山墙上面用来支撑椽子的长木。椽，钉在檩上架着屋面板和瓦的木条。

5. 藻井

藻井为天花平顶上凹进的部分，如倒置的水井状，其平面投影有方形、六角形、八角形和圆形，井壁有彩绘或雕刻；是中国古代建筑室内屋顶的特殊装饰，多用于宫殿与寺庙建筑中，建在佛座或帝王宝座上方。

6. 彩画

彩画本为木结构防潮、防腐、防蛀而涂饰，后来才突出其装饰性。宋代以后彩画成为宫殿不可缺少的装饰。彩画有两种类型。

（1）殿式彩画　是元朝以后的皇家专用彩画，又分为以龙凤图案为主的“和玺彩画”与以旋花为主的“旋子彩画”两类，其画面格式、使用建筑都有严格的规定。

（2）苏式彩画　是民间建筑使用的绘画形式，起源于私家住宅与园林，后也被皇家园林采用，题材有山水、花鸟、鱼虫、人物等。

四、任务实施

实训项目	古代建筑导游准备
实训要求	1. 古代建筑知识准备 2. 熟悉接待计划，准备导游词
实训地点	3D实训室或景区
实训材料	导游旗、导游证、麦克风、接待计划单等资料

续表

实训内容与步骤	一、实训准备 学生分组，分发接待计划单，自创导游词 二、实训开始 认真阅读接待计划，掌握旅游团的接待服务信息，创作导游词及景区服务准备 （1）小组讨论，确定接待方案 （2）准备古代建筑相关知识 （3）掌握景区服务内容 （4）熟悉团队接待信息 （5）明确特殊需求及注意事项 三、实训考核、点评 小组互评、教师点评，总结任务要点并纠正任务实施过程中存在的问题，提出改进意见

学习笔记

五、任务评价

具体内容或要求	分数	得分
确定接待方案	10	
准备相关知识	60	
掌握服务内容	10	
熟悉接待信息	10	
明确特殊需求	10	
总得分		

自我分析与总结

六、任务巩固与检测

1. 作业：自由选取5A级古代建筑景区，设计游览路线及讲解内容。

2. 扫描二维码检测任务学习情况。

任务 2　古代建筑导游服务

一、任务描述

孔府景区导游小英接到委派，带领教师团队参观游览孔庙。请根据所学知识独立完成这次服务任务。

学习笔记

旅游路线：孔府大门—二门与白话牌—重光门—六厅—孔府大堂—二堂—三堂—奎楼—内宅门—前上房—前堂楼—后五间—后花园。

二、任务学习目标

（1）掌握中国古代建筑的观赏程序及讲解。

（2）掌握中国古代建筑的导游讲解内容。

三、完成任务需要的新知识

古代建筑，导游可根据具体景物向旅游者解说，应从构成一座精美古代建筑的三大部分、附属构件及装饰去了解和欣赏。

（一）中国古代建筑的观赏程序及讲解

1. 观台基

玉砌就是白大理石砌筑的房屋阶基，也叫台基，而雕栏就是阶基上的石栏杆，古代也叫勾阑。台基面离外地面有一定的高度，因此要做一些踏步方能上去。换公共的正殿则有三座台阶，中央的台阶叫陛，皇帝的尊称“陛下”即由此而来。中央台阶的中央又多了一条陛石，上面雕刻着龙凤云纹，那是帝后通行的御路，以示尊贵。

2. 望斗拱

斗拱是“斗”和“拱”的复合名词，是在一根短短的扁方横木端部挖成“拱”状，在拱顶装上一个“斗”，便成了斗拱。完备的斗拱组件由斗、拱、昂、枋四种构件组合，但枋只是牵连相邻两座斗拱的加固杆件。斗拱本身则是由垂直和横向的小斗拱构件加上斜昂。一层一层作“十”字形交叠而成，形态纤丽，是一种在技术上非常先进的空间结构。

3. 赏屋顶

屋顶是中国古代建筑的三大构成因素之一，中国古代建筑屋顶形态上的最大特点就是一个字——曲，包含曲檐、曲脊、曲坡。这“三曲”使得屋顶的样式发生了多维的几何形态变化，从而构成了一个多曲线面的空间曲态体系。

大屋顶，是中国古代建筑的标志之一。古代建筑上的“大屋顶”也可看作扩张的出檐部分。其作用主要有两点：一是防止雨水下流之急聚；二是避免因檐深而阻碍日光射进，至于屋顶出檐部分为何又会出现四角之檐的现象，除了实际作用而外，则是美观的需要。其四角之檐的仰翻曲度犹如裙子展开，给人一种自然轻快的感觉。北京天安门的城楼建筑，就是典型的重檐飞翘，它雕梁画栋、黄瓦红墙、异常壮丽。

学习笔记

4. 品彩画

彩画主要用于露明的木构件，如柱（主要是柱头，只有最高级的殿堂的当心间或次间的立柱柱身才施用彩画）、梁、枋、斗拱、椽、平綦、藻井等，也用于墙面。它是中国古代建筑的特点之一，富有浓厚的民族色彩。

彩画除发挥装饰功能外，还是中国文化的有形体现，同时还具有保护建筑的功能。清朝彩画在表现形式和绘制技巧上都进入到一个新的阶段。皇宫寺庙的殿堂为红色，最高级者如太和殿的明间内外立柱柱身全都贴金——用沥粉画成蟠龙，然后贴金。天坛的祈年殿、皇穹宇在红柱上画金色转枝莲等纹饰。有的寺庙、祠、观的殿堂立柱用黑或黑绿色髹漆。

（二）中国古代建筑的导游讲解内容

1. 阙

现在全国遗存的古石阙有23处，著名的有河南登封汉太室、少室、启母三石阙，山东嘉祥武梁祠阙，四川夹江杨宗、杨畅墓阙，雅安高颐墓阙等。这些石阙全是仿木建筑雕琢而成。宋朝以后，阙几乎销声匿迹。

2. 牌坊、牌楼

牌坊的起源很早。古代贫苦人家的住处入口往往是在地里栽上两根木柱，顶上加一根横木连接起来，再装上简陋的门扇，这就是古代的“衡门”。衡通横，就是横木为门。

唐、宋两代都规定，一定级别以上的贵族、大官府第入口用一种乌头门，乌头门是由华表和板门结合。宋朝的乌头门在明清时称为棂星门，至今在曲阜的孔庙人口还可看到保留了乌头门风貌的带有门扇的棂星门。棂星门后来发展成为无门扇的牌坊和牌楼，完全变成一种环境小品。牌坊和牌楼有的只有一间，有的有三间、五间、七间，有木作、砖作、石作、琉璃作。

3. 华表

华表的起源很早，说法多样。有人说，尧舜时代，常在道路交叉之处立一根木柱，柱顶上贯穿着两根横木，成十字交叉，这可能是一种指路标志，同时也可让人们在木柱上写下自己对君主的批评建议，因此也被称为“谤木”或“诽谤之木”。

北京天安门前的蟠龙石柱高达9.57米，带八角形须弥座，座外有四方雕栏，栏柱上有四头小狮，柱头上顶着一个大的承露盘，盘顶还蹲着一头小兽，盘下贯穿着一块别致的大云板，这就是“望君归”——华

学习笔记

表。门里还有一对，一模一样，叫“望君出”，都含有对皇帝的劝诫警醒之意。

4. **碑**

在古代，宗庙、宅院的庭院中立有碑，是用作拴系祭祀用牲口的板桩或石桩；也有人说碑是用来测量日影长度以定时间的。所谓“丰碑”，是立于墓穴四角拴吊棺材绳子的桩子。后来这桩子在下棺后并不移去，而在上面铭刻死者的生平和功德等，于是就演变成了“碑”。

5. **影壁**

影壁古代称萧墙，所谓“祸起萧墙”“兄弟阋于墙”，就是源于此。“影壁”这一名称出于北宋。原是壁塑的一种。影壁在南方叫照墙或照壁。影壁是独立的环境小品，凡寺庙祠观府第邸宅的主入口大门，往往在门的对面立一堵长而高大的直壁以作分隔、遮挡，增加层次和空间感。

6. **铺首**

铺首又称门铺，是指安装在大门上衔门环的底座，它是中国传统的大门装饰。民用铺首一般安装在主要的大门上，这种门比较高大、厚实，其铺首呈圆形，多为铁制或铜制。客人来访，以门环轻击铺首，发出清脆的金属之声。户主闻之，便开门迎客。主人出门，还能把门环锁住，以保安全。

（三）中国古代建筑审美意识

1. **古代建筑艺术特征**

审美价值与政治伦理价值的统一。艺术价值高的建筑，也同时发挥着维系、加强社会政治伦理制度和思想意识的作用。根植于深厚的传统文化，表现出鲜明的人文主义精神。建筑艺术的一切构成因素，都是从当代人的审美心理出发，为人所能欣赏和理解。总体性、综合性很强。古代优秀的建筑作品，几乎是动员了当时可能构成建筑艺术的一切因素和手法综合而成的一个整体形象，从总体环境到单座房屋，从外部序列到内部空间，从色彩装饰到附属艺术，每一个部分都不是可有可无的，抽掉了其中一项，也就损害了整体效果。

2. **古代建筑艺术特征具体表现**

重视环境整体经营。古代城市都注重将城市本体与周围环境统一经营。单体形象融于群体序列。中国古代的单体建筑形式比较简单，大部分是定型化的式样。构造技术与艺术形象统一。中国古代建筑的木结构体系适应性很强，这个体系以四柱二梁二枋构成一个称为间的基本框架，也可以前后相接，又可以上下相叠，还可以错落组合，或加以变通而成八角、六角、圆形、扇形或其他形状。规格化与多样化统一。中国建筑以木结构为主，为便于构件的制作、安装和估工算料，必然走向构件规格化，也促使设计模数化。

中国园林以自然为蓝本，撷取了自然美的精华，又注入了富有文化素养的人的审美情趣，采取建筑空间构图的手法，使自然美典型化，变成园林美。其中所包含的情趣，就是诗情画意，所采用的空间构图手法，就是自由灵活、运动流畅的序列设计。

学习笔记

四、任务实施

实训项目	孔府景区导游服务
实训要求	1. 能够运用古代建筑导游讲解方法创作孔府景区导游词 2. 掌握古代建筑景观导游讲解技巧 3. 能够运用古代建筑导游服务技能为旅游者有针对性的服务
实训地点	模拟导游实训室
实训材料	孔府景区导游词、话筒、导游证、导游旗、旅游团行程单等
实训内容及步骤	一、实训准备 （1）了解团队信息、行程安排，提高讲解针对性 （2）收集整理孔府景区相关资料，创作园林景观导游词，并进行模拟讲解训练，时间不少于5分钟 （3）学生分组，小组内角色扮演导游员与旅游者 二、实训开始 （1）介绍景点概况、游览行程安排、安全提示以及注意事项等 （2）从古代建筑景观的历史、特色、文化内涵等内容进行讲解，注重表达技巧 （3）分组实训，通过情景模拟提升导游语言能力和应变能力 （4）注意合理安排游览时间，给旅游者留出充足的欣赏拍照时间 （5）做好安全提示，以及环境保护提示 三、实训考核、点评 小组互评、指导教师点评，总结任务要点并纠正任务实施过程中存在的问题，提出改进性意见或建议

学习笔记

自我分析与总结

五、任务评价

模拟实训评分				
姓名：		讲解内容：		
项　目	要　求	分　数	得　分	总体评价
服务规范（15分）	引导明确	4		
	面对游客	3		
	面部表情	3		
	前后衔接	5		
导游讲解（30分）	规范正确	10		
	主题明确	10		
	灵活应变	5		
	适当发挥	5		
语言表达（25分）	自然流畅	8		
	层次分明	7		
	生动幽默	5		
	音量适当	5		
导游技巧（10分）	语言技巧	4		
	服务技能	6		
应变能力（10分）	积极预防	5		
	处理得当	5		
总体印象（10分）	仪容仪表	2		
	礼节礼貌	3		
	服务态度	5		
总得分				

六、任务巩固与检测

1．作业：自选具有代表性古代建筑，对其进行导游讲解及要点提示。

2．扫描二维码检测任务学习情况。

项目总结

学习笔记

在现代建筑技术传入前，中国所建造的建筑统称中国古代建筑。中国建筑以木结构为主体，形成完备的木构架系统；环境注意以“院”为单位组合，有主从也有韵律，有严整的对称又有灵活的安排，注意变化又追求和谐；装饰能因地采用石、砖、木、金属、琉璃等材质，将雕塑、彩绘糅合其中，造成新鲜浓烈或淡雅朴素的视觉效果。内部装饰中精致的家具、精细的雕刻、名贵的字画，诸种艺术的精华恰到好处地安排其中，使建筑有了凝固的音乐、立体的诗画之称。中国古代建筑艺术是世界上延续历史最长、分布地域最广、风格独特的艺术体系。

项目检测

扫描二维码检测项目学习情况。

学习笔记

项目六 古代军事防御工程导游

项目导读

在我国历史发展进程中因战事频繁留下了许多战争遗迹、战争纪念建筑物和战争英雄人物，具有较高的历史文化底蕴、军事研究价值和缅怀先烈和教育后人的功能，是现代人文旅游资源的重要组成部分。古代军事防御工程导游不同于其他旅游产品之处，在于它是围绕着历史战役、军事建筑、军事防御工程、军事生活、军事文化作为平台来展开旅游活动的。它涉及军事、教育、科技、文化、经济、政治、社会等各个领域。长城是中国古代军事防御工程，在漫长的历史长河中发挥了重要的作用，它凝聚了中华民族的智慧，是民族气节与精神的象征，有着完整的防御体系。长城军事文化不但美在气势磅礴，更美在其内在气质和象征的精神。

项目学习目标

知识目标	1. 了解古代军事防御工程的类型和特征。 2. 熟悉古代军事防御工程的典型代表。 3. 掌握古代军事防御工程的导游讲解要领。
能力目标	1. 能对古代军事防御工程进行导游词创作。 2. 能对典型古代军事防御工程进行导游讲解。
素质目标	1. 培养导游对中国优秀文化的深入学习与传承。 2. 培养对旅游者提供优质服务的职业素养。
思政目标	1. 做好“国宝”的守护者，引导旅游者遵守游览场所规则，文明游览。 2. 传承大国工匠精神，培养爱国情怀；培养文物保护意识，讲好中国故事。

项目实施

古代军事防御工程导游对导游员的业务能力及职业素养有较高的要求。要想对中国古代军事防御工程进行完美的导游讲解服务，就要从它建造的历史背景、过程、作用、重大战役和代表人物等方面进行学习和

学习笔记

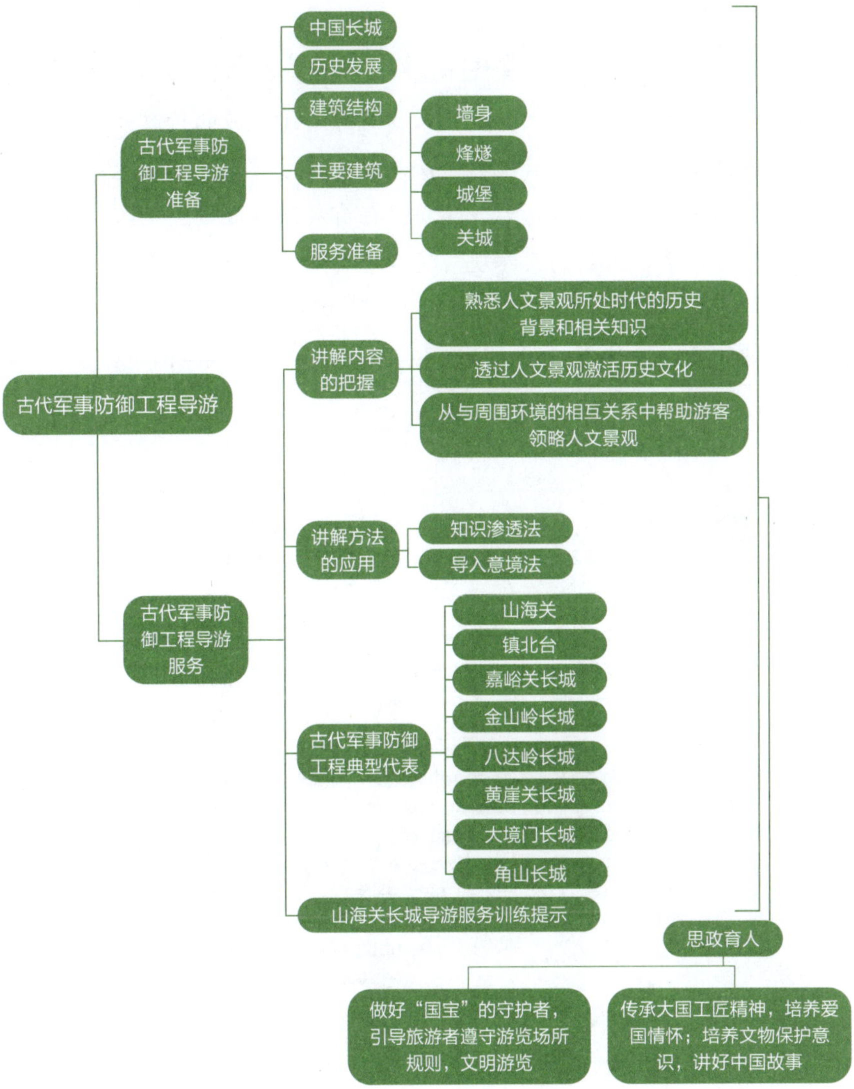

图2-6 古代军事防御工程导游

实施，同时，还要把中国古代军事防御工程遗存的现实意义融入讲解与服务，这样才能真正做好历史与文化的传承，如图2-6所示。

案例导入

八达岭长城：游客不文明行为“黑名单”将定期公布

中新网2020年4月5日电 八达岭长城风景名胜区官方微博5日发布《八达岭长城景区关于对破坏文物等不文明旅游行为加大惩戒

学习笔记

力度的提示》(以下简称《提示》)。《提示》指出，自4月6日起，将对刻画、故意损坏等七类破坏文物行为给予相应的行政处罚，构成刑事犯罪的，交由公安机关依法处置。对于破坏文物和造成严重社会影响的不文明旅游行为，还将根据有关法律规定，纳入旅游不文明行为记录，限制购票参观。游客不文明行为记录“黑名单”将定期对社会公布(图2-7)。

附：长城保护条例http://www.gov.cn/zwgk/2006-10/23/content_420813.htm

八达岭长城

43分钟前 来自 微博 weibo.com 已编辑

八达岭长城景区关于对破坏文物等不文明旅游行为加大惩戒力度的提示

广大游客朋友：

为进一步加强长城文物保护工作，严厉惩戒破坏文物的违法和不文明行为，八达岭长城特区办事处依据相关法律法规,制定了《关于对破坏八达岭长城景区文物行为的惩戒办法》，自4月6日起正式实施。

根据《惩戒办法》，八达岭特区办事处将对刻划、故意损坏等七类破坏文物行为给予相应的行政处罚，构成刑事犯罪的，交由公安机关依法处置。对于破坏文物和造成严重社会影响的不文明旅游行为，还将根据有关法律规定，纳入旅游不文明行为记录，限制购票参观。游客不文明行为记录“黑名单”将定期对社会公布，加大曝光力度，强化社会舆论监督。

长城是人类历史上宏伟壮丽的建筑奇迹和无与伦比的文化景观。在此，我们提示广大游客，在游览过程中，遵纪守法，文明游览，共同保护珍贵的长城文化遗产。

北京市延庆区八达岭特区办事处

2020年4月5日 收起全文

收藏 3 1 3

图2-7 八达岭特区办事处提示

讨论

请同学们认真阅读案例，进行分组讨论，面对这样的旅游者需要如何预防不文明旅游现象，导游要做好哪些工作?

案例评析

导游要能把旅游与加强社会主义精神文明建设紧密结合起来，对开展爱国主义、革命传统和国防教育，增强公民的国防观念、增长军事知识、弘扬中华民族优秀传统文化都具有重要的现实意义和深远的历史意义。

学习笔记

导游本身就是“文明使者”，更要以身作则做好文明旅游的代言人。长城是人类历史上宏伟壮丽的建筑奇迹和无与伦比的文化景观，作为导游员，应主动宣传文明旅游，向旅游者做景区参观游览温馨提示，普及文明游览法律法规，为旅游者营造文明游览环境，共同保护珍贵的长城文化遗产。

导游要通过自己出色的导游讲解内容吸引旅游者，从而满足旅游者对文物、古迹、建筑、历史等各方面的精神需求，使旅游者饱览景观，实现旅游期待。

用细致周到的导游服务技能为旅游者提供景区导览、线路设计、购物、餐饮、拍照、医疗救助、如厕等各项生活需求。

《惩戒办法》明确了七类破坏文物的违法行为：①在长城主体上设置摊点及通信设备；②组织游览未批准为参加游览场所长城；③攀登未批准为参观游览场所长城；④刻画、涂污或者以其他方式破坏长城；⑤非法移动、拆除、污损、破坏长城保护标志；⑥在长城上架梯、挖坑、竖杆、堆积垃圾；⑦对其他危及长城安全的行为。以上行为给予相应的行政处罚，构成刑事犯罪的，交由公安机关依法处置。对于破坏文物和造成严重社会影响的不文明旅游行为，还将根据有关法律规定，纳入旅游不文明行为记录，限制购票参观。游客不文明行为记录“黑名单”将定期对社会公布，加大曝光力度，强化社会舆论监督。

任务 1 古代军事防御工程导游准备

一、任务描述

长城是特殊的军事防御工程，以丰富的自然景观和人文景观著称于世。掌握长城从起源到发展的过程、建筑结构、代表景观、人文内涵等相关知识；根据旅游团不同团型，不同区域、不同年龄、不同文化背景的旅游者创作有针对性、个性化的导游讲解词；因长城景观地形、地貌特征较为突出，导游员还要做好参观游览活动的物品准备工作。

二、任务学习目标

（1）掌握古代军事防御工程相关知识。

（2）熟悉旅游团情况，准备具有针对性的导游词。

学习笔记

三、完成任务需要的新知识

（一）中国长城

世界文化遗产在中国：长城

长城又称万里长城，是中国古代的军事防御工程。长城不是一道孤立的城墙，而是以城墙为主体，与大量城、障、亭、标相结合的防御体系。

长城资源主要分布在河北、北京、天津、山西、陕西、甘肃、内蒙古、黑龙江、吉林、辽宁、山东、河南、青海、宁夏、新疆这15个地方。其中河北省境内长度2000多公里，陕西省境内长度1838公里。根据文物和测绘部门的调查结果显示，明长城总长度为8851.8公里，秦汉及早期长城超过1万公里，总长超过2.1万公里。

1961年3月4日，长城被国务院公布为第一批全国重点文物保护单位。1987年12月，长城被列入世界文化遗产。

（二）历史发展

长城不仅是中国，也是世界上修建时间最长、工程量最大的一项古代防御工程，自西周时期开始，延续不断修筑了2000多年，分布于中国北部和中部的广大土地上，总计长度达2万多公里。

自秦始皇以后，凡是统治着中原地区的朝代，几乎都要修筑长城。汉、晋、北魏、东魏、西魏、北齐、北周、隋、唐、宋、辽、金、元、明、清等十多个朝代，都不同规模地修筑过长城。从修筑长城的统治民族看，除汉族之外，许多少数民族统治中国的朝代也修长城，而且比汉族统治的朝代要多。清康熙时期，虽然停止了大规模的长城修筑，但后来也曾在个别地方修筑了长城，可以说自春秋战国时期开始到清朝的2000多年一直没有停止过修筑。

据历史文献记载，有20多个诸侯国家和封建王朝修筑过长城，若把各个时代修筑的长城加起来，有十万里以上，其中秦、汉、明三个朝代所修长城的长度都超过了一万里。

（三）建筑结构

长城并不只是一道单独的城墙，而是由城墙、敌楼、关城、墩堡、营城、卫所、镇城烽火台等多种防御工事所组成的一个完整的防御工程体系。这一防御工程体系，由各级军事指挥系统层层指挥、节节控制。

在布局上，秦始皇修筑万里长城时就总结出了“因地形，用险制塞”的经验，成为军事布防上的依据。以达“一夫当关，万夫莫开”的效果。修筑城堡或烽火台也是选择在险要之处。至于修筑城墙，更是充分利用地形，如像居庸关、八达岭的长城都是沿着山岭的脊背修筑，有

学习笔记

的地段从城墙外侧看上去非常险峻，内侧则甚是平缓，有“易守难攻”的效果。在辽宁境内，明代辽东镇的长城有一种山险墙、劈山墙，就是利用悬崖陡壁，稍微地把崖壁劈削一下就成为长城。还有一些地方完全利用危崖绝壁、江河湖泊作为天然屏障。

在建筑材料和建筑结构上以“就地取材、因材施用”的原则，创造了许多种结构方法。有夯土、块石片石、砖石混合等结构；在沙漠中还利用了红柳枝条、芦苇与砂粒层层铺筑的结构，在今甘肃玉门关、阳关和新疆境内还保存了两千年前西汉时期这种长城的遗迹。

（四）主要建筑

1. 墙身

墙身是城墙的主要部分，是防御敌人的主要部分，其总厚度较宽，基础宽度均有6.5米，墙上地坪宽度平均也有5.8米，保证两辆辎重马车并行。墙身由外檐墙和内檐墙构成，内填泥土碎石。

外檐墙是指外皮墙向城外的一面。构筑时，有明显的收分，收分一般为墙高的12.5%。墙身的收分，能增加墙体下部的宽度，增强墙身的稳定度，加强它的防御性能，而且使外墙雄伟壮观。内檐墙是指外皮墙城内的一面，构筑时一般没有明显的收分，构筑成垂直的墙体，关于外檐墙的厚度，一般是以“垛口”处的墙体厚度为准，这里的厚度一般为一砖半宽，根据收分的比例，越往下越厚。砖的砌筑方法以扁砌为主。

2. 烽燧

长城体系中设置有大量烽燧（烽火台）作为情报传递系统，是最古老但行之有效的消息传递方式。

烽燧的布局十分重要，关键要将其布置在高山险处或峰回路转的地方，而且必须临近的三个烽燧都在彼此的视野范围内，以便于随时查看和传递消息。烽燧除了传递军情之外，还为来往使节保护安全，提供食宿、供应马匹粮秣等服务。有些地段的长城只设烽台、亭燧而不筑墙。

古代边防报警有两种信号，遇有敌情发生，白天放烟叫“烽”，夜间举火叫“燧”，台台相连，传递讯息。为了报告敌兵来犯的多少，还以燃烟、举火数目的多少来加以区别。按明朝制度，举一烟鸣一炮表示来敌100人左右；举二烟鸣二炮表示来敌500人左右；1000人以上举三烟鸣三炮。按配置的位置和功能，烽燧可以分为四组：设在大漠深处的烽火台是发出警讯的最前线，沿长城两侧设置的烽火台向沿线传递情报，由长城通往京师的系列烽火台与王朝中央联系，还有一组烽火台与长城所在地附近的地方政府和驻军联系。

学习笔记

3. 城堡

城堡按等级分为卫城、守御或千户所城和堡城，按防御体系和兵制要求配置在长城内侧，间有设于墙外者。

卫城、所城之间相距百余里，卫城周长六至九里，千户所城周长四至五里，砖砌城墙，外设马面、角楼，城门建瓮城，有的城门外还筑月城或正对瓮城门的翼城，以加强城门的控守。城内有衙署、营房、民居和寺庙。卫城、所城与长城的距离或近或远，视长城内位置适中、地势平缓、便于屯垦的地方而建。

堡城或称边堡，间距十里左右，城周长一至三里，砖包城垣，开1门或2门，建瓮城门。城内有驻军营房、校场、寺庙，边堡同长城的间距一般不超过十里，遇警时可迅速登城。

4. 关城

关城是万里长城防线上最为集中的防御据点。关城设置的位置至关重要，均是选择在有利防守的地形之处，以达到以极少的兵力抵御强大的入侵者的效果，古称“一夫当关，万夫莫开”，生动地说明了关城的重要性。

长城沿线的关城有大有小，数量很多。以明长城的关城来说，大大小小有近千处之多。有些大的关城附近还带有许多小关城，如山海关附近就有十多处小关城，共同组成了万里长城的防御工程建筑系统。

（五）服务准备

（1）认真阅读旅游接待计划，熟悉旅游团基本情况，人数、年龄、性别、客源地及旅游目的等信息，有针对性地准备服务细节。

（2）熟悉即将游览的景区情况，科学规划游览路线，掌握景区内服务设施情况；关注游览当天天气情况等。

（3）参观游览长城景观多为砖石、坡道甚至陡峭路面，导游员要随时提醒旅游者注意脚下安全，宜穿运动衣裤、运动鞋，注意户外防护。

（4）做好保护长城的文明旅游者，不破坏、不乱写、不刻画、不吸烟、不践踏花草，避免不文明行为举止。

（5）注意环境保护，不乱丢弃垃圾，按照景区指引进行垃圾分类文明旅游。

（6）按照景区安全提示进行户外拍照，不擅自进入游客禁止区域。

（7）把握游览行进节奏，避免景区拥堵和踩踏事件发生。

四、任务实施

实训项目	古代军事防御工程导游准备
实训要求	1. 古代军事防御工程知识准备 2. 熟悉接待计划，准备导游词
实训地点	3D实训室或景区
实训材料	导游旗、导游证、麦克风、接待计划单等资料
实训内容与步骤	一、实训准备 学生分组，分发接待计划单，自创导游词 二、实训开始 认真阅读接待计划，掌握旅游团的接待服务信息，创作导游词及景区服务准备 （1）小组讨论，确定接待方案 （2）准备长城相关知识 （3）掌握景区服务内容 （4）熟悉团队接待信息 （5）明确特殊需求及注意事项 三、实训考核、点评 小组互评、教师点评，总结任务要点并纠正任务实施过程中存在的问题，提出改进意见

五、任务评价

具体内容或要求	分数	得分
确定接待方案	10	
准备相关知识	60	
掌握服务内容	10	
熟悉接待信息	10	
明确特殊需求	10	
总得分		

六、任务巩固与检测

1. 作业：运用所学中国古代军事防御工程导游知识，创作适合中学生研学旅游团的北京八达岭长城导游词。

2. 扫描二维码检测任务学习情况。

学习笔记

自我分析与总结

学习笔记

任务 2　古代军事防御工程导游服务

一、任务描述

导游小孙带领来自江苏的游客游览素有“两京锁钥无双地，万里长城第一关”的明代万里长城山海关。导游要将山海关经典长城景观与长城精神、民族象征有机结合，针对不同旅游团完成具有专业、特色的导游服务。

游览路线：东罗城入口—瑞莲阁公园—瓮城—关城城门—天下第一关广场—坡道—镇东楼—楼内山海关古代建筑复原图—北望—临闾楼—威远堂—南至牧营楼—靖边楼。

二、任务学习目标

（1）掌握古代军事防御工程导游要领。

（2）能够完成古代军事防御工程导游服务。

中国古代军事设施导游

三、完成任务需要的新知识

（一）讲解内容的把握

1. 熟悉人文景观所处时代的历史背景和相关知识

人文景观作为人类社会创造的产物，总是发生在一定的历史时期，与当时的社会有着密切的联系，所以我们不能脱离当时的历史背景孤立地去欣赏它们。了解景观所处时代的历史背景，有助于我们认识其出现的缘由，有助于我们理解景观本身，有助于我们探寻景观所蕴含的历史文化底蕴。

对人文景观的讲解离不开对其具体特征的把握，我们主要从功能（作用、用途）、造型（形状）、质地、色彩、结构等方面解读。

2. 透过人文景观激活历史文化

人文景观蕴含着丰富的历史文化意义，导游员在讲解中，应通过具体的实物，运用导游语言去解读景观背后所蕴含的历史文化，去讲述景观背后的故事。

（1）人文景观是社会生活方式的反映。

（2）人文景观是历史的承载。

（3）人文景观是人类文化的标志。

（4）人文景观是社会观念、信仰的体现。

学习笔记

3. 从与周围环境的相互关系中帮助游客领略人文景观

人文景观并不是孤立的，它总是存在于一定的环境中，尤其是自然环境，因此对于人文景观的欣赏必定离不开它所处的环境。中国古代军事防御工程常常建在崇山峻岭、荒漠边塞、广袤平原，借助周边自然风貌来突出建筑的美。如老龙头长城，位于山海关城南5公里的临海高地上，这里是明长城的东部起点，是山海关古城军事防御体系中重要的组成部分。老龙头地势高峻，入海石城犹如龙首探入大海，弄涛舞浪，因而名“老龙头”。这样的描述给人以独特的美感和愉悦。

（二）讲解方法的运用

经常运用的讲解方法有：分段讲解法、突出重点法、虚实结合法、问答法、制造悬念法、类比法，而讲解人文景观时更应当用到知识渗透法和导入意境法。

1. 知识渗透法

导游员在讲解景物和事件时，可介绍一些对游客理解讲讲对象有帮助的相关背景知识。如从北京市区去明十三陵的沿途讲解中，导游员可简单介绍一下中国不同朝代、不同帝王墓葬的特点，也可把秦始皇陵、成吉思汗陵埋葬方式与明陵地宫相比较，以突出明十三陵的特点。

背景知识渗透得好，可加深游客对景观的概括性把握，并使游客能了解更多、更深层面的知识，这种讲解手法适用于有一定文化层次的游客。

2. 导入意境法

在游览人文景观时，所见不一定都是美丽壮观的，也不一定都是吸引人的。有些遗迹只有残破不全的墙、柱、台，还有一些出土文物，不了解情况的游客会觉得索然无味。这就需要导游员“点石成金”，采用“导入意境法”，就是导游员通过生动的解说，激发游客的想象力，使他们的情绪、联想进入导游员安排的特定的意境中，达到探寻历史、体悟文化的境界。

（三）古代军事防御工程典型代表

1. 山海关

山海关被称为“天下第一关”，位于河北省秦皇岛市东北15公里，是万里长城的入海处。全长26公里，主要包括：老龙头长城、南翼长城、关城长城、北翼长城、角山长城、三道关长城及九门口长城等地段。老龙头长城是长城入海的端头部分。山海关是明朝创建“卫所兵制”的产物，明朝的“屯田制”和改革政策又对山海关的巩固和发展起到了重要作用。

学习笔记

2. **镇北台**

镇北台位于历史文化名城陕西省榆林市，距城区约3公里，建于明万历三十五年（1607年），是万里长城中最为宏大、气势最为磅礴的建筑，也是万里长城上最雄伟的军事要塞和观察所，有中国长城“三大奇观之一”（东有山海关，中有镇北台，西有嘉峪关）和“天下第一台”之称。踞险临下，呈方形，共4层，高30余米，占地面积5056平方米。

3. **嘉峪关长城**

嘉峪关长城位于甘肃省嘉峪关市西南隅，因建于嘉峪山麓而得名，是明长城西端起点，建于明洪武五年（1372年），是明长城沿线保存最完整的一座城关，河西第一隘口，也是丝绸之路上的重要一站。城关由内城、外城和城壕组成的完整防御体系，黄土夯筑而成，外包城砖，坚固雄伟。关城平面呈梯形，面积3.35万余平方米，城墙总长733米，高11.7米。

4. **金山岭长城**

金山岭长城位于北京市密云区与河北省承德市滦平县交界的燕山山脉中。西起龙峪口，东止望京楼，全线10.5公里。沿线有建筑各异的敌楼67座，烽火台2座，大小关隘5处，这里长城上敌楼密集，一般50～100米一座，墙体以巨石为基，高5～8米，并设有拦马墙、垛墙和障墙，形式多样，各具特色。

5. **八达岭长城**

八达岭长城位于北京市延庆区，是明长城最具代表性的一段，居庸关的前哨，海拔高度1015米，是明代重要的军事关隘和北京的重要屏障。1961年，国务院公布八达岭关城和城墙为全国重点文物保护单位。1987年，联合国接受万里长城为“世界文化遗产”。1991年8月，八达岭长城在北京故宫博物院接受了联合国教科文组织颁发的人类文化遗产证书。

6. **黄崖关长城**

黄崖关长城地处天津市蓟州区北28公里的崇山峻岭之中，始建于北齐天保七年（556年）。明朝名将戚继光任蓟镇总兵时，曾重新设计，包砖大修，这一段长城建筑特点是：台墙有砖有石，敌楼有方有圆，砌垒砖有空心有实心。关城塞堡、敌台水关，接山跨河，布局巧妙。景区拥有中国第一座长城博物馆和一座当代长城碑林。

7. **大境门长城**

大境门长城位于河北省张家口市，是唯一一座以门命名的长城关口，长城四大关口之一，修筑于明朝成化年间，坐落在东、西太平山

学习笔记

间，踞长城之要隘，扼边关之锁钥。大境门门墙高12米，底长13米，宽9米。西侧有明朝万历年间开凿的西境门（小境门）。景区有西太平山长城公园、来远堡、小境门、关帝庙、二郎庙、山神庙等众多明清历史遗迹。

8. 角山长城

角山长城距河北省秦皇岛市山海关北约3公里，系燕山余脉，是关城北山峦屏障的最高峰，海拔519米。其峰为大平顶，平广可坐数百人，有巨石嵯峨，好似龙首戴角，故名。角山是万里长城从老龙头起，向北跨越的第一座山峰，所以人们又称它为“万里长城第一山”。角山长城建于明朝洪武初年，从山脚旱门关到大平顶共1536延长米。城墙大部分就地取材，毛石砌筑，局部为城砖和长条石砌垒，角山长城的高度和宽度，有明显的随山就势特点。

（四）山海关长城导游服务训练提示

1. 修建历史回顾

长城是中华民族勤劳智慧的结晶，体现了不屈不挠的民族精神和众志成城、无坚不摧的民族凝聚力，被联合国评为世界文化遗产。位于山海关的天下第一关是明朝长城的典型代表。据清朝光绪年间出版的《抚宁县志》记载，明朝洪武十四年，也就是1381年，大将徐达率兵一万五千一百名修建了永平、界岭等三十二座关口。

2. 地理位置介绍

山海关位于秦皇岛市区东部15公里处，是万里长城最东端的关隘，有“天下第一关”之称，是一座防御体系完整的城关，历史上曾是重要的军事要塞，山海关古称榆关，也作渝关，又名临闾关，明朝洪武十四年（1381年），中山王徐达奉命修永平、界岭等关，在此创建山海关，因其北倚燕山，南连渤海，故得名山海关。

3. 建筑功能解析

山海关有着严密的军事防御体系，是由七座卫城形成的一个前拱后卫、左辅右弼、主体两翼的军事格局，这种军事体系的建制在长城沿线也是独一无二的。因此，山海关被称为万里长城的众关之首，被誉为“天下第一关”，从而成为我国古代城市建设宝库中一部不可多得的杰作。山海关是一座集高山、大海、长城、雄关，以及多元民俗、悠久历史文化于一体的古城，是“长城中的古城，古城中的长城”。

4. 著名人物事件

从1381年建关起，一直到1644年明朝灭亡，没有一支军队打进过山海关古城。但是，在这里有一场战争却改写了中国历史的进程，那就是

学习笔记

甲申石河大战。1644年（农历甲申年）春天，李自成的农民军与吴三桂的军队在山海关石河滩上进行决战。以逸待劳的清军趁机冲杀，李自成部队大败。

四、任务实施

实训项目	古代军事防御工程导游服务
实训要求	1. 能够运用古代军事防御工程导游讲解方法创作山海关导游词 2. 掌握古代军事防御工程导游讲解技巧 3. 能够运用古代军事防御工程导游服务技能提供导游服务
实训地点	模拟导游实训室
实训材料	古代军事防御工程导游词、话筒、导游证、导游旗、旅游团行程单等
实训内容及步骤	一、实训准备 （1）了解团队信息，行程安排，提高讲解针对性 （2）收集整理山海关景区相关资料，创作军事防御工程导游词，并进行模拟讲解训练，时间不少于5分钟 （3）学生分组，小组内角色扮演导游员与旅游者 二、实训开始 （1）介绍景点概况、游览行程安排、安全提示以及注意事项等 （2）从军事设计的修建历史、地理位置、建筑功能和人物事件等重点内容进行讲解，注重表达技巧 （3）分组实训，通过情景模拟提升导游语言能力和应变能力 （4）注意合理安排游览时间，给旅游者留出充足的欣赏拍照时间 （5）做好安全提示，以及环境保护提示 三、实训考核、点评 小组互评，教师点评，总结任务要点并纠正任务实施过程中存在的问题，提出改进性意见或建议

五、任务评价

模拟实训评分				
姓名：		讲解内容：		
项　目	要　求	分　数	得　分	总体评价
服务规范（15分）	引导明确	4		
	面对游客	3		
	面部表情	3		
	前后衔接	5		

续表

项　目	要　求	分　数	得　分	总体评价
导游讲解（30分）	规范正确	10		
	主题明确	10		
	灵活应变	5		
	适当发挥	5		
语言表达（25分）	自然流畅	8		
	层次分明	7		
	生动幽默	5		
	音量适当	5		
导游技巧（10分）	语言技巧	4		
	服务技能	6		
应变能力（10分）	积极预防	5		
	处理得当	5		
总体印象（10分）	仪容仪表	2		
	礼节礼貌	3		
	服务态度	5		
总得分				

六、任务巩固与检测

1. 作业：自由选取一处古代军事防御工程景观设计游览路线，运用所学知识创作导游词。

2. 扫描二维码检测任务学习情况。

项目总结

1987年根据文化遗产遴选标准将长城列入《世界遗产名录》，世界遗产委员会评价其为：约公元前220年，一统天下的秦始皇，将修建早些时候的一些断续的防御工事连接成一个完整的防御系统，用以抵抗来自北方的侵略。在明朝（1368—1644年），又继续加以修筑，使长城成为世界上最长的军事防御工程。它在文化艺术上的价值，足以与其在历史和战略上的重要性相媲美。

古代军事防御工程导游，就是要将长城悠久历史和文化精神相融

学习笔记

自我分析与总结

学习笔记

合，通过导游员的再次创作达到让游客了解中国历史、中国文化、中华民族的一个极好的切入点。通过导游员高超的服务技巧，让游客体验到这一凝结着中华民族几千年智慧与力量的宏伟建筑，在人类历史上留下的宝贵遗产。

项目检测

扫描二维码检测项目学习情况。

项目七 红色景区导游

学习笔记

项目导读

红色旅游作为一个新兴的旅游市场，在国家政策的有力支持下，以特殊的历史遗迹和文物等旅游资源为依托发展起来。红色旅游景观是把人文景观和自然景观结合起来，把革命传统教育与促进旅游产业发展结合起来的一种新型主题旅游形式，红色旅游线路和景点景区，既可以观光赏景，也可以了解革命历史，增长革命知识，学习革命精神，培育新的时代精神。

项目学习目标

知识目标	1. 了解红色旅游的基本知识。 2. 熟悉红色旅游的典型代表。 3. 掌握红色景区导游讲解的基本要领。
能力目标	1. 能对红色旅游景区导游词创作。 2. 能对红色旅游景区导游讲解。
素质目标	逐步树立旅游服务意识，形成良好的职业道德素养。
思政目标	以旅游为手段，学习中国革命历史，进行爱国主义教育。

项目实施

本项目从红色景区导游准备和红色景区导游服务两个任务着手，从红色景区的类型、红色旅游导游技巧、红色旅游典型代表、红色旅游基本特性、发展意义、导游服务、讲解技巧几方面学习基本知识和掌握技能。引导学生学习专业知识，将理论与实践相结合，如图2-8所示。

学习笔记

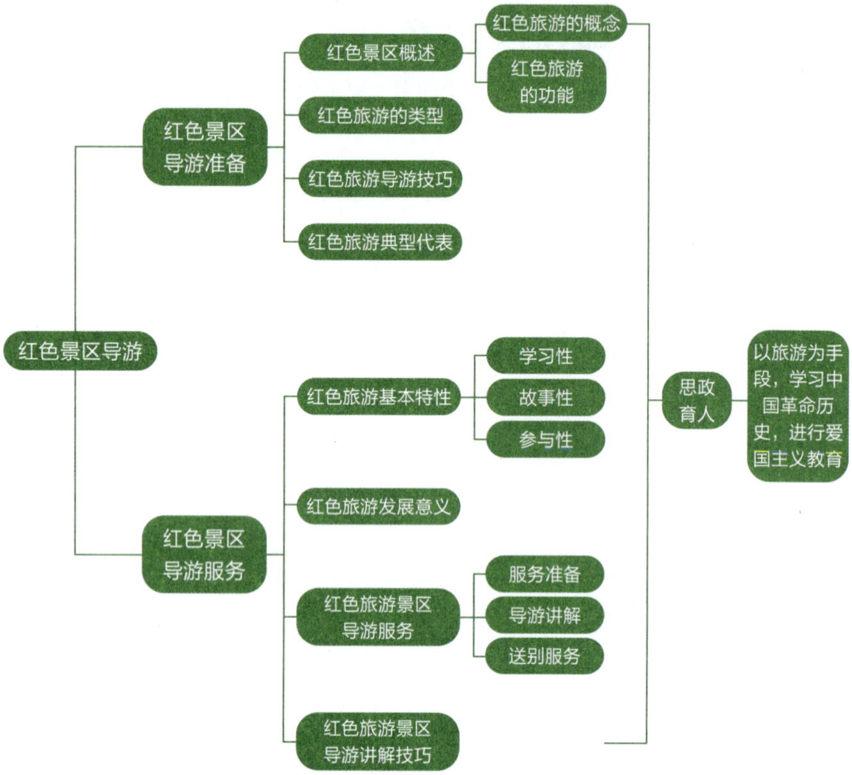

图2-8 红色景区导游

案例导入

革命圣地西柏坡

欢迎到西柏坡中共中央旧址参观学习。西柏坡是河北省平山县境内一个普通的小山村，但它却似一颗璀璨的明珠镶嵌于太行山东麓的滹沱河畔，成为令中外游客敬仰的圣地。这一切都是缘于20世纪40年代后期，毛泽东和他的战友们在这里指挥若定，谱写了一曲壮丽辉煌的赞歌，迎来了新中国的曙光。周恩来曾经指出："西柏坡是毛主席和党中央进入北平，解放全中国的最后一个农村指挥所，指挥三大战役在此，开党的七届二中全会在此。"1988年黄镇将军参观西柏坡时题词"新中国从这里走来"，朱穆之同志题词"中国命运，定于此村"。我们大家都知道，红军长征到达陕北后，延安就一直是中国革命的政治中心，但后来为什么迁移到西柏坡呢？在我们参观旧址之前，我先给大家简单介绍一下。

1947年3月，蒋介石令胡宗南纠集兵力向延安进犯。为了诱敌深入，在运动中歼灭敌人的有生力量，党中央毛主席决定主动撤离延安，转战陕北。3月26日，党中央在陕北清涧县的枣林沟召开了一次重要会议，史称“枣林沟会议”。会议决定将中央机构分为前委、后委和工委三部分。会后刘少奇、朱德同志组成中央工委向华北转移。于同年5月来到西柏坡，进行中央委托的日常工作。1947年7月12日至9月13日，中央工委在西柏坡召开了中国共产党全国土地会议，颁布了《中国土地法大纲》，领导了解放区土地运动。1947年11月12日，解放了华北重镇石家庄，使晋察冀和晋冀鲁豫两大解放区连成一片，在战略上为党中央移驻华北奠定了基础。

1948年3月，西北战局基本稳定后，党中央毛主席在陕北吴堡县川口东渡黄河向华北转移。5月26日，毛泽东从阜平县城南庄来到西柏坡，西柏坡成了当时中国革命的领导中心。在这个时期，全国解放战争的战略决战时机已逐渐成熟。自1948年9月12日开始，党中央毛主席在此指挥了震惊中外的三大战役，历时4个月19天，歼灭和改编国民党军队154万余人，大大加速了解放战争的胜利进程。1949年3月5日至13日，具有历史转折意义的中国共产党七届二中全会在西柏坡召开，会后第10天，即1949年3月23日，党中央、毛主席迁往北平建国。

学习笔记

任务1　红色景区导游准备

一、任务描述

红色旅游主要是以中国共产党领导人民在革命和战争时期建树丰功伟绩所形成的纪念地、标志物为载体，以其所承载的革命历史、革命事迹和革命精神为内涵，组织接待旅游者开展缅怀学习、参观游览的主题性旅游活动。

为了更好地发挥爱国主义教育基地的作用，在“十二五”规划期间，中央决定将红色旅游内容进行拓展，将1840年以来170多年之间的中国近现代历史时期，在中国大地上发生的中国人民反对外来侵略、奋勇抗争、自强不息、艰苦奋斗，充分显示伟大民族精神的重大事件、重大活动和重要人物事迹的历史文化遗存，有选择地纳入红色旅游范围，

学习笔记

这就更有利于传承中华民族先进文化和优良传统。

红色旅游线路和经典景区，既可以观光赏景，也可以了解革命历史，增长革命斗争知识，学习革命斗争精神，培育新的时代精神，并使之成为一种文化。

二、任务学习目标

（1）熟悉红色旅游景区基本知识。

（2）掌握红色旅游景区典型代表。

三、完成任务需要的新知识

中共中央办公厅、国务院办公厅印发的《2004—2010年全国红色旅游发展规划纲要》，就发展红色旅游的总体思路、总体布局和主要措施作出明确规定，表明国家将大力发展红色旅游产业。

（一）红色景区概述

1. 红色旅游的概念

红色旅游是指以革命纪念地、纪念物及其所承载的革命精神为吸引物，组织接待游客进行参观游览，实现学习革命历史知识、接受革命传统教育和振奋精神、放松身心、增加阅历的旅游活动。

2. 红色旅游的功能

（1）政治功能　红色旅游具有重要的政治功能，发展红色旅游能巩固中国共产党的执政地位，有助于人们深入了解中国共产党的革命历程，感知革命先烈艰苦创业、勇于牺牲、先天下之忧而忧的崇高品质，有利于加强爱国主义教育，增强民族凝聚力。

（2）文化功能　红色精神不但是中国共产党的奋斗精神，也是中华民族伟大复兴的重要精神支柱，长征精神、井冈山精神、延安精神、西柏坡精神等富含独特精神价值的红色历史文化遗存，反映了中华民族追求独立、自由、解放的精神，发展红色旅游，就是实施一项重大的文化遗产工程。

（3）经济功能　红色旅游要培育老区的优势产业、特色产业和支柱产业，有助于将革命老区的生态环境、秀美山水、地域特色、民俗风情等旅游资源优势发挥出来，增强自我造血功能，实现老区经济的腾飞。

（二）红色旅游的类型

（1）以中国共产党革命历程为依据　可以把红色景区分为反映党创

立初期的红色景区、反映土地革命时期的红色景区、反映抗日战争时期的红色景区和反映解放战争时期的红色景区。

（2）以红色景区的形式为依据 可以将红色景区分为：革命根据地、革命历史事件旧址、纪念馆（园）、革命烈士陵园（墓）、纪念碑（亭）、革命伟人故居（旧居）、革命烈士殉难地、重要革命机构旧址等。

学习笔记

（三）红色旅游导游技巧

1. 尊重红色历史，依据中国共产党党史理清红色文化旅游资源脉络

红色旅游资源是具有特定意义的旅游资源，中国共产党的发展史对红色旅游资源的划分具有决定性的作用。导游员对红色旅游资源的讲解要遵循红色文化的发展脉络，尊重历史，弘扬革命传统。

2. 红色精神及其物质载体融合统一

通过重要事件，以及重要会议遗址、重要机构旧址、重要人物旧居、革命文物藏品、标志性建筑工程等设施向人们讲述革命历史、革命故事和革命精神。

（四）红色旅游典型代表

（1）以上海为中心的“沪浙红色旅游区”，主题形象是“开天辟地，党的创立”。这里的红色旅游景点主要有中国共产党第一次全国代表大会会址纪念馆、龙华革命烈士陵园、嘉兴市南湖革命纪念馆、台州市解放一江山岛纪念馆等。

（2）以韶山、井冈山和瑞金为中心的“湘赣闽红色旅游区”，主题形象是“革命摇篮，领袖故里”。这里的红色旅游景点主要有毛泽东同志故居和纪念馆、南昌八一起义纪念馆、刘少奇故居和纪念馆、秋收起义文家市会师纪念馆、彭德怀故居和纪念馆、瑞金中华苏维埃临时中央政府旧址群。

（3）以百色地区为中心的“左右江红色旅游区”，主题形象是“百色风雷，两江红旅”。这里的红色旅游景点主要有八路军桂林办事处旧址、红七军和红八军会师地旧址、红八军军部旧址、百色起义纪念馆。

（4）以遵义为中心，主要在贵州省境内的“黔北黔西红色旅游区”，主题形象是“历史转折，出奇制胜”。这里的红色旅游景点主要有遵义会议会址、红花岗区红军山烈士陵园、赤水红军烈士陵园等。

（5）“雪山草地红色旅游区”，指以滇北、川西为中心的红军长征路过的广大地区，包括云南北部和滇池盆地北部、四川盆地西部和川西

学习笔记

高原、甘肃中南部与河西走廊东部、青海东北部、宁夏西部，这是当年红军长征中最艰难困苦的一段路程，包括红军西路军浴血奋战的广大区域，主题形象是“艰苦卓绝，革命奇迹”。

（6）以延安为中心的“陕甘宁红色旅游区”，主题形象是“延安精神，革命圣地”。这里的红色旅游景点主要有延安纪念馆、延安革命旧址群、洛川会议旧址纪念馆、瓦窑堡会议旧址、甘肃白银市会宁县红军长征会师旧址、甘南州迭部县腊子口战役遗址、宁夏六盘山红军长征纪念亭等。

（7）以松花江、鸭绿江流域和长白山区为重点的“东北红色旅游区”，主题形象是“抗联英雄，林海雪原”。这里的红色旅游景点主要有侵华日军第七三一部队罪证陈列馆、杨靖宇烈士陵园、“九一八”历史博物馆、辽沈战役纪念馆、抗美援朝纪念馆。

（8）以皖南、苏北、鲁西南为主的“鲁苏皖红色旅游区”，主题形象是“东进序曲，决战淮海”。这里的红色旅游景点主要有淮海战役纪念馆、台儿庄大战遗址、皖南事变烈士陵园及新四军军部旧址纪念馆、侵华日军大屠杀遇难同胞纪念馆。

（9）以鄂豫皖交界地域为中心的“大别山红色旅游区”，主题形象是“千里跃进，将军故乡”。这里的红色旅游景点主要有红二十五军长征出发地、黄麻起义和鄂豫皖苏区革命烈士陵园、汉口八七会议会址纪念馆。

（10）以山西、河北为主的“太行山红色旅游区”，主题形象是“太行硝烟，胜利曙光”。这里的红色旅游景点主要有平型关战役遗址、狼牙山风景区、刘胡兰纪念馆、“百团大战”砖壁指挥部旧址等。

（11）以渝中、川东北为重点的“川陕渝红色旅游区”，主题形象是“川陕苏区，红岩精神”。这里的红色旅游景点主要有红岩革命纪念馆、川陕苏区红军烈士陵园、邓小平故居和纪念馆、邱少云烈士纪念馆、《新华日报》旧址等。

（12）以北京、天津为中心的“京津冀红色旅游区”，主题形象是“人民胜利，国旗飘扬”。其目的是便于游客认识、领会和体验党史，以生动的形式学习革命精神。这里的红色旅游景点主要有天安门广场、新文化运动纪念馆、李大钊故居和纪念馆、周恩来邓颖超纪念馆、平津战役纪念馆等。

四、任务实施

实训项目	红色景区导游准备
实训要求	1. 掌握红色景区导游的基本内容 2. 能够进行红色景区导游词创作
实训地点	教室或模拟导游实训室
实训方式	分组讨论、查找资料、总结提炼
实训内容与步骤	一、实训准备 （1）随机分组，确定准备哪一类型红色景区内容 （2）明确某一类型红色景区典型代表，小组成员查找素材，创作导游词 （3）旅游团接待计划、红色景区视频及图片素材等 二、实训开始 了解旅游团队基本信息，为该旅游团有针对性地创作某一红色景区导游词 三、实训考核、点评 小组互评、教师示范性点评，总结任务要点并纠正任务实施过程中存在的问题，提出改进性意见或建议

五、任务评价

具体内容或要求	分数	得分
确定接待方案	10	
准备相关知识	60	
掌握服务内容	10	
熟悉接待信息	10	
明确特殊需求	10	
总得分		

六、任务巩固与检测

1. 作业：根据所学内容，自选红色景区进行导游词创作。

2. 扫描二维码检测任务学习情况。

学习笔记

自我分析与总结

学习笔记

任务 2 红色景区导游服务

一、任务描述

井冈山风景旅游区是中国第一个农村革命根据地，被誉为“中国革命的摇篮，中华人民共和国的奠基石”。一湖北中学生研学团到井冈山参观，请你担任该团队景区讲解员，为其做好两日的参观游览服务。

二、任务学习目标

（1）掌握红色景区导游讲解的基本要领。

（2）具备灵活运用红色景区导游特有技巧的能力。

三、完成任务需要的新知识

（一）红色旅游基本特性

1. **学习性**

红色旅游的学习性，主要是指以学习中国革命史为目的，以旅游为手段，学习和旅游互为表里。但是，这种学习不宜搞成灌输式的“现场报告会”，而应营造出自我启发的教育氛围，达到“游中学、学中游”，寓教于游、润心无声的境界。

对国民进行本国历史的旅游教育，在某些发达国家和地区已成为制度。如德国一些州就对中小学生进行反法西斯的修学旅游做了专门立法，要求每个学校都要定期组织学生到纳粹集中营等地游览参观，勿忘历史。中国人的旅游与学习总是紧密相连在一起，有着“读万卷书、行万里路”的传统。开展红色旅游，是这个优良传统的发扬光大。它完全可以归类于修学的大类，定位于朝觐“革命圣地”的专题旅游，列入学校、机关、企事业单位、党团工会组织的爱国主义教育的序列。

2. **故事性**

故事性是相对说教性而言，反映出人们对历史吸引物的取舍观。到一些红色旅游点，给人的感觉是在参观“中国革命历史博物馆”的地区展览，千篇一律，千人一面，静态有余，动感不足，缺乏实景地厚重的历史感、独特的亲切感和“姹紫嫣红”的美感。这些红色旅游点除了经济条件落后、展陈手段单一等因素外，也是在英雄史观等陈旧观念影响下产生的人为缺陷之一。

要让红色旅游健康发展，使之成为有强烈吸引力的、大众愿意自费

学习笔记

购买的旅游产品，还需要妥善处理红色教育与常规旅游的辩证关系，其中的关键是以小见大，以人说史。历史典故往往形象、生动、有趣，容易让英雄走下圣坛，贴近群众和生活，产生亲和力。因此，要深入发掘红色旅游中的历史人物故事，既要反映领袖、英雄等“大人物”在历史中的重要作用，更要通过“小人物”的故事，揭示人民群众创造历史的真谛，使历史鲜活和丰满起来。

3. **参与性**

有些红色旅游景点的旅游过程较为艰苦，为改变这种状况，少数景点努力过头，出现城镇化、商业化、舒适化的倾向，有损害红色旅游的本质特色。为避免重蹈覆辙，红色旅游点应紧跟体验经济的潮流，突出旅游节目的参与性。红色旅游本身就是一种实践性学习。

（二）红色旅游发展意义

1. **红色旅游具有不可比拟的教育宣传功能，担负着弘扬和培育民族精神的使命**

革命传统是中华民族的宝贵精神财富，中国共产党在长期革命斗争实践中形成的井冈山精神、长征精神、延安精神和西柏坡精神等，都是民族精神在特定历史时期的升华。弘扬革命传统是新时期对广大人民群众提出的新要求。充分利用革命传统教育基地和爱国主义教育基地的资源优势，发展红色旅游，是革命传统教育和爱国主义教育的新形式。红色旅游寓教于游、寓游于教，是革命传统教育方式的创新，是贴近历史和生活的大课堂，是新形势下人文精神的回归。

2. **红色旅游不仅是革命精神的实践之旅，也是推动经济发展的新引擎**

红色旅游是革命传统教育观念和旅游产业观念与时俱进的结合，既是观念的创新，也是产业的创新，是我国旅游产业一个新的重要组成部分。我国的红色旅游资源从东南沿海到雪域高原，从商业经济重镇到穷乡僻壤，绵延曲折，逶迤万里。红色旅游带动了老区的基础设施建设，改善了老区的招商环境，扩大了就业机会，增加了当地财政收入。

3. **发展红色旅游是保护文化遗产的契机，是践行“社会主义核心价值观”重要思想的体现**

近年来，很多地方都在对“红色景点”进行修缮。湖南省花垣县对国立八中进行全面维修和保护。国立八中也修缮了“国立八中旧址纪念碑”。花垣县在保护修缮好花垣县第一届县委遗迹的同时。保护和利用好革命历史文化遗产，弘扬其所代表的先进文化。

学习笔记

（三）红色旅游景区导游服务

红色旅游景区导游服务主要包括服务准备、导游讲解和送别服务三个环节。

1. 服务准备

了解所接团队或游客的有关情况。对游客有特殊需要的讲解内容及活动安排进行事先准备。提前了解服务当天的天气和景区景点的道路情况。

2. 导游讲解

（1）游览前的讲解　应向游客介绍本景区的简要情况，尤其是景点的背景、价值和特色；应向游客适度介绍本景区所在旅游地的自然、人文景观和风土人情等相关内容；应提醒团队游客注意自己团队原定的游览计划安排，包括在景区停留的时间、主要游览路线以及参观游览结束后集合的时间和地点；应向游客说明游览过程中的注意事项，并提醒游客保管好自己的贵重物品；游程中如需讲解人员陪同游客乘车或乘船游览，讲解人员宜协助游客联系有关车辆或船只。

（2）游览中的讲解　内容的取舍应以科学性和真实性为原则；民间传说应有故事来源的历史传承，任何景区和个人均不得为了景区经营目的而随意编造；有关景区内容的讲解应力避同音异义词语造成的歧义；使用文言文时需注意游客对象；需要使用时，宜以大众化语言给以补充解释；对历史人物或事件，应充分尊重历史的原貌；如遇尚存争议的科学原理或人物、事件，则宜选用中性词语加以表达；讲解内容如系引据他人此前研究成果，应在解说中给以适度的说明，以利于游客今后的使用和知识产权的保护。

3. 送别服务

在完成红色景区导游服务后，要诚恳地征求游客对本次讲解工作的意见和建议，热情地向游客道别，在游客离开后方可离开。

（四）红色旅游景区导游讲解技巧

（1）要尊重历史，不要道听途说。

（2）要以情动人，不要冷若冰霜。

（3）要体现趣味性，不要生硬灌输。

①要寓教于乐，不要枯燥说教。

②要讲出红色景区的特色，不要千篇一律。

③要与时俱进，不要故步自封。

四、任务实施

学习笔记

实训项目	井冈山研学导游服务
实训要求	1. 掌握红色景区导游讲解的基本要领 2. 能够掌握红色景区导游技巧 3. 能够运用红色景区导游服务技能提供研学旅游团需求
实训地点	模拟导游实训室
实训材料	红色景区导游词、话筒、导游证、导游旗、旅游团行程单等
实训内容与步骤	一、实训准备 （1）依据团队实际情况，制定合理游览线路 （2）创作并熟练运用井冈山导游讲解词 （3）学生分组，小组内分角色扮演导游员与研学学生 二、实训开始 （1）介绍游览参观路线、游览时间以及注意事项 （2）注意讲解语言规范、客观、尊重事实，讲解内容知识性 （3）独立完成团队参观学习导游服务任务，妥善处理突发事件 （4）注意游客动向，安全提示，防止游客走失 三、实训考核、点评 小组互评、教师点评，总结任务要点并纠正任务实施过程中存在的问题，提出改进性意见或建议

五、任务评价

模拟实训评分				
姓名：		讲解内容：		
项　目	要　求	分　数	得　分	总体评价
服务规范（15分）	引导明确	4		
	面对游客	3		
	面部表情	3		
	前后衔接	5		
导游讲解（30分）	规范正确	10		
	主题明确	10		
	灵活应变	5		
	适当发挥	5		

学习笔记

续表

项目	要求	分数	得分	总体评价
语言表达（25分）	自然流畅	8		
	层次分明	7		
	生动幽默	5		
	音量适当	5		
导游技巧（10分）	语言技巧	4		
	服务技能	6		
应变能力（10分）	积极预防	5		
	处理得当	5		
总体印象（10分）	仪容仪表	2		
	礼节礼貌	3		
	服务态度	5		
总得分				

六、任务巩固与检测

1. 作业：自由选取一处红色景区，创作导游词一篇。
2. 扫描二维码检测任务学习情况。

自我分析与总结

项目小结

针对不同旅游团的特点，采用灵活的讲解方法，把红色旅游景区的历史背景和现实意义有机地结合起来，让游客获得爱国主义的情感教育。

项目检测

扫描二维码检测项目学习情况。

项目八 新媒体直播导游

学习笔记

项目导读

新媒体直播导游，是伴随着现代科技的高速发展、大众对旅游自主性的不断增强和对旅游灵活导游方式的需求而日渐迫切出现的多元导游形式。导游直播就是在这样的背景下从传统的模式当中抽离出来，形成了一种新型的，带有地域特色，且有明确的消费引导性的导游新形态。在众多旅游新业态的迅猛发展中，“直播+旅游”是一个增长的亮点。旅游直播化的形式，一方面创新发展出以“云旅游”为代表的旅游新业态和服务方式；另一方面是依托达人主播现场专业的内容输出，最大化挖掘旅游资源的内在吸引力和潜在消费者的消费欲望，释放更多的消费潜力。

项目学习目标

知识目标	1. 了解新媒体直播导游。 2. 熟悉新媒体直播导游讲解。
能力目标	1. 能够完成新媒体直播导游准备。 2. 能够完成新媒体直播导游服务。
素质目标	1. 培养导游员对新媒体导游需求的探索精神。 2. 培养对旅游者提供优质直播资源的职业素养。
思政目标	培养勇于探索、追求卓越的敬业精神。

项目实施

当今社会，新媒体的出现、旅游新业态的快速发展和旅游者不同的需求，使更多旅游人成为直播导游的创作者。本项目从对新媒体直播导游认知、直播导游平台环境、直播导游条件、直播导游注意事项、完成景观新媒体直播导游几方面学习基本知识和掌握技能（图2–9）。

学习笔记

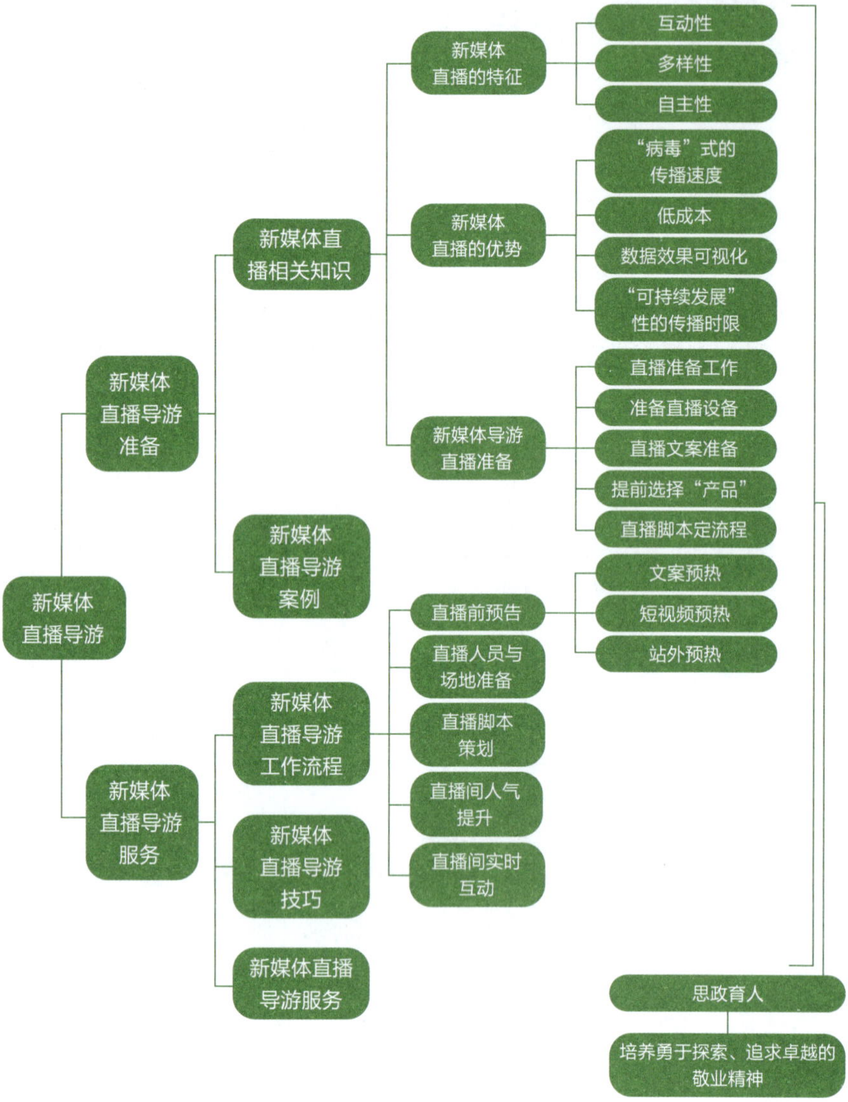

图2-9 新媒体直播导游

案例导入

不想当网红的导游不是“好主播”
一位资深导游的转型之路

立秋后的午后，太阳依旧火辣辣的。山东博物馆前的空地上，一位中年男人正冲着手机镜头连说带比画。凑近一听，讲的正是博物馆的历史由来。

中年男人名叫张晓国，今年50岁，是一名导游。从2020年4月起，张晓国开始转型当主播，讲解济南旅游文化。虽然是有着20年从业经历的资深导游，但作为主播，张晓国似乎不太专业。看，他的拍摄工具是手机，为他拍摄视频的人也不是摄影师，而是一位司机。

这样的转折不是第一次

张晓国在济南旅游圈小有名气，也是济南较早一批旅游从业者。20世纪90年代大学毕业后，张晓国就留在了这座城市，从那时开始钻研济南旅游文化。

2020年新冠肺炎疫情对旅游业造成了冲击，但张晓国看得挺淡："这样的转折，在我职业生涯中已经经历过好几次。"张晓国觉得，看似困难的处境，往往也是一种机遇。

"1999年受市场影响，我被迫从境外团转到国内团；2000年从体制内走出来，我选择自己成立旅行社；2003年受"非典"影响，旅游市场遭受大冲击……"张晓国回顾自己的职业生涯，这样的行业大动荡他能列举很多，但现在看来，每一次挫折都迫使从业者走上了转型的快车道。

"非典"时期我们开始接触互联网。张晓国回忆，在那之前，旅行社开展业务都是靠背着大包小包的纸质资料在全国各地跑外联。而"非典"的到来迫使从业者不得不学习互联网知识，也就是从那时开始通过互联网发布广告、联系客源。

"非典"并没有压垮张晓国的团队，反而带来了一次"触底反弹"，公司的订单和利润开始大幅增加，也让张晓国意识到网络、策划和传播的力量。

同样，在今年新冠肺炎疫情发生后，面对不景气的市场，张晓国考虑得更多的问题还是转型。

突如其来的"热门"

这一次，张晓国的转型跨度有点大，他选择成为一名主播。在新媒体直播短视频平台上，相比大批活力四射的年轻主播，张晓国显得有些特别。没有花里胡哨的服装和绚丽夺目的背景，他总是一身黑色休闲装扮，在济南各景点前讲解这里的故事。

从站在大巴车上讲解的导游，到站在镜头前讲解的主播，不变的是讲解，但主播却更需要新媒体技术的加持。在这个过程中，张

学习笔记

学习笔记

晓国一人承担起多项工作。起初，他拿着手机自拍，再回来剪辑成视频发布，网友反映镜头晃，他不得不又找同事来帮忙。最初拍摄工具只有一部手机，拍出来的画面不稳定，他向年轻人打听，才知道需要买一部稳定器。

自学拍摄剪辑方法，摸索新媒体推广技巧，有段时间张晓国的脑子里全是视频。然而精心拍摄几个小时，再回家剪辑制作发布后，观看点击量却只有几百，点赞量也是个位数。相比其他网红主播动辄好几万的点赞量，这曾经让张晓国很灰心："我这老导游还真让后浪拍在沙滩上了？"

一段时间内，张晓国天天想着"上热门"，却找不到法子。一天，他和同事去佛慧山拍摄，到山下时还是晴空万里，到达山顶却突然下起了瓢泼大雨。张晓国在大雨中完成了拍摄，没想到上传到网络后收获了几十万的点击量，让他开心不已。

带全国观众"云"游济南

意外走红后，张晓国的粉丝过万，电话也多了起来。"新媒体直播玩得不错啊？成网红了啊！""哪有哪有，做着玩的。"和老朋友之间这样的寒暄多了起来。张晓国说自己起初不想成为"网红"，也不想被千篇一律的主播同质化，只想以旅游人的角度讲好济南的故事。

前不久，央视新闻云游中国活动山东站来到济南，直播间特地邀请张晓国作为主播全程介绍，全国的观众跟随他的解说又一次"云"游了济南。

获得肯定的同时也有质疑的声音。"你连普通话都说不标准。""你都不会说济南话，真的了解济南吗？"……网友的评论各种各样。张晓国并不受这些质疑的影响："做主播最重要的是做内容，设备不重要，口音也不重要，重要的是对济南是否了解得透彻。"

2020年对于张晓国来说依然是充实的一年。除了当主播，他在线下参与了多个乡村旅游项目的推进。在张晓国这个年纪，很多导游已经选择退居二线，但他依然坚持每年带团，为的是熟悉市场，时刻应对市场变化带来的挑战。

（来源：济南日报）

讨论

请同学们认真阅读这则新闻，你从这位“老导游”身上看到了什么?

案例评析

“干一行爱一行”，爱一行才能干好一行，这应该是对张晓国恰当的诠释。爱旅游、爱家乡、爱企业。在他从事旅游行业的20年，经历几次变革。重创不仅没有把他击垮，反而是敏锐的直觉、大胆的尝试、勤奋的学习成了他“渡劫”的良方。对行业的执着，对第二故乡的热爱和对团队的责任让他不断更新迭代，最终他得到了支持和收获。

说起“直播导游”与“导游直播”，当下越来越多的人注重精神消费，旅游空间也不断扩展，远程旅游的形式迅速发展，旅游服务逐渐趋向个性化和社会化。旅游行业的发展催生这批导游从业者做“网红导游主播”，通过对一些成功案例进行分析，可从语言亲和幽默、内容丰富精彩、主播特点突出、状态敬业乐业、景点选取典型、文化内涵深厚、拍摄技术专业、个人形象良好等方面总结导游直播具备的成功要素。

“讲解+直播”不仅是当前疫情防控下的教学需求，也是旅游专业对新业态新人才培养的探索和实践。它对导游员的口语表达能力、应变能力、现场表现力有更高的要求。“旅游+直播”的新尝试，有助于培育互联网思维，让传统旅游不断适应更新迭代的旅游新业态。

任务 1 新媒体直播导游准备

一、任务描述

“文化是旅游的灵魂，旅游是文化的载体”，这势必也给我们的“民间大使”——导游提出了更高的要求：一个好的导游，是能为游客提炼出历史和人文的精华，让游客的旅行在风景之外有绝妙的注解，真正做到“不虚此行”。

新媒体直播的兴起，使旅游主播应运而生。旅游主播需要丰富的知识储备、形象、口头表达能力等条件，而导游以自身的职业属性，拥有天然的优势。通过互联网宣传旅游景点及当地特产，可以将旅游目的地的优势展现得淋漓尽致，带给观众强烈的出游欲和购买欲。

学习笔记

学习笔记

二、任务学习目标

（1）熟悉新媒体直播导游相关知识。

（2）掌握新媒体直播导游准备工作。

三、完成任务需要的新知识

（一）新媒体直播相关知识

新媒体是利用数字技术，通过计算机网络、无线通信网、卫星等渠道，以及电脑、手机、数字电视机等终端，向用户提供信息和服务的传播形态。

1. 新媒体直播的特征

（1）互动性　新媒体与传统媒体的最大区别在于互动性，甚至是传统媒体必须以新媒体为基础，实现这个时代的互动性。相对于传统媒体受众的概念，新媒体中我们往往更多提及的是用户，这就是将被动的接受转变为积极的交流。

（2）多样性　近年来新媒体的迅猛发展不容否认，新媒体视频直播就用户而言不存在地域差别，可以任意观看各个新媒体的视频直播，同时由于大量自媒体的存在，打开任何一个直播平台，都可以观看到数以万计的网络直播间，这在概念上等同于用户可以在上万个视频直播节目中进行选择。自媒体也会形成更加多元多样性的节目形式与节目内容，满足不同用户的需要，将分众化做到极致。

（3）自主性　从某种意义上来说，电视一旦开机，我们的观看便带有了某种强制性，只是这种强制性是带有选择的。而新媒体视频直播并不具有这种强制性，并且可以通过网络大数据的分析，精准定位用户的选择倾向，做到智能化的内容推送，甚至一人一端，量身打造每位用户的专属定制平台。此外，新媒体视频直播在技术上可以实现更多的自主性。传统的电视直播，我们观看到的画面是经过导播的切换选择而被动观看的，在新媒体视频直播中，我们可以自主选择需要观看的画面。

2. 新媒体直播的优势

（1）“病毒”式的传播速度　“病毒”式的传播速度以及难以复制的原创是当前新媒体直播等短视频平台的最大优势。比之传统营销模式，利用新媒体直播短视频（营销），可以实现“病毒”式的传播速度，将互联网的优势发挥得淋漓尽致。重要的是，在快节奏的生活方式下，新媒体直播（营销）尤其受到用户青睐。

学习笔记

（2）低成本 较之于传统广告营销的大量人力、物力、精力的投入，新媒体直播（营销）入驻门槛更低，成本也相对减少。这也是新媒体直播（营销）的优势之一。新媒体直播（营销）视频内容的创作者，可以是企业，也可以是个人。其内容制作、用户自发传播及粉丝维护的成本相对较低。

（3）数据效果可视化 是新媒体直播（营销）比之传统营销的一个明显特点，可以对视频的传播范围及效果进行数据分析。包括有多少人关注，视频有多少人浏览，转载多少次，评论多少条，多少人互动等。不管是哪一类（营销）视频，用户都能直观地看到播放量、评论量等数据。通过数据分析、对标账号、行业竞争对手等数据观察，掌握行业风向，调整并及时优化带货视频内容，从而达到更好的营销效果。

（4）“可持续发展”性的传播时限 新媒体直播用户当天看到的视频可能是很早之前发布的。这是因为，该视频持续受到用户关注和喜欢，系统会持续性地不断将视频推送给更多的人。（营销）视频一直“存活”在用户的视线里。它不受外力投入多少的影响，只要用户喜欢，就有可能一直传播。

3. 新媒体导游直播准备

（1）直播准备工作 提前一个小时根据自己设定的人物情境开始化妆，最好每次直播的造型不一样，服装也要做好相应调整，是什么样的人物情境就做什么样的造型，穿什么样的衣服，并提前准备好适合直播间各种情景播放的背景音乐。

（2）准备直播设备 直播设备是保证直播质量的首要条件，如果用手机直播，至少需要准备两部手机，一部用来直播，一部用来看评论。另外，最好能准备声卡、麦克风、补光灯等直播工具，来提升直播间声效以及画面效果。齐全的直播设备有助于提升直播质量，给用户更优质的直播体验。

（3）直播文案准备 直播文案需要做好新媒体直播预热，开门见山直接点明目的，更容易拉近观众之间的距离，让人有亲切感。另外，要让用户知道你是做导游直播、才艺直播、带货直播还是教学类直播；直播文案要简洁明了，抓住用户心理。粉丝进入直播间有三大原因：学习、购物和社交需求。这就需要在直播主题上面真正体现出来。

（4）提前选择“产品” 新媒体导游直播，需要提前选择直播内容，这是最基本的要求之一。一般情况下，我们可以根据以下分类来选品：著名景点、网红打卡地、历史故事、人物等。

学习笔记

①著名景点：世界文化、自然遗产地、全国5A景区、知名度高的综合类旅游景区。巧运用答题、抽奖来提升直播间人气。

②网红打卡地：特色美食、艺术街区、创客营地、人文景观等，辐射范围大，能满足大部分用户需求，具有营销效果。

③历史故事、人物：历史故事、人物传记等，弘扬中华优秀传统文化、增强文化自信、树立导游直播间良好形象。

（5）直播脚本定流程　用直播脚本定流程是直播前的必要步骤之一，通过脚本设置，提前安排好直播要走的每一个流程，包括：时间、地点、直播主题、主播、预告文案、场控、直播流程（时间段）等。

（二）新媒体直播导游案例

随着网络技术的发展，传统旅游产业受到冲击，首当其冲的就是旅行社。“翟治国”这一类网红导游的出现，将互联网和导游人才发展相联系。

网红导游是指利用网络平台展示个人导游技能魅力，从而获得大量粉丝的导游从业者。目前具有代表性的有以下几位“网红导游”。

1. 微博红人“河森堡”

河森堡是国家博物馆讲解员，在微博上是一个有着300多万粉丝的“大V”，他也是“知识型网红”的代表，他的走红源于他通过撰写介绍博物馆展览及其相关科普知识。他不仅参加了《一站到底》等多项知识类综艺节目，同时还出版科普书籍《进击的巨人》，进一步扩大了自己在网络上的影响力。可以说，知识就是河森堡吸引粉丝的神器。

2. 杭州私人定制导游“胡娜娜”

杭州私人定制导游胡娜娜通过在网上注册网约导游开发私人高端定制旅行。在当前疲软不堪的国内团队旅游市场中，她抓住了高端定制旅游这一市场机遇。相比普通旅游的走马观花，她根据游客的个性、兴趣和特色安排一些好玩又小众的旅游景点和旅游项目，让游客获得了轻松愉快且有文化深度的旅游体验，从而打响了自己的品牌。

四、任务实施

实训项目	新媒体直播导游准备
实训要求	1. 新媒体直播导游知识准备 2. 熟悉直播流程，准备直播导游词

续表

实训地点	VR虚拟实训室
实训材料	手机、支架、麦克风、补光灯等
实训内容与步骤	一、实训准备 学生分组，分发直播活动任务单，做校园直播导游准备 二、实训开始 认真阅读任务单，小组成员明确工作任务，平台注册，选取直播导游内容 （1）小组讨论，确定方案 （2）准备直播导游内容 （3）准备直播导游设备 （4）明确工作分工及注意事项 三、实训考核、点评 小组互评、教师点评，总结任务要点并纠正任务实施过程中存在的问题，提出改进意见

学习笔记

五、任务评价

具体内容或要求	分数	得分
个人形象	15	
直播内容	40	
语言表达	20	
技术效果	15	
直播数据	10	
总得分		

自我分析与总结

六、任务巩固与检测

1．根据所学的知识，3人一组选择学校所在地景区（点），制定一个导游直播方案。

2．扫描二维码检测任务学习情况。

学习笔记

任务 2 新媒体直播导游服务

一、任务描述

旅游景区直播——我为秦皇岛职业技术学院美景代言。构思直播的方式方法，在新媒体直播上直播秦职美景。完成从建立平台、个人准备、选取内容、现场直播到平台维护整个工作流程。

二、任务学习目标

（1）熟悉新媒体直播导游工作流程。

（2）能进行新媒体直播导游及维护。

新媒体直播

三、完成任务需要的新知识

（一）新媒体直播导游工作流程

开播前预热是导游直播技巧的一大关键。吸引更多的粉丝进入直播间，才能更大限度地进行宣传。

1. 直播前预告

（1）文案预热　提前预告导游直播时间，包括个人简介、朋友圈等预告。

（2）短视频预热　设置吸引眼球的开播封面：主播开播前要注意直播封面的选择，因为封面是决定粉丝进入直播间的第一要素。封面色调要统一，像素要高，这样才能有视觉冲击力。另外，封面的美感与质感要能体现主播和直播间产品的风格。

文案和标题要创新：好的标题和文案更能吸引粉丝驻足，并有继续了解的冲动。

视频标题有三个目的：一是为了阐述导游短视频直播的核心；二是为了说明产品；三是告诉粉丝直播的福利。

（3）站外预热　提前在微淘、微信群分享种草的导游直播预告。

2. 直播人员与场地准备

（1）主播　①主播的妆容要干净自然；②穿着整洁大方，与妆容要协调；③有气质，口齿清晰，表达流畅；④精神饱满，有激情。

（2）场地　①灯光光线明亮；②背景干净整洁；③信号稳定，不卡顿；④手机拍摄画质高清。

3. 直播脚本策划

提前准备好导游直播脚本，是导游直播技巧的重要环节。有了直播脚本，就可以很好地掌控导游直播节奏，梳理直播流程，及时有效应对各种突发情况的发生，同时也能将导游直播收益最大化。导游直播脚本有两种：一种是单品直播脚本；一种是整场直播脚本。

一场导游直播三到四个小时，这么长的时间，主播先讲什么？什么时间互动？什么时间推产品？什么时间送福利？都需要导游直播脚本的规划安排。

优秀的导游直播脚本，一定要考虑到细枝末节，让主播从上播到下播都有条不紊，让人员、道具都得到充分的调配。很多主播的直播间经常碰到冷场的尴尬局面，因此导游直播中的技巧必须掌握。

学习笔记

4. 直播间人气提升

导游主播通过方言拉近与粉丝距离，通过幽默、亲和的聊天方式在直播中博得不少人气，这样不仅轻松化解直播尴尬，还能博得粉丝拥护。直播间收到礼物要道谢，多用礼貌感谢语更能增加粉丝的好感，在不降低表演的品质下收获更多的粉丝关注。限制名额送福利。送给导游直播间下单的粉丝礼物，可以促进粉丝下单，比如前100名下单的粉丝可以获得专属福利等。

5. 直播间实时互动

导游主播要及时回复弹幕信息，适时与粉丝做小游戏，增加互动与亲密度，导游主播一定要豁得出去，不能扭扭捏捏，敷衍回答问题，这样会降低粉丝热情。主播一定要谦逊，多交朋友，在粉丝心中建立好的形象。

（二）新媒体直播导游技巧

导游直播中主播一定要勇于表现自己，这样让粉丝觉得真实不做作，也更容易建立信任感，把最真实的自己展现出来，人气自然也不会差。

1. 提升直播间互动方法

（1）引导用户关注　通过直播增加粉丝的黏性，引导粉丝关注。

（2）引导用户评论　向粉丝提问，喜欢的请评论扣1。

（3）设计互动话题　提前了解粉丝的偏好与用户互动，鼓励用户发弹幕、留言。

（4）活跃直播氛围　盖楼、答题、领红包、抽奖、连麦等。

2. 直播复盘技巧

每一场直播结束，都要及时进行直播复盘。及时归纳整理这场直播的优点，以及需要改进的地方，为下一场直播做好充分的准备。如果这场直播不尽如人意，等到下一场直播的时候也难得到改观，这将会在重复中失去对直播的兴趣和热情，最终影响直播收益，这时候直播复盘就显得尤为重要。

学习笔记

直播复盘至少包括：直播数据分析，用户活跃度、直播间转粉率、调整改进等。在所有数据分别进行对比后，记下可以改进的地方，在下一次直播时实施。复盘一定要及时，时间久了就容易忘记一些小细节，往往这些小细节是需要着重注意的地方。

（三）新媒体直播导游服务

以校园直播导游为例：在直播平台注册并开通直播账号，做好开播准备；选择校园直播导游主题；组建直播导游小组成员做好分工；创作校园直播导游脚本后，开始进行校园直播导游。以校训为核心，以校园整体风貌为背景，介绍学校历史、发展及办学特色，最终落脚到校园直播导游主题。可以是为即将高考的学生做直播导游，介绍学校的特色专业、就业趋势、校企合作单位及毕业后继续深造渠道；也可以把新生入学作为视角，为新生提供各种学习、生活、休闲、娱乐资讯介绍，方便快速了解校园；还可以为家长、社会人员介绍美丽校园等。

四、任务实施

实训项目	新媒体直播导游服务
实训要求	1. 掌握新媒体直播导游的基本要领 2. 能够掌握新媒体直播导游技巧 3. 能够运用新媒体直播导游提供导游服务需求
实训地点	校园、录播教室
实训材料	智能手机、云台、直播架、灯光设备、直播话述导游词等
实训内容与步骤	一、实训准备 （1）新媒体直播导游设备准备 （2）校园直播场景、内容、话述准备 （3）学生分组、分配任务共同完成“我为秦职代言”直播 二、实训开始 （1）完成平台注册 （2）选取拍摄地点、场景 （3）设备调试 （4）完成直播 三、实训考核、点评 小组互评、教师点评，总结任务要点并纠正任务实施过程中存在的问题，提出改进性意见或建议

五、任务评价

学习笔记

模拟实训评分				
姓名：		讲解内容：		
项　目	要　求	分　数	得　分	总体评价
服务规范（15分）	引导明确	4		
	面对游客	3		
	面部表情	3		
	前后衔接	5		
导游讲解（30分）	规范正确	10		
	主题明确	10		
	灵活应变	5		
	适当发挥	5		
语言表达（25分）	自然流畅	8		
	层次分明	7		
	生动幽默	5		
	音量适当	5		
导游技巧（10分）	语言技巧	4		
	服务技能	6		
应变能力（10分）	积极预防	5		
	处理得当	5		
总体印象（10分）	仪容仪表	2		
	礼节礼貌	3		
	服务态度	5		
总得分				

学习笔记

六、任务巩固与检测

1．结合自己家乡风物、特产为其代言，进行新媒体直播导游。

2．扫描二维码检测任务学习情况。

项目总结

营销宣传是企业经营中重要的一环。随着互联网技术的发展，快手、微博等自媒体平台崛起后，旅行社开始尝试通过网络直播的方式进行旅游产品销售。而导游自由执业开始后，导游服务作为一种特殊的服务产品就存在对外营销的必要性。“网红”导游运用网络媒体平台和技术手段展示自己，获得大量线上“粉丝”，并将其转为线下忠实的消费者，为导游打开一条新的发展途径。

“网红”导游获得喜爱的原因，在于他们将专业的知识和精彩的讲解方法融为一体，使之相辅相成。从“网红”导游线下背景来看，大都是国家金牌导游，或者有多年工作经验的导游员，不论是专业知识储备量，还是导游服务技巧都在同行业者中名列前茅。

“网红”导游获得大众认可的另一重要原因是，在从业的过程中坚持自己的职业情怀，无论是翟治国还是河森堡，都极其热爱导游这份工作，他们将自己的人生经历和自己对景点知识的理解与思考几经提炼后，转化为新的内容传达给旅游者。这种专注于本职工作的行为，在当下被诟病为“上车卖力推销旅游商品，下车糊弄游客景点解说”的导游团队中就更显得难能可贵。

自我分析与总结

项目检测

扫描二维码检测项目学习情况。

模块三

业精于勤　行成于思——旅游事故的预防与处理

学习笔记

项目一 常见问题与事故的处理

项目导读

在旅游活动中，总会存在一些不可控因素，使得旅游过程中出现小问题或小事故，那么如何在这些问题和事故之中将伤害降到最小并找到一个最优解，是一部分非常重要的学习内容。

项目学习目标

知识目标	1. 掌握漏接、空接、错接的处理。 2. 掌握机（车、船）事故的处理。 3. 掌握旅游者走失的处理。 4. 掌握旅游者物品丢失的处理。
能力目标	1. 掌握基本的问题和事故的处理方法。 2. 能够使学生对所学知识掌握后举一反三，以达到处理其他类似问题的学习能力。
素质目标	1. 养成以预防为主的工作态度，以及处理突发事件的应变能力。 2. 形成有责任感和使命感的价值观。
思政目标	1. 培养学生爱岗敬业的职业素养。 2. 培养学生的大局意识、责任意识。

项目实施

本项目主要学习四项内容：漏接、空接、错接的处理；误机（车、船）事故的处理；旅游者走失的处理和旅游者物品丢失的处理。在模拟导游这门课程中，本模块的学习也尤为体现出模拟式学习的魅力，现在让我们一起来学习常见问题正确处理的程序，如图3-1所示。

业务事故的处理

学习笔记

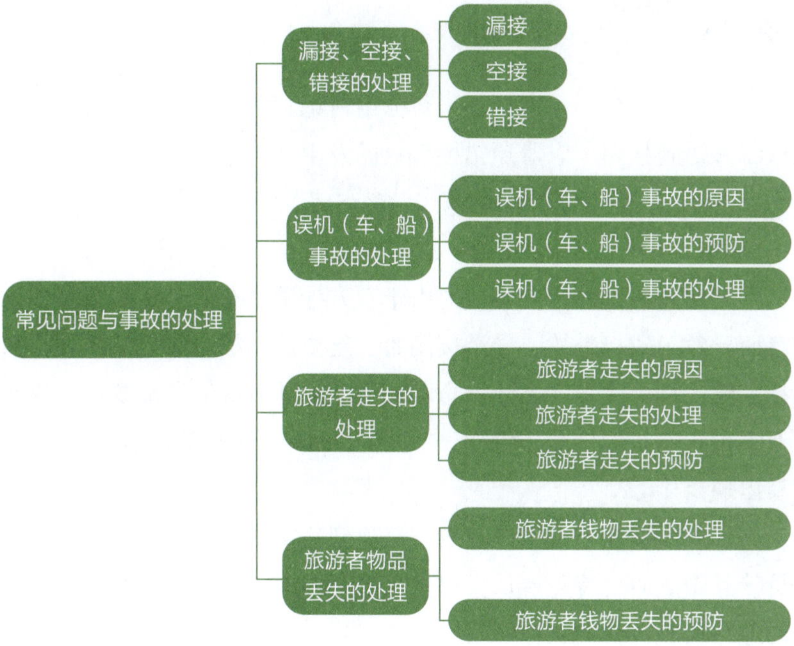

图3-1 常见问题与事故的处理

案例导入

上错花轿嫁错郎

小张是某旅行社的实习导游，因赶上旅游旺季，所以没有经过跟团踏线就直接上团。小张的第一个任务是担任“快乐之旅”的地接导游。到达机场后，小张按照约定时间地点，举起导游旗等待团队的到来。来自北京的团队没有安排全陪导游，只安排了一位游客王先生作为联络人。本次航班同时下飞机的有三个不同旅行社的旅游团，其中一个旅游团到达向小张走过来问了句“你是张导吗?”小张接团心切，也只问了一句“您是王先生吗?”对方说没错。于是把团队带出了接机大厅，安排清点行李登车。结果登车时发现了问题，原本的23名游客怎么变成了32人。小张赶快问王先生，结果对照各自手中的计划才发现，这不是小张要接的旅游团，只是巧合遇到了同样来自北京的团队，同样的联系人都是王先生，接团导游都姓张，这真是“上错花轿嫁错郎”。小张赶快打电话联系漏接的王先生。

学习笔记

讨论

请同学们认真阅读案例，进行分组讨论，如果你作为地接导游，会采取哪些措施接团，以避免错接事故的发生？

案例评析

本案例是典型的错接事故，由于双方导游没有认真核对双方的详细信息而导致了错接事故，导游接团时一定要认真核对双方信息，包括接团社、组团社、团号、人数、全陪、领队的姓名等信息都要一一核实，万万不可省略式的核对，例如："你是张导吗？你是王先生吗？"这样极容易出现错接。

为了预防错接的发生，导游应提前到达接站地点迎接旅游团；导游人员接到团队后，首先要认真核实旅游客源地组团旅行社的名称、旅游目的地组团旅行社的名称、旅游团的代号、人数、领队姓名（无领队的团要核实旅游者的姓名）、下榻饭店等，并要提高警惕，严防社会其他人员非法接走旅游团。

任务1 漏接、空接、错接的处理

一、任务描述

在旅游活动过程中，导游的对客服务从接站的一瞬间就可能有小错误发生，那具体会发生什么样的问题，产生这样问题的原因是什么，又该怎样处理，该怎样防患于未然呢？

漏接：漏接是指旅游团（者）抵达一站后，无导游员迎接的现象。

空接：空接是指由于某种原因旅游团推迟抵达某站，导游员仍按原计划预定的班次或车次接站而没有接到旅游团。

错接：错接是指导游员在接站时未认真核实接待计划，接了不该接的旅游团（者）。错接属于责任事故。

二、任务学习目标

（1）掌握漏接的原因、处理方式、预防措施。

（2）熟悉空接的原因、处理方式。

（3）掌握错接的预防和处理。

学习笔记

三、完成任务需要的新知识

（一）漏接

1. 漏接的原因与处理

漏接的原因是多方面的，并不都是导游的责任。对旅游者来说，无论是哪方面的原因造成的漏接都是不应该的。因此，旅游者见到导游后都会抱怨、发火，甚至投诉，这都是正常的。这时，导游应设身处地为旅游者着想，尽快消除旅游者的不满情绪，做好工作，挽回影响。

（1）由于导游主观原因造成的漏接　由导游自身的原因造成漏接的情况主要有：导游不按预定的时间抵达接站地点；导游工作疏忽，将接站地点搞错；由于某种原因如班次变更、旅游团提前到达，接待社有关部门在接到上一站旅行社通知后，已在接待计划（或电话记录、传真）上注明，但导游没有认真阅读仍按原计划去接团；新旧时刻表交替，导游没有核对新时刻表，仍按旧时刻表时间去接团等。

由于主观原因造成的漏接，导游应实事求是地向旅游者说明情况，诚恳地赔礼道歉，用自己的实际行动，如提供更加热情周到的服务来取得旅游者的谅解。另外，还可采取弥补措施，高质量地完成计划内的全部活动内容。

（2）由于客观原因造成的漏接　由于交通部门的原因原定班次或车次变更，旅游团提前到达，但因接待社有关部门没有接到上一站旅行社的通知，或接到上一站通知但没有及时通知该团导游。对由于客观原因造成漏接的处理，导游不要认为与己无关而草率行事，应该立即与旅行社有关部门联系以查明原因，并向旅游者进行耐心细致的解释，以防引起误解。此外，尽量采取弥补措施，努力完成接待计划，使旅游者的损失减少到最低程度。必要时，请旅行社领导出面赔礼道歉，或酌情给旅游者一定的物质补偿。

2. 漏接的预防

（1）认真阅读计划　导游接到任务后，应了解旅游团抵达的日期、时间、接站地点（具体是哪个机场、车站、码头），并亲自核对清楚。

（2）核实交通工具到达的准确时间　旅游团抵达的当天，导游应与旅行社有关部门联系，弄清班次或车次是否有变更，并及时与机场（车站、码头）联系，核实抵达的确切时间。

（3）提前抵达接站地点　导游应与司机商定好出发时间，保证按规定提前半小时到达接站地点。

学习笔记

（二）空接

1. **空接的原因**

由于天气原因或某种故障，旅游团仍滞留在上一站或途中，下一站旅行社并不知道这种临时变化，而全陪或领队又无法及时通知地方接待社；班次变更后，旅游团推迟到达；接待旅行社有关部门由于没有接到上一站旅行社的通知，或接到了上一站旅行社的通知而有关人员忘记通知该团导游等原因都会造成空接问题的出现。

2. **空接的处理**

导游应立即与本社有关部门联系，查明原因。如推迟时间不长，可留在接站地点继续等候，迎接旅游团的到来；如推迟时间较长，导游要按本社有关部门的安排，重新落实接团事宜。

（三）错接

1. **错接的预防**

导游应该做到：

（1）提前到达接站地点迎接旅游团。

（2）接团时认真核实。导游接到团队后，首先要认真核实旅游客源地组团旅行社的名称、旅游目的地组团旅行社的名称、旅游团的代号、人数、领队姓名（无领队的团要核实旅游者的姓名）、下榻饭店等。

（3）提高警惕，严防社会其他人员非法接走旅游团。

2. **错接的处理**

（1）报告旅行社领导。

（2）将错就错。

（3）交换旅游团。经调查，若错接的两个旅游团都属于一家旅行社接待，两个导游中有一名是地陪兼全陪，应交换旅游团；若错接的是另外一家旅行社的旅游团时，导游应立即向旅行社领导汇报，设法尽快交换旅游团。

（4）地陪要实事求是地向游客说明情况，并诚恳地道歉，以求得游客的谅解。

（5）若发生旅游团被其他人员（非法导游）接走，导游应立即与该团下榻的饭店联系，了解游客是否已住进饭店，然后报告旅行社处理。

四、任务实施

学习笔记

实训项目	错接的预防与处理
实训要求	1. 掌握错接产生的原因、处理程序及预防方法 2. 准确分析错接出现的原因并做出正确的处理
实训地点	教室或模拟导游实训室
实训材料	多媒体、旅游接待计划单等资料
实训内容与步骤	一、实训准备 学生分组，分发案例 二、实训开始 认真阅读案例资料，详细准确地分析旅游团出现错接的原因，并能给出正确的处理办法 （1）错接出现的具体情况 （2）分角色进行情景模拟演练 （3）分析案例并按照标准流程正确处理 （4）预防错接的方法 （5）做好案例分析记录 三、实训考核、点评 组间互评、教师示范性点评，总结任务要点并纠正任务实施过程中存在的问题，提出改进性建议

五、任务评价

考核项目	具体内容或要求	扣分项	扣分
描述接待内容全面（共5点）	1. 错接出现的具体情况 2. 分角色进行情景模拟演练 3. 分析案例并按照标准流程正确处理 4. 预防错接的方法 5. 做好案例分析记录	少一项扣6分	
清晰罗列注意事项（共2点）	1. 错接形成的原因分析 2. 错接的预防	少一项扣5分	
合理分析疑问点（共2点）	1. 错接发生在一家旅行社的两个团队的处理办法是否正确 2. 错接发生在两家旅行社的两个团队的处理办法是否正确	少一项扣5分	

学习笔记

六、任务巩固与检测

1．作业：分组设计一个漏接事故的案例。

2．扫描二维码检测任务学习情况。

任务 2 误机（车、船）事故的处理

一、任务描述

在旅游活动过程中，我们所讲究的食、住、行、游、购、娱，其中每个环节都可能发生小事故，本任务所学知识点为“行”，关于误机（车、船）事故的处理。

误机（车、船）事故是指由于某些原因或旅行社有关人员工作的失误，旅游团（者）没有按原定航班（车次、船次）离开本站而导致暂时滞留。

误机（车、船）是重大事故，不仅给旅行社带来巨大的经济损失，还会使旅游者蒙受经济或其他方面的损失，严重影响旅行社的声誉。导游人员要高度认识误机（车、船）的严重后果，杜绝此类事故的发生。

二、任务学习目标

自我分析与总结

（1）熟悉误机（车、船）事故产生的原因。

（2）掌握误机（车、船）事故处理方法步骤。

（3）了解误机（车、船）事故的预防方式。

误车事故的处理

三、完成任务需要的新知识

（一）误机（车、船）事故的原因

1. 客观原因造成的非责任事故

由于旅游者方面的原因或由于途中遇到交通事故、严重堵车、汽车发生故障等突发情况造成迟误。

2. 主观原因造成的责任事故

由于导游或旅行社其他人员工作上的差错造成迟误，如导游安排日程不当或过紧，没有按规定时间提前到达机场（车站、码头）；导游没有认真核实交通票据；班次或车次已变更，但旅行社有关人员没有及时通知导游等。

学习笔记

（二）误机（车、船）事故的预防

（1）地陪、全陪要提前做好旅游团离站交通票据的落实工作，并核对日期、班次、时间、目的地等。如交通票据是否落实，带团期间要随时与旅行社有关部门联系，了解班次有无变化等。

（2）离开本站当天，不安排旅游团到地域复杂、交通不便的景点参观游览；不安排旅游团到人员拥挤、难以集合的地方购物或自由活动。

（3）要留有充裕的时间去机场（车站、码头），保证旅游团按规定时间到达离站地点：乘坐国际航班提前3小时，乘坐国内航班提前2小时到达机场；乘火车或轮船提前1小时到达车站或码头。

（三）误机（车、船）事故的处理

1. 将成事故的应急措施

旅游团正在去往机场（车站、码头），将成误机（车、船）事故时，导游应采取如下应急措施：与机场取得联系，请求等候，讲明旅游团的名称、人数、现在何处、大约何时能够抵达机场。如取得同意，导游要立即组织旅游者尽快赶赴机场，同时向旅行社汇报情况，请求帮助协调。同时还需要向各个有关部门、有关人员（如海关、交通车队、行李员、旅游车司机等）讲清旅游者误机情况和补救办法，并说明请求协助的事项。

2. 已成误机（车、船）事故的应急措施

导游应按以下步骤抓紧时间处理：

（1）立即报告旅行社。

（2）马上与机场（车站、码头）有关部门联系，争取推迟起飞（开车、船）时间；或尽快让旅游者改乘下一班次的交通工具离开；必要时采取包机等方式前往下一站。

（3）稳定旅游者的情绪，安排好滞留期间的生活。

（4）及时通知下一站，对日程作出相应调整。

（5）向旅游者赔礼道歉。

（6）写出事故报告，说明事故原因和责任，如导游负有事故责任，应承担相应的经济损失和有关处分。

四、任务实施

实训项目	误机事故的预防与处理
实训要求	1. 掌握误机事故处理程序及预防方法 2. 对于不同类型的误机事故做出判断并进行正确的处理

学习笔记

续表

实训地点	教室或模拟导游实训室
实训材料	多媒体、模拟场景模拟案例资料等
实训内容与步骤	一、实训准备 学生分组，分发案例 二、实训开始 认真阅读案例资料，详细准确地分析旅游团出现误机事故的原因，并判断属于将成误机事故还是已成误机事故，并根据分析结果作出正确的处理 （1）误机事故出现的具体情况 （2）分角色进行情景模拟演练 （3）分析案例并按照标准流程正确处理 （4）预防误机的方法 （5）做好案例分析记录 三、实训考核、点评 组间互评、教师示范性点评，总结任务要点并纠正任务实施过程中存在的问题，提出改进性建议

五、任务评价

考核项目	具体内容或要求	扣分项	扣分
描述事故内容全面（共5点）	1. 误机事故出现的具体情况 2. 分角色进行情景模拟演练 3. 分析案例并按照标准流程正确处理 4. 预防误机的方法 5. 做好案例分析记录	少一项扣5分	
清晰罗列注意事项（共3点）	1. 误机事故形成的原因 2. 误机事故的预防 3. 不同类型误机事故的处理方法	少一项扣5分	
合理分析疑问点（共2点）	1. 已成误机事故的处理方法是否正确 2. 发生事故及事故后导致旅游者滞留，对旅游者滞留期间的活动安排是否合理	少一项扣5分	

自我分析与总结

六、任务巩固与检测

1. 作业：分组设计，A组设计已成误机事故的案例；B组设计未成误机事故的案例。

2. 扫描二维码检测任务学习情况。

任务3　旅游者走失的处理

学习笔记

一、任务描述

在旅游活动过程开始到结束，始终不可控因素就是“人”。探究旅游者走失事故的原因及责任，如何处理该类情况及其预防是本任务需要掌握的重点。本任务是培养学生责任意识的一个良好的驱动。

二、任务学习目标

（1）熟悉旅游者走失事故产生的原因及责任。

（2）掌握旅游者走失事故处理方法步骤。

（3）掌握旅游者走失事故的预防方式。

三、完成任务需要的新知识

（一）旅游者走失的原因

在参观游览或自由活动中，时常有旅游者走失的情况。一般来说，造成旅游者走失的原因有：

（1）导游没有向旅游者讲清停车的位置或景点的游览路线。

（2）旅游者对某种现象和事物产生兴趣，或在某处摄影，滞留时间较长而脱离团队走失。

（3）在自由活动、外出购物时，旅游者没有记清地址和路线。

无论哪种情况，都会使旅游者极度焦虑、恐慌，严重时会影响整个旅游计划的完成，甚至会危及旅游者的生命、财产安全。

（二）旅游者走失的处理

1. 旅游者在旅游景点走失（图3-2）

（1）立即寻找　发现旅游者走失，要首先判断走失的时间和方向，然后组织人力立即开始寻找。

（2）寻求帮助　如果经过认真寻找仍未找到，应向景点景区派出所和管理部门求助。

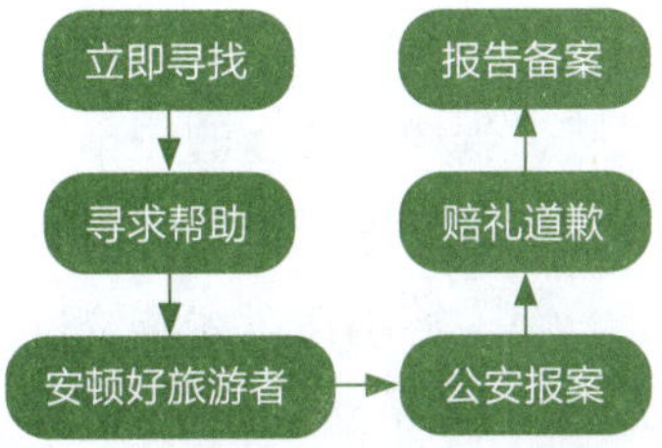

图3-2　旅游者在旅游景点走失处理

（3）安顿好旅游者　旅游者走失会引起其他成员不安，所以，首先要安顿好其他旅游者游览，寻找工作可与当地接待人员分工进行。

（4）公安报案　如果采取了以上措施后仍未找到，导游应向旅行社报告并请求帮助，必要时经领导同意向公安机关报案。

学习笔记

（5）赔礼道歉　找到走失的旅游者后，应查清事故原因，如属导游的责任，导游应赔礼道歉；如责任在旅游者，也不要过分指责，可善意提出批评，提醒以后注意。

（6）报告备案　对于严重走失事故，导游应在事后写出书面报告，将有关情况记录在案。

2. 旅游者在自由活动时走失

（1）立即报告接待社和公安部门　导游在得知旅游者自己在外出时走失，应立即报告旅行社领导，请求指示和帮助；通过有关部门向公安局辖区派出所报案，并向公安部门提供走失者可辨认的特征，请求帮助寻找。

（2）做好善后工作　找到走失者，导游应表示高兴；问清情况，安抚因走失而受惊吓的旅游者，必要时提出善意的批评，提醒其引以为戒，避免走失事故再次发生。

（3）若旅游者走失后出现其他情况，应视具体情况作为治安事故或其他事故处理。

（三）旅游者走失的预防

旅游者走失的原因是多方面的，不一定是导游的责任，但无论何种原因造成旅游者走失，都会影响旅游者的情绪；甚至会影响旅游计划的完成，使旅游者的生命和财产安全受到危害。导游预防此类事故的措施主要有以下几点：

（1）提醒旅游者记住接待社的名称、旅游车的车牌号和标志、下榻饭店的名称和电话号码、导游的联系方式。

（2）在每天出发前和旅游车离开饭店后，地陪导游要向旅游者报告一天的行程及上、下午游览地点和吃中、晚餐餐厅的名称和地址。

（3）到游览点后，在景点示意图前，地陪导游要向旅游者介绍游览线路，告知旅游车的停车地点，强调集合时间和地点，再次提醒旅游车的特征和车牌号。

（4）特别注意在游览过程中导游应时刻和旅游者在一起，经常清点人数。

（5）导游要以丰富的讲解内容和高超的导游技巧吸引旅游者。

四、任务实施

实训项目	旅游者走失事故模拟练习
实训要求	1. 掌握旅游者走失的预防及处理程序 2. 对于不同情况的走失事故作出判断并进行正确的处理
实训地点	教室或模拟导游实训室
实训材料	多媒体、模拟场景模拟案例资料等
实训内容与步骤	一、实训准备 学生分组，分发案例 二、实训开始 认真阅读案例资料，详细准确地分析旅游者走失的原因，并判断属于哪种类型的走失事故，并根据分析结果作出正确的处理 （1）旅游者走失的具体情况 （2）分角色进行情景模拟演练 （3）分析案例并按照旅游者走失的处理流程进行正确的处理 （4）预防旅游者走失的方法 （5）做好案例分析记录 三、实训考核、点评 组间互评、教师示范性点评，总结任务要点并纠正任务实施过程中存在的问题，提出改进性建议

五、任务评价

考核项目	具体内容或要求	扣分项	扣分
描述事故内容全面（共5点）	1. 旅游者走失的具体情况 2. 分角色进行情景模拟演练 3. 分析案例并按照旅游者走失的处理流程进行正确的处理 4. 预防旅游者走失的方法 5. 做好案例分析记录	少一项扣5分	
清晰罗列注意事项（共3点）	1. 旅游者走失的原因分析 2. 旅游者走失的预防 3. 不同情况下旅游者走失的处理方法	少一项扣5分	
合理分析疑问点（共2点）	1. 旅游者主观原因造成的走失事故的处理方法是否正确 2. 客观原因造成的旅游者走失事故的处理方法是否正确	少一项扣5分	

学习笔记

学习笔记

六、任务巩固与检测

1. 作为导游，在景区游览结束后，发现旅游团中少了一名游客，你应该如何处理？

2. 扫描二维码检测任务学习情况。

任务 4 旅游者物品丢失的处理

一、任务描述

旅游活动中旅游者需携带证件和必要的生活用品以保证旅途所需，如果在旅游过程中出现物品丢失的事件，势必会造成旅游者的财产损失和由此带来的生活上的不便，这就要求导游员要具备预防和处理旅游者物品丢失的相关知识，防患于未然，如果一旦发生此类事件按照标准程序做妥善处理。

二、任务学习目标

（1）了解旅游者物品丢失的类型。

（2）掌握不同类型物品丢失的处理方法。

（3）熟悉旅游者物品丢失的预防方式。

自我分析与总结

三、完成任务需要的新知识

（一）旅游者钱物丢失的处理

1. 证件丢失

当旅游者丢失证件时，导游应先请旅游者冷静地回忆，详细了解丢失情况，尽量协助寻找。如确实丢失，应马上报告组团社或接待社，根据组团社或接待社的安排，协助旅游者向有关部门报告，补办必要的手续，所需费用由旅游者自理。

（1）外国旅游者在我国丢失护照和签证的处理。

①出具证明：外国旅游者在我国旅游期间丢失护照或签证，负责接待的旅行社要出具证明。

②准备照片：请失主准备照片。

③公安报失：失主本人持旅行社开具的证明去当地公安局（外国人出入境管理处）报失，由公安局再出具证明。

④补办护照：持公安局的证明去所在国驻华使领馆申请补办新护照。

学习笔记

⑤办理签证：领到新护照后，再去公安局办理签证手续。

（2）补办团队签证　须有签证副本和团队成员护照，并重新打印全体成员名单，填写有关申请表（可由一名旅游者填写，其他成员附名单），然后到公安局（外国人出入境管理处）补办。

（3）中国旅游者在境外丢失护照的处理　护照是旅游者在海外的身份证，应随身携带，一旦丢失，应视为重大事件处理。首先应安慰旅游者，并协助寻找。如确已丢失，应取得当地导游和接待社的帮助，并按下列程序和规范处理。

①报案取证：请当地陪同协助由接待社开具遗失证明，再持遗失证明到当地警察机构报案，取得警察机构开具的报案证明。

②联络使馆：联络我国驻外使领馆，告知护照遗失者的护照资料，其中包括姓名、性别、出生日期、出生地点、护照号码、发照机关及地点。

③准备照片：申请办证，需要近照。其实，领队在出发前，就应当备妥团员照片，以便应急。

④使馆办理：联络了使领馆，备齐了照片，领队可带着护照遗失者到我国使领馆，按照所需程序和规范办理领取新护照的手续，并等待使领馆通知，到指定的地点领取新护照。

⑤亟待回国：如时间紧迫，护照一时办不下来，又必须回国，可持遗失报案证明，以及领队备用的护照资料，请求外国移民局和海关放行；如遇特殊困难，可请我国驻外机关协助。国内部分，可请其家人持遗失者个人身份证和其他证明文件，到机场转交遗失者办理入关手续。

⑥延请代理：申办护照，也可请代理的旅行社帮助解决；新护照办妥之后，交接事宜可安排在游览的下一个站点。

领队一定要明白，护照只是一个人的身份证，只有获得签证后，才能在异国旅游。一般而言，重新获得护照后，还必须办理新的签证。

（4）中国旅游者在境外丢失签证的处理　大多数情况签证是在护照上的，所以护照丢失，也就失去了签证。但是，也有例外，有时因某种需要，有另纸签证的情况，这样的签证是和护照分离的，所以也称为分离签证。遗失签证，一定要冷静地查找，如确实丢失，可按下列程序办理。

①报案取证：应先在接待社开具证明，再向当地公安和外事部门报案，并取得报案证明。此证明具有法律效力。

学习笔记

②寻找材料：领队应千方百计查出遗失签证的批准号码、批准时间和地点。应当说明的是，作为领队，本应有一份全团签证材料影印件备用。

③选择地点：当然，最好是在遗失地申请补办签证，如时间紧迫，也可前往下一国再申请。如拟在下一国申请，有两点需注意：首先，千万不要无证闯关，如被查出，领队要负法律责任。另外，可请该国代理旅行社作保，提供各种有效文件，证明遗失签证者是本国成员，以取得团进团出，失者随团活动的权利，从而保证旅行的正常进行。

④申办新证：选择好申办地点，准备好一切材料和证明，向所在国移民局申请新签证，获准后方可继续旅行。

⑤办理多证：重新获得所在国签证后，不是万事大吉，还须申办旅游路线上其他国家的签证。所以，应备有多份材料和证明，用于前去旅游线路上下面站点国在当地使领馆申请办理旅游签证。

⑥争取帮助：如遇特殊困难，可请我国驻外旅游机构，乃至我国驻外使领馆出面帮助解决。

⑦只好回国：如果一切办法都试过了，仍没有申请到新的签证，就只好回国了。但回国之前，应申请所在国的出境签证，只有如此，才能顺利回国。

（5）丢失港澳同胞回乡证（港澳居民来往内地通行证） 失主持当地接待旅行社的证明向遗失地的市、县公安部门报失，经查实后由公安机关的出入境管理部门签发一次性有效的《中华人民共和国出境通行证》。

（6）丢失台湾同胞旅行证明　失主向遗失地的中国旅行社或户口管理部门或侨办报失，核实后发给一次性有效的通行证。

（7）丢失中华人民共和国居民身份证　由当地旅行社核实后开具证明，失主持证明到当地公安局报失，经核实后开具身份证明，机场安检人员核准放行。

2. **钱物丢失**

（1）外国旅游者钱物丢失的处理（图3-3）。

①了解情况：旅游者钱物丢失，导游人员要详细了解失物的形状、特征、价值，分析物品丢失的时间和地点。

学习笔记

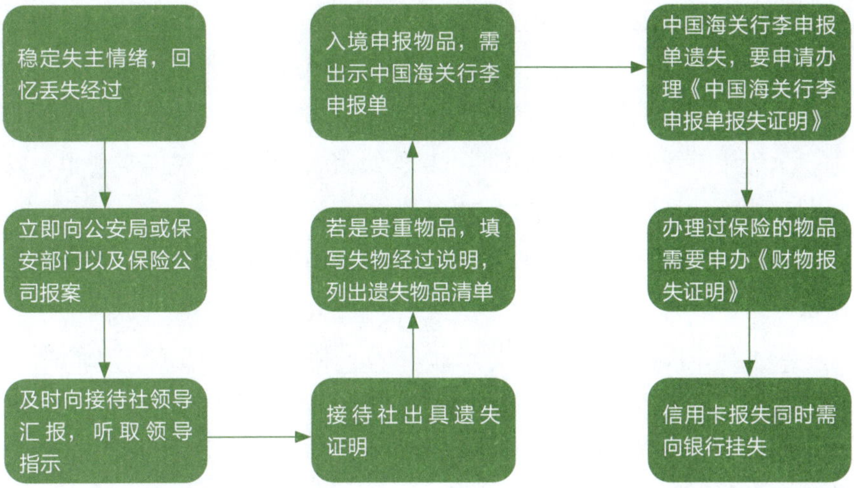

图3-3 外国旅游者钱物丢失的处理

②保护现场：经调查了解，确认旅游者钱物丢失后，要保护好丢失现场，以协助公安机关破案。

③出具证明：若丢失的是进关时登记并须复带出境的或已购买保险的贵重物品，接待旅行社要出具证明，以备出海关时查验或向保险公司索赔。

④及时报案：若旅游者证件、财物特别是贵重物品被盗，导游人员须立即向公安机关和保险公司报案，协助有关人员查清线索，力争破案，找回被窃证件、物品，挽回不良影响。

⑤准备索赔：若找不回被盗物品，导游人员要协助失主持旅行社的证明到当地公安局开具失窃证明书，以便出关时查验或向保险公司索赔。

⑥周到服务：无论旅游者的证件、财物丢失还是被盗，导游人员都要提供热情周到的服务，安慰失主，缓解其不快情绪。

（2）国内旅游者丢失钱物的处理 立即向公安局或有关保安部门或保险公司报案。及时向旅行社报告。若旅游活动结束时仍未找到或破案，可根据丢失的时间、地点和责任方的具体情况做善后处理。

3. **行李丢失**

（1）来华途中丢失行李 海外旅游者行李在来华途中丢失，不属于导游的责任，但也应帮助旅游者追回行李。带失主到机场失物登记处办理行李丢失和认领手续。失主必须出示机票及行李牌，详细说明始发站、转运站，说清楚行李件数及丢失行李的大小、形状、颜色、标记、特征等，并一一填入失物登记表；让失主将下榻饭店的名称、房间号和电话号码（如果已经知道的话）告诉登记处并记下登记处的电话和联系人，记下有关航空公司办事处的地址、电话，以便联系。

学习笔记

旅游者在当地游览期间，导游要不时打电话询问行李寻找的情况，一时找不回行李，要协助失主购置必要的生活用品。

离开本地前行李还没有找到，导游应帮助失主将接待旅行社的名称、全程旅游线路以及各地可能下榻的饭店名称转告有关航空公司，以便行李找到后及时运往相应地点交还失主。

如行李确实丢失，失主可向有关航空公司索赔或按国际惯例取得赔偿。

（2）在中国境内丢失行李　旅游者在我国境内旅游期间丢失行李，一般是在三个环节上出了差错，即：交通运输部门、饭店行李部门和旅行社的行李员。导游必须认识到，不论是在哪个环节出现的问题，都是我方的责任，应积极设法负责查找。

①仔细分析，找出差错的线索或环节：如果旅游者在机场领取行李时找不到托运行李，则很有可能是上一站行李交接或机场行李托运过程中出现差错。这时，全陪应马上带领失主凭机票和行李牌到机场行李查询处登记办理行李丢失或认领手续，并由失主填写《行李丢失登记表》。地陪立即向接待社领导或有关人员汇报，安排有关人员与机场、上一站接待社、有关航空公司等单位联系，积极寻找。如果抵达饭店后，旅游者告知没有拿到行李，问题则可能出现在四个方面：其一，本团旅游者误拿；其二，饭店行李员送错了房间；其三，旅行社行李员与饭店行李员交接时有误；其四，在往返运送行李途中丢失。出现这种情况，地陪应立即依次采取以下措施：地陪与全陪、领队一起先在本团内寻找。如果不是以上原因，应立即与饭店行李部取得联系，请其设法查找。如果仍找不到行李，地陪应马上向接待社领导或有关部门汇报，请其派人了解旅行社行李员有关情况，设法查找。

②做好善后工作。主动关心失主，对因丢失行李给失主带来的诸多不便表示歉意，并积极帮助其解决因行李丢失而带来的生活方面的困难。

③随时与有关方面联系，询问查找进展情况。

④若行李找回，及时将找回的行李归还失主。若确定行李已丢失，由责任方负责人出面向失主说明情况，并表示歉意。

⑤帮助失主根据有关规定或惯例向有关部门索赔。

⑥事后写出书面报告（事故的全过程：行李丢失的原因、经过、查找过程、赔偿情况及失主和其他团员的反映）。

（二）旅游者钱物丢失的预防

旅游期间，旅游者丢失钱物的现象时有发生，不仅给旅游者造成诸多不便和一定的经济损失，也给导游的工作带来不少麻烦和困难。导游应经常关注旅游者这些方面的安全，采取各种措施预防此类问题的发生。

1. 多做提醒工作

参观游览时，导游要提醒旅游者带好随身物品和提包；在热闹、拥挤的场所，导游要提醒旅游者保管好自己的钱包、提包和贵重物品；离开饭店时，导游要提醒旅游者带好随身行李物品，检查是否带齐了旅行证件；每次旅游者下车后，导游都要提醒司机清车、关窗，并锁好车门。

2. 加强证件管理

导游在工作中需要旅游者的证件时，要经由领队收取，用完立即如数归还，不要代为保管；还要提醒旅游者保管好自己的证件。

3. 做好行李的清点交接工作

行李交接必须执行交接单制，导游员与行李员之间要当面清点行李件数并签字确认。

学习笔记

四、任务实施

实训项目	旅游者物品丢失事故模拟练习
实训要求	1. 掌握旅游者物品丢失的预防及处理程序 2. 对于不同情况下的物品丢失作出判断并进行正确的处理
实训地点	教室或模拟导游实训室
实训材料	多媒体、模拟场景模拟案例资料等
实训内容与步骤	一、实训准备 学生分组，分发案例 二、实训开始 认真阅读案例资料，详细准确地分析旅游物品丢失的原因，并判断属于哪种类型的丢失事件，并根据分析结果作出正确的处理 （1）旅游者物品丢失的具体情况 （2）分角色进行情景模拟演练 （3）分析案例并按照旅游者物品丢失的处理流程进行正确的处理 （4）预防旅游者物品丢失的方法 （5）做好案例分析记录 三、实训考核、点评 组间互评、教师示范性点评，总结任务要点并纠正任务实施过程中存在的问题，提出改进性建议

学习笔记

五、任务评价

考核项目	具体内容或要求	扣分项	扣分
描述物品丢失事故内容全面（共5点）	1. 旅游者物品丢失的具体情况 2. 分角色进行情景模拟演练 3. 分析案例并按照旅游者物品丢失的处理流程进行正确的处理 4. 预防旅游者物品丢失的方法 5. 做好案例分析记录	少一项扣5分	
清晰罗列注意事项（共4点）	1. 旅游者物品丢失的原因分析 2. 旅游者物品丢失的预防 3. 不同情况下旅游者行李丢失的处理方法 4. 不同类型旅游者证件丢失的处理方法	少一项扣5分	
合理分析疑问点（共2点）	1. 外国旅游者证件丢失的处理方法是否正确 2. 国内旅游者钱物丢失的处理方法是否正确	少一项扣5分	

六、任务巩固与检测

1. 作业：外国旅游者在我国旅游期间丢失了护照和签证，旅游者和领队非常着急，你作为地接导游需要如何按程序妥善处理？

2. 扫描二维码检测任务学习情况。

自我分析与总结

项目总结

优秀的导游员要临危不惧，遇事不慌

新导游和老导游最大的区别是什么？有人认为是讲解能力，其实不然。新导游和老导游最大的区别是老导游具有丰富的工作经验，遇到突发事件时，有着较强的应变能力，并能够按照规范的操作流程进行处理，切实保护好国家、集团和旅游者的利益，把损失降至最小。

项目检测

扫描二维码检测项目学习情况。

项目二　旅游者患病、死亡的处理

学习笔记

项目导读

旅游者在整个旅游活动中作为重要客体的存在，其生命健康尤为重要。在旅游中由于舟车劳顿、气候变化、生活习惯改变、水土不服以及旅游者自身方面的原因，旅游期间患病的情况时有发生。除此之外，在旅游期间经常出现中暑、食物中毒、溺水、受伤等情况。本项目的学习主要是旅游者患病、死亡的处理还有公共卫生事件的处理程序。

项目学习目标

知识目标	1. 掌握旅游者患病的处理。 2. 掌握旅游者死亡的处理。 3. 掌握公共卫生事件的处理。
能力目标	1. 能按标准流程处理旅游者患病事件。 2. 能正确处理旅游者死亡事件。 3. 掌握公共卫生事件的处理办法，培养学生的应变能力和业务态度。
素质目标	1. 培养学生处理突发事件的应变能力。 2. 形成有责任感和使命感的价值观。
思政目标	培养学生具有责任意识和全局观念的职业素养。

项目实施

这部分知识的重点内容是正确面对旅游过程中旅游者出现的患病、死亡及公共卫生事件的处理程序，培养学生的责任意识和服务意识，面对突发事件，能够积极应对处理。学习难点是让学生了解患病可能出现的原因；掌握一般疾病的种类和处理常识，对突发疾病的处理有个系统的处理思路，以及患病预防的相关知识，如图3-4所示。

学习笔记

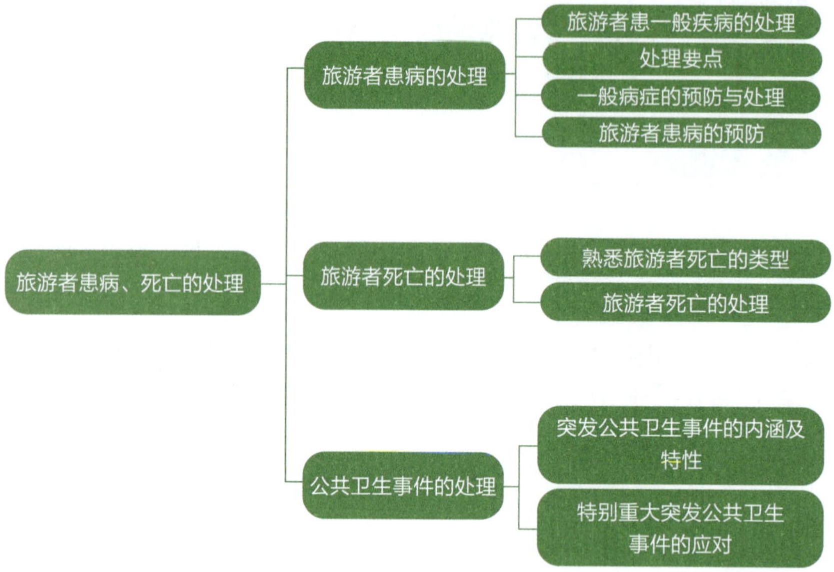

图3-4 旅游者患病、死亡的处理

案例导入

突然患病的老人

2019年中秋节，净月潭景区内，导游小张作为地陪正带领着一批新加坡游客游览。游客兴致都很高。可就在这时，一位老年游客突然摔倒在地，脸色发青，看情况病势很严重。熟悉这位老人的其他游客讲，此老人以前曾患有心肌梗死，在情绪高涨时偶有发作。小张知道心肌梗死发作不及时救治的后果。于是，他二话没说，便与领队、全陪及游客商量，让全陪、领队立即送患者去医院，自己仍然带游客游览。

讨论

请同学们认真阅读案例，进行分组讨论，想一想如果你是导游遇到此种状况该如何处理？

案例评析

导游在带团过程中经常会碰到游客身体不适、突发重病等现象，这种情况发生时需要导游员有冷静的头脑、正确的处理方法。总的来说，为避免造成重大事故，导游主要应做到以下三点：

学习笔记

（1）预防在先。如有爬山、冲浪等较费力、刺激的活动时，要经常提醒游客量力而行，游览时要适当照顾年老体弱者，保持游速适中等。

（2）一旦发生此类事故，导游应马上进行急救。一般来说，病人患心肌梗死、心绞痛之类的病时，会出现胸前区闷痛、晕倒、脸色发青等症状。此时切忌随意搬运病人，切忌摇抱病人上半身、呼喊病人名字，以免病情加重。原则上患这类病的游客会自带药品，导游可让领队或病人亲戚找出药品让其服用，并注意让病人保持平躺姿势。

（3）应立即护送病人去医院抢救，空余时间要去探望、安慰。

任务1　旅游者患病的处理

一、任务描述

导游要正确面对旅游过程中旅游者出现的患病问题，并作出正确的判断和分析，培养学生的责任意识和服务意识，在面对突发事件，能够积极应对处理（图3-5）。通过学习让学生了解患病可能出现的原因；掌握一般疾病的种类和处理常识，对突发疾病的处理有系统的处理思路，以及患病预防的相关知识。

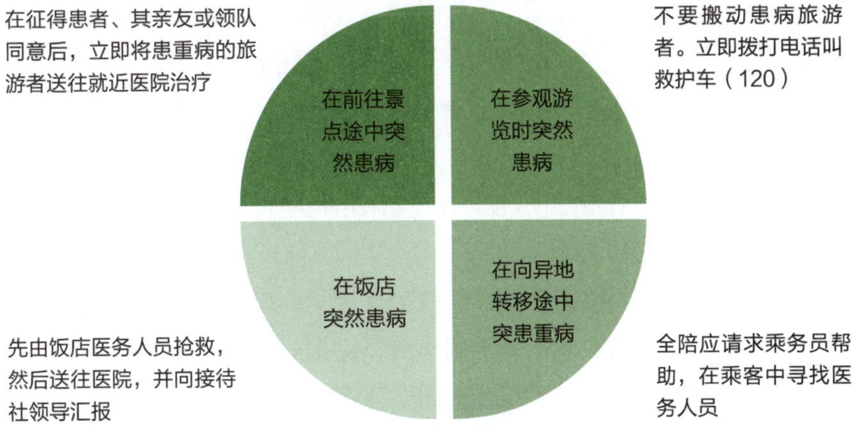

图3-5　处理要点

二、任务目标

（1）了解旅游者患病的原因。

（2）掌握旅游者患病的类型（一般疾病、突发疾病）及处理方法。

（3）熟悉旅游者患病的预防常识。

学习笔记

三、完成任务需要的新知识

（一）旅游者患一般疾病的处理

（1）劝其及早就医，注意休息，不要强行游览。

（2）关心旅游者的病情，对因病没有参加游览活动、留在饭店休息的旅游者，导游要主动前去问候，询问身体状况，以示关心。必要时通知餐厅为其提供送餐服务。

（3）需要时导游可陪同患者前往医院就医，应向患者讲清楚，所需费用要自理，提醒其保存诊断证明和收据。

（4）严禁导游擅自给患者用药。

（二）处理要点

（1）旅游者病危，需要送往急救中心或医院抢救时，需由患者家属、领队或患者亲友陪同前往。

（2）若患者是国际救援组织的投保者，应提醒其亲属或领队与该组织（亚洲急救中心、欧洲急救中心）驻华机构联系。

（3）详细记录旅游者患病到医院救治的症状及诊断、抢救、动手术全过程情况，保管好书面资料，并请接待社领导到现场或与接待社保持联系，随时汇报患者情况。

（4）若需动手术，需征得患者亲属同意，如其亲属不在，需由领队同意签字。

（5）若患者病危，亲属又不在身边，应及时提醒领队通知其亲属。若患者是外籍人士，应提醒领队通知其所属国驻华使领馆。

（6）有关患者诊治、抢救、动手术的书面材料，应由主治医生出具和签字，并妥善保存。

（7）在安排患者治疗的过程中，全陪与地陪可进行适当分工，同时安排好其他旅游者的旅游活动。

（8）患者转危为安但需继续住院治疗期间，接待社和导游要不时前往医院探望。若患者住院不能随团离境，应帮助患者办理分离签证、延长签证，以及出院、回国手续和交通票证等事宜。

（9）患者住院和医疗费自理。若患者无钱，请领队或组团社与境外旅行社、患者家人或保险公司联系，解决其费用问题。

（10）患者住院期间的综合服务费由中外旅行社之间结算，按协议规定处理；患者亲属来华期间一切费用自理。

学习笔记

（三）一般病症的预防与处理

1. 晕车（机、船）预防与处理

（1）症状与体征　轻者表现为头晕、胸闷、微汗、全身稍有不适；重者表现为头痛心慌、眩晕恶心、呕吐不止，甚至发烧昏迷。

（2）晕车（机、船）的预防常识　避免过度疲劳。

提醒有“动晕症”的旅游者在搭乘交通工具前避免喝酒，避免过度饱食，尤其不能吃高蛋白和高脂肪食品，应清淡饮食。

照顾“动晕症”旅游者在前排平稳位置就座，座位方向与行驶方向一致。

提醒“动晕症”旅游者，不要在搭乘交通工具时阅读书报杂志，也不要直视某个近物或窗外快速移动物体，最好闭目养神。

建议“动晕症”严重的旅游者，在搭乘交通工具30分钟前服用抗晕药物。

（3）晕车（机、船）的处理常识　如有“动晕症”旅游者开始反应时，应立即关心旅游者身体状况，及时将其调整到合适位置。

将风油精涂抹于旅游者的太阳穴或风池穴上。

提醒旅游者将腰带束紧，减少腹腔内脏的震荡，缓解不适。

准备好食品袋和纸巾，尽快清除呕吐物。

如“动晕症”旅游者症状严重，及时联系乘务人员。

2. 中暑预防与处理

（1）症状与体征　轻症中暑和重症中暑的症状与体征分别表现如下。

①轻症中暑：头昏、眼花、耳鸣、面色潮红、胸闷、皮肤灼热、体温升至38℃以上，甚至出现面色苍白、恶心、呕吐、汗多、脉搏细弱、呼吸浅快等早期循环衰竭征象。

②重症中暑：除以上症状外，往往还出现昏倒、痉挛或皮肤干热症状，体温超过40℃。

（2）中暑的预防常识　做好防护工作。避免在烈日下活动。多喝淡盐开水。准备防暑用品。

（3）中暑的处理常识　迅速将患者抬到通风阴凉干爽的地方，使其仰卧并解开衣扣，松开或脱去衣服，如衣服被汗水湿透最好能更换干衣服，同时用扇子轻扇，帮助散热。

面部发红的患者可将其头部稍垫高，面部发白者可将其头部略放低，使其周身血液流通。

最好在患者头部捂上一块冷毛巾，可用浓度50%的酒精、冰水、冷

学习笔记

水进行全身擦浴，使末梢血管扩张，促进血液循环，然后用扇子或电扇吹风，促进散热。

若患者已失去知觉，可让其嗅一些有刺激气味的东西或掐其人中，刺激其苏醒，醒后可喂其喝一些清凉饮料或淡盐水。

轻症患者经上述处理后，待体温降到38℃后，体征平稳可送其回酒店休息；若有重症中暑患者，应该迅速与医院联系。

3. 常用旅游卫生保健常识

（1）常备药品　创可贴、感冒药、安定片、去痛片、体温计、仁丹、十滴水、风油精、清凉油等。

（2）舒适衣着　旅游者应根据自己的旅游行程对衣物进行选择，夏季应穿透气性好、宽松的衣服，冬季宜穿重量轻、保暖性能好的衣服，注意防冻保暖。旅游期间最好不穿新鞋，因为会引起脚部的不舒适。夏天旅游外出时要戴太阳镜、宽边太阳帽或太阳伞，户外活动最好避开正午，备足干净的饮用水。

（3）饮食卫生。

①注意饮水卫生：不饮生水，饮用开水制成的茶及其他饮料，饮用瓶装水注意到有信誉的商场购买，同时注意包装的密封性及生产日期。

②不吃生鲜食物：旅游过程中，许多旅游团因食用海鲜产品造成食物中毒。对于团队餐，如果有海鲜菜品，一定要和酒店做好沟通工作，保证菜品的质量。若旅游者独自外出用餐，也应做好提醒工作。

③注意饮食卫生：防止旅途中发生腹泻。养成良好的个人卫生习惯，在旅途中时刻牢记“防止病从口入”这一警语，并严格遵守，一般是不会引起腹泻。

如果在旅途中感到进食后有肠胃不适，或对饮食店的卫生觉得不尽如人意，或进食的食物不太新鲜，均可立服黄连素片 2 片，能起到预防作用。

如果不慎染上急性腹泻，应立刻去医院就诊采取治疗措施，否则会转变成慢性肠炎，难以治愈。

（4）高原旅游常识　进入高原前首先要通过正规医院体检，心、肺、脑和血液系统疾病患者，不宜进入高原。禁除烟酒，防止呼吸道感染，带上必要的应急药品和其他物品。过分担心、思想焦虑、睡眠欠佳等会加大脑组织耗氧量，反而会导致高原反应或使高原反应加重。治疗高原反应可采用吸氧、止痛、镇静等方法，比如口服去痛片和安定片，藏药红景天根煎水喝可缓解高原反应。

学习笔记

①冷暖须知：早、晚气温偏低。一般来说海拔每升高1000米，温度降低6℃，所以衣着应注意保暖。即使在夏季，从内地到高原地区来的人也需准备羊毛衫、保暖内衣等；冬季气温比较低，更需注意防寒抗冻。

②防日光暴晒：高原气候多变，尤其是高原日照强烈，在户外时要注意戴上墨镜和遮阳帽，以防紫外线损伤。另还需自备一些护肤防晒用品。

③运动及饮食：探险和登高山，则要计划好进行阶段性适应性锻炼，不应贸然进入海拔5000米以上的地区，以防出现不测。饮食应选择高热量易消化食物，不可暴饮暴食，晚餐时应注意不可过量，以免增加胃肠道负担，使心肺受压，造成胸闷心慌。

（5）缓解疲劳的保健操　长途旅行，游客很容易疲劳，缓解疲劳的保健操，非常适合在乘车、船或飞机时使用。

具体操作方法：方法一，十指指尖相互挤压，左手握拳，右手紧握左手腕，用力向外推，然后反过来做（注意双手心均向下）；方法二，双手手指相互勾住，向两边拉5秒钟；方法三，双手用力紧握拳头，两腮鼓足气憋气5秒钟；方法四，双唇紧闭，咬紧嘴唇，双手握拳，托住下巴，下巴用力往下压；方法五，双手抱住头部上方，头使劲往前用力，双手向后用力。

（四）旅游者患病的预防

1. 游览项目选择有针对性

导游人员可通过接待计划，了解本团旅游者的年龄构成；接到旅游团后可通过领队和同旅游者交谈了解本团旅游者的健康状况，有没有需要特殊照顾的患病旅游者；旅游中通过察言观色（如旅游者走路缓慢、吃力，面色苍白，精神萎靡，举止异常）进行了解，有针对性地选择适合本团队游览的项目，并科学合理地安排行程。

2. 安排活动日程要留有余地

若旅游团中年老体弱旅游者较多，一天的活动项目安排不要太多、太紧，要留有余地，体力消耗大的活动项目不要连续安排。游览中，活动节奏不要太快，晚间活动不宜安排过多、时间过长，使旅游者有充足的休息时间，以恢复体力。

3. 提醒旅游者注意饮食卫生

导游员带团期间要提醒旅游者注意饮食卫生，提醒旅游者不要在小摊上购买不洁的食物，不要喝生水，注意饮食卫生。在餐馆用餐时，若发现提供的食物不卫生或变质有异味，要立即同餐馆负责人进行交涉，让其更换，必要时要报告接待社。

学习笔记

4. 及时报告天气变化

导游在带团期间要做好天气预报工作，根据天气变化情况提醒旅游者增减衣服，携带雨具，穿戴适宜的鞋帽。在干燥季节、炎热天气提醒旅游者多喝水、多吃水果等。

四、任务实施

实训项目	旅游者患病的处理模拟训练
实训要求	1. 了解旅游者患病的原因 2. 掌握旅游者患病的类型（一般疾病、突发疾病）及处理方法 3. 了解旅游者患病的预防常识
实训地点	教室或模拟导游实训室
实训材料	多媒体、旅游接待计划单、案例道具等
实训内容与步骤	一、实训准备 学生分组，分发案例资料 二、实训开始 认真阅读案例及有关资料，详细准确地分析旅游者出现病症的具体情况，并能流畅描述，能提炼重要注意事项 （1）旅游者患病原因分析 （2）旅游者患病处理程序 （3）旅游者患病的预防 （4）一般常见疾病的预防处理常识 （5）做好案例分析记录 三、实训考核、点评 组间互评、教师示范性点评，总结任务要点并纠正任务实施过程中存在的问题，提出改进性建议

五、任务评价

考核项目	具体内容或要求	扣分项	扣分
描述接待内容全面（共5点）	1. 旅游者患病原因分析 2. 旅游者患病处理程序 3. 旅游者患病的预防 4. 一般常见疾病的预防处理常识 5. 做好案例分析记录	少一项扣5分	

续表

考核项目	具体内容或要求	扣分项	扣分
清晰罗列注意事项（共3点）	1. 旅游者患病的原因分析 2. 旅游者患病的类型及处理方法阐述 3. 旅游者患病预防的基本常识	少一项扣5分	
合理分析疑问点（共2点）	1. 旅游者在景区突发心脏病，导游员处理方法是否得当 2. 旅游者在大巴车上出现严重晕车，导游员的应急处理方法是否正确	少一项扣5分	

学习笔记

六、任务巩固与检测

1. 作业：旅游者在景区突然中暑，导游员正确的处理程序是什么？

2. 扫描二维码检测任务学习情况。

任务 2 旅游者死亡的处理

一、任务描述

导游在带团期间遇到游客死亡，不论什么原因导致死亡，都是一件很不幸的事情。当出现游客死亡的情况时，导游必须沉着冷静，立即向接待社领导和有关人员汇报，按有关规定办理善后事宜。

自我分析与总结

二、任务学习目标

（1）熟悉旅游者死亡的类型。

（2）了解旅游者因病死亡的原因。

（3）掌握旅游者因病死亡的处理。

三、完成任务需要的新知识

（一）熟悉旅游者死亡的类型

旅游者死亡类型基本分为正常死亡、死因明确的非正常死亡和死因不明确的非正常死亡。一般前两类不做尸体解剖。

（二）旅游者死亡的处理

（1）若死者亲属不在身边，应立即通知其亲属前来处理后事；若死

学习笔记

者系外籍人士，应通过领导或有关外事部门迅速与其驻华使领馆联系，通知其亲属来华。

（2）由参加抢救的医师向死者亲属、领队及死者生前好友详细报告抢救经过，并出示“抢救经过报告”“死亡诊断证明书”，由主治医生签字后盖章，复印后分别交给其亲属、领队和旅行社。当地接待社应向司法机关办理《公证书》，以向公安部门注销该旅游者的签证。

（3）对正常死亡和死因明确的非正常死亡者一般不做尸体解剖，如要求解剖，应由死者亲属或领队，或其所属国驻华使领馆有关官员签字，提出书面请求，经医院有关部门同意后方可进行，解剖后写出“尸体解剖报告”。

（4）若死者属非正常死亡，导游应保护好现场，立即向公安部门和旅行社领导汇报，协助查明死因。为查明死因，若需解剖尸体，要征得死者亲属和领队或所属国驻华使领馆人员的同意和签字认可，并由公安、司法机关按有关规定办理。

（5）死亡原因确定后，在与领队、死者亲属协商一致的基础上，请领队向全团宣布死亡原因及抢救、死亡经过情况。

（6）遗体的处理，一般以在当地火化为宜。火化前，应由死者亲属或领队，或所属国驻华使领馆写出“火化申请书”并签字。

（7）死者遗体由领队、死者亲属护送火化后，火葬场将死者的火化证明书交给领队或死者亲属，我国民政部门发给对方携带骨灰出境证明。各有关事项的办理，我方应予以协助。

（8）死者如在生前已办理人寿保险，我方应协助死者亲属办理人寿保险索赔、医疗费报销等有关证明。

（9）出现因病死亡事件后，除领队、死者亲属和旅行社代表负责处理外，其余团员应当由代理领队带领，仍按原计划参观游览。至于旅行社派何人处理死亡事故、何人负责团队游览活动，一律请示旅行社领导决定。

（10）若死者亲属要求将遗体运回国，除应办理上述手续外，还应由医院对尸体进行防腐处理，并办理“尸体防腐证明书”“装殓证明书”“外国人运送灵柩（骨灰）许可证”和“尸体灵柩进出境许可证”等有关文件，方可将遗体运出境。灵柩要按有关规定用厚塑料袋密封，放入金属箱内，箱内应放木炭和木屑吸湿，连接处用铅焊牢，以防气味或液体外溢，金属箱外应套装木棺。

（11）由死者所属国驻华使领馆办理一份遗体灵柩经由国家的通行证，此证随灵柩同行。

（12）有关死者医疗、火化、尸体运送、交通及其亲属的各项费用均由死者亲属或旅游团交付。

（13）死者的遗物由其亲属或领队、全陪、死者生前好友代表或所在国驻华使领馆有关官员共同清点造册，列出清单，清点人要在清单上一一签字，一式两份，签字人员分别保存。遗物要交死者亲属或死者所在国驻华使领馆有关人员。接收遗物者应在收据上签字，收据上应注明接收时间、地点、在场人员等。

学习笔记

四、任务实施

实训项目	旅游者死亡处理程序模拟训练
实训要求	1. 了解旅游者死亡原因 2. 掌握旅游者死亡处理程序 3. 做好事故全过程记录
实训地点	教室或模拟导游实训室
实训材料	多媒体、案例道具等
实训内容与步骤	一、实训准备 学生分组，分发案例资料 二、实训开始 认真阅读案例及有关资料，详细准确地分析旅游者死亡的具体情况，并能清晰描述，能提炼重要注意事项 （1）旅游者死亡原因分析 （2）旅游者死亡处理程序 （3）做好案例分析记录 三、实训考核、点评 组间互评、教师示范性点评，总结任务要点并纠正任务实施过程中存在的问题，提出改进性建议

五、任务评价

考核项目	具体内容或要求	扣分项	扣分
描述接待内容全面（共3点）	1. 旅游者死亡原因分析 2. 旅游者死亡处理程序 3. 做好案例分析记录	少一项扣10分	

学习笔记

续表

考核项目	具体内容或要求	扣分项	扣分
清晰罗列注意事项（共2点）	1. 旅游者死亡的原因分析 2. 旅游者死亡处理流程阐述	少一项扣5分	
合理分析疑问点（共2点）	1. 外国旅游者在飞机上突发心脏病死亡，导游员处理程序是否正确 2. 旅游者在旅游过程中因交通事故死亡，导游员的处理程序是否正确	少一项扣5分	

六、任务巩固与检测

1. 作业：旅游者在旅游途中因病死亡，导游员正确的处理程序是什么？

2. 扫描二维码检测任务学习情况。

任务3　公共卫生事件的处理

一、任务描述

大家对公共卫生事件的认识其实非常模糊，公共卫生事件相对于旅游者的患病和死亡来说，有更大的不可控性。一般公共卫生事件的发生都是区域性的，影响较大。小到食物中毒，大到流行性疾病，都是属于公共卫生事件的范畴。如何处理此类事件，将影响降到最小，是本任务学习的难点，掌握预防知识和卫生保健常识，是需要学习的重点内容。

自我分析与总结

二、任务学习目标

（1）了解突发公共卫生事件的内涵和特性。

（2）熟悉特别重大突发公共卫生事件的类型。

（3）掌握特别重大突发公共卫生事件的应对。

三、完成任务需要的新知识

（一）突发公共卫生事件的内涵及特性

1. 突发公共卫生事件的内涵

突发公共卫生事件是指突然发生，造成或者可能造成社会公众健康严重损害的重大传染病疫情、群体性不明原因疾病、重大食物和职业中毒以及其他严重影响公众健康的事件。根据突发公共卫生事件性质、危害程度、涉及范围，将突发公共卫生事件划分为特别重大（Ⅰ级）、重大（Ⅱ级）、较大（Ⅲ级）和一般（Ⅳ级）四级。

2. 突发公共卫生事件的特性

突发公共卫生事件主要包含以下特性：成因的多样性、分布的差异性、传播的广泛性、危害的复杂性和治理的综合性。

（二）特别重大突发公共卫生事件的应对

1. 特别重大突发公共卫生事件类型

（1）肺鼠疫、肺炭疽在大、中城市发生并有扩散趋势，或肺鼠疫、肺炭疽疫情波及2个以上的省份，并有进一步扩散趋势。

（2）发生传染性非典型肺炎、人感染高致病性禽流感病例，并有扩散趋势。

（3）涉及多个省份的群体性不明原因疾病，并有扩散趋势。

（4）发生新传染病或我国尚未发现的传染病发生或传入，并有扩散趋势，或发现我国已消灭的传染病重新流行。

（5）发生烈性病菌株、毒株、致病因子等丢失事件。

（6）周边以及与我国通航的国家和地区发生特大传染病疫情，并出现输入性病例，严重危及我国公共卫生安全的事件。

（7）国务院卫生行政部门认定的其他特别重大突发公共卫生事件。

2. 政府的应对措施

（1）及时制定疫情防控战略策略。

（2）加强对疫情中心地区的统一指挥。

（3）统筹抓好其他地区防控工作。

（4）加强医用物资和生活必需品应急保供。

3. 导游的应对措施

（1）带团过程中导游的应对措施　在带团期间，导游人员作为旅游团的核心人物，必须时刻保持高度敏感性，并带领团队积极主动地配合有关部门的统一指挥。特别重大突发公共卫生事件会造成旅游团成员的恐慌，导游员要给予旅游者耐心细致的关心和进行心理疏导，努力完成带团工作。

（2）非带团过程中导游的应对措施　如导游此时没有带团，在获知疫情的消息后，应根据之前自己所带团队的行程作出研判，善意提醒之前所带团队旅游者或散客注意关注疫情，做到戴口罩、勤洗手、不聚集，如旅游者有疫区旅游经历，则需提醒旅游者尽量进行居家隔离医学观察。

学习笔记

在全国范围内旅游团队业务完全停止的时候，导游也不能完全松懈下来，可趁此机会加强与老客户的沟通和联系，此时的关心无异于雪中送炭；可通过旅游企业的平台宣传旅游产品和所在地的特产，这也是一种加深旅游者对企业和导游印象的方法，均可增强与老客户之间的黏度；可以积极投身公益，筹措医疗防疫物资，成为抗疫一线的志愿者；也可借此机会，努力修炼内功，通过自学或培训来提升专业素养，积极为复工复产做准备；还可以参与景点云游直播，积极用自己的力量为城市代言，为旅游业的复苏努力。

四、任务实施

实训项目	公共卫生事件模拟训练
实训要求	1. 突发公共卫生事件的内涵 2. 突发公共卫生事件的特性 3. 特别重大突发公共卫生事件的类型 4. 特别重大突发公共卫生事件的应对 5. 做好案例分析记录
实训地点	教室或模拟导游实训室
实训材料	多媒体、案例道具等
实训内容与步骤	一、实训准备 学生分组，分发案例资料 二、实训开始 认真阅读公共卫生事件有关资料，详细准确地分析各类型公共卫生事件以及正确的处理方法，清晰描述，能提炼重要注意事项 （1）突发公共卫生事件的内涵 （2）突发公共卫生事件的特性 （3）特别重大突发公共卫生事件的类型 （4）特别重大突发公共卫生事件的应对 （5）做好案例分析记录 三、实训考核、点评 组间互评、教师示范性点评，总结任务要点并纠正任务实施过程中存在的问题，提出改进性建议

学习笔记

五、任务评价

考核项目	具体内容或要求	扣分项	扣分
描述接待内容全面（共5点）	1. 突发公共卫生事件的内涵 2. 突发公共卫生事件的特性 3. 特别重大突发公共卫生事件的类型 4. 特别重大突发公共卫生事件的应对 5. 做好案例分析记录	少一项扣6分	
清晰罗列注意事项（共2点）	1. 突发公共卫生事件的内涵及特性 2. 阐述特别重大突发公共卫生事件的应对	少一项扣5分	
合理分析疑问点（共1点）	在旅游团上突遇特别重大突发公共卫生事件，导游员处理程序是否正确	少一项扣10分	

六、任务巩固与检测

1. 作业：旅游团途经新冠肺炎疫情中高风险地区，导游员正确的处理程序是什么？

2. 扫描二维码检测任务学习情况。

项目总结

优秀的导游员也是一名医护人员

导游作为整个旅游团队的核心人物，不仅要有扎实的理论知识，精彩的讲解能力，还要有处理突发状况的应变能力。在旅游过程中，由于长途旅游劳累、气候变化、生活习惯改变、水土不服以及旅游者身体方面的原因，尤其是年老体弱的旅游者在旅游期间患病的情况时有发生。在旅游期间，中暑、食物中毒、溺水、受伤等情况也可能发生。一旦患病，尤其是患重病或死亡，不仅给旅游者造成痛苦，而且也可能影响到旅游活动的顺利进行。作为导游应关心旅游者的身体健康，努力避免因自己安排不当致使旅游者生病、受伤。同时，要尽可能地采取各种措施，做好预防工作。因此，一名优秀的导游员也应是一名医护人员，关注团队的每一名成员的身体情况，努力完成带团工作。

自我分析与总结

项目检测

扫描二维码检测项目学习情况。

学习笔记

项目三 旅游安全事故的处理

项目导读

在整个旅游活动中，旅游安全事故作为一个危险因素威胁着旅游者的人身或者财产安全。《旅游安全管理暂行办法实施细则》中规定：凡涉及旅游者人身、财物安全的事故均为旅游安全事故。旅游安全事故可分为以下四个等级：轻微事故、一般事故、重大事故、特大事故。本项目对旅游安全事故以下四方面进行讲解：交通事故、火灾事故、治安事故以及食物中毒的预防和处理，通过学习使学生掌握基本的救助知识和自救技能。

项目学习目标

知识目标	1. 掌握交通事故的预防和处理。 2. 掌握火灾事故的预防和处理。 3. 掌握治安事故的预防和处理。 4. 掌握食物中毒的预防和处理。
能力目标	1. 能够掌握旅游安全事故的处理和预防知识。 2. 能够掌握旅游安全事故发生时的应急处理方式，学会掌握一些基本安全常识和救助技能。
素质目标	培养导游员面对旅游安全事故的应变能力和处理突发事故的素质。
思政目标	培养导游员有条不紊沉着冷静的处理突发事件的能力，在生活角度和专业层面上树立起安全意识，在工作中本着游客第一、先人后己的崇高思想，树立导游员坚韧不拔、乐观向上的人生态度。

项目实施

本项目主要学习旅游四大事故的相关知识，包括：交通事故、火灾事故、治安事故以及食物中毒事故的预防及处理程序；培养学生应急处理突发事故的能力，提升业务水平。学习难点是让学生深入了解四大旅游事故的严重性，并在实际带团工作中加以重视，如图3-6所示。

旅游安全事故的处理

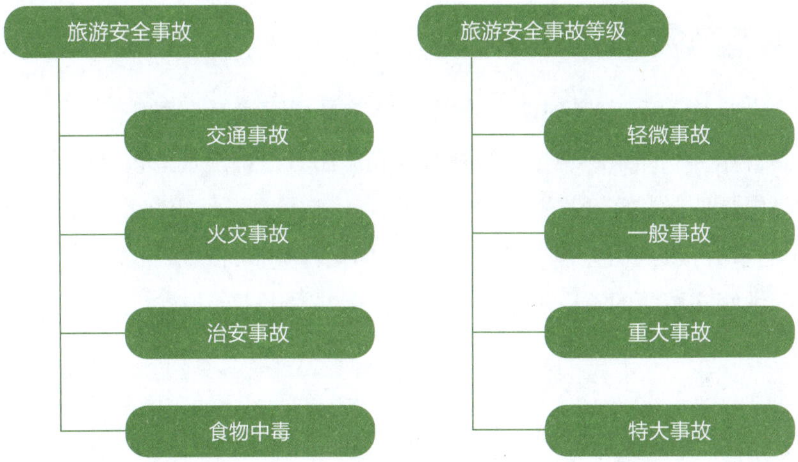

图3-6 安全事故类型与等级

学习笔记

案例导入

“道德导游”文花枝

23岁的文花枝是湖南湘潭×××国际旅行社的导游。2005年8月28日下午2时35分许，文花枝所带团队乘坐旅游大巴在陕西延安洛川境内与一辆拉煤的货车相撞。这是一次夺走6条生命，还造成14人重伤、8人轻伤的重大交通事故。当可怕的瞬间过去，坐在前排的文花枝清醒过来时，发现和自己同坐前排的司机和西安本地导游已经罹难。她自己左腿胫骨断裂，骨头外露，腰部以下部位被卡在座位里不能动弹。营救人员迅速赶来，他们想将坐在前排的文花枝抢救出来，但她却平静地说：“我是导游，后面都是我的游客，请你们先救游客。”在整个救援过程中，昏死多次的文花枝，不断用平静的声音鼓励游客“坚持”；而救援人员救她时，文花枝又请他们先救游客。她最后一个被救，因延误最佳抢救时机致使左腿高位截肢。事后，记者问她：“你后悔吗？”文花枝说：“我只是做了导游应该做的事。”

讨论

请同学们认真阅读案例，进行分组讨论，如果在带团过程中你遇到此类事故你会如何处理？为什么？

学习笔记

案例评析

在带团过程中遇到交通事故，导游员要沉着冷静按照程序进行处理。首先，立即组织现场人员抢救受伤旅游者，特别是抢救重伤旅游者；拨打电话叫救护车（医疗急救中心电话：120）；立即报案，保护好现场（交通事故报警台电话：122）；并迅速向接待社报告。事后要进行善后处理，做好旅游团的善后工作和安抚工作，并写出书面报告。

交通事故的处理

任务1 交通事故的处理

一、任务描述

在旅游活动中，同学们都是以什么交通工具出行的呢？各类交通工具有哪些优缺点呢？旅游安全无小事，同学们对旅游活动中交通问题要有一个正确的认识，并认真学习和掌握交通事故的预防和处理程序。

二、任务目标

（1）掌握交通事故的处理方法。

（2）熟悉交通事故的善后处理。

（3）了解交通事故的预防知识。

三、完成任务需要的新知识

（一）交通事故的处理

一旦交通事故发生，只要导游未受重伤，就应立即采取各种有效措施，冷静、沉着地处理，尽自己最大的努力，减少人员伤亡和财物损失，并做好善后工作。

1. 立即组织现场人员抢救受伤旅游者，特别是抢救重伤旅游者

交通事故发生后，导游要本着先救人后救物，先救命后救伤，先抢救重伤旅游者后抢救轻伤旅游者的原则，请现场懂得急救知识的人员或运用自己掌握的基本急救知识替伤者止血、包扎、上夹板或做人工呼吸。

2. 立即打电话叫救护车（医疗急救中心电话：120）

交通事故发生后，导游应迅速打电话叫救护车，或拦车将伤者，尤

学习笔记

其是重伤者尽快送往就近医院救治。发生重大交通事故时，注意不要翻动受伤旅游者，要立即拨打120和110求助。

3. **立即报案，保护现场**

交通事故发生后，一定要保护好现场和记下肇事车辆的车牌号，以便有关人员查明原因。如团队中有两名导游，应留一人保护现场；如只有一名导游员可请司机代为保护现场。

4. **拨打交通事故报警台电话：122**

导游应尽快通知交通、公安部门（交通事故报警电话122），请其派人前来调查处理，通知保险公司，请其派人查看现场。

5. **迅速向接待社报告**

交通事故发生后，导游应将事故的发生和旅游者伤亡情况迅速报告接待社，请求派人前来帮助指挥事故的处理，并要求派车和导游（在团中只有一名导游人员的情况下）前来协助处理后续问题。

（二）善后处理

1. **做好安抚工作**

在做好抢救、安置受伤旅游者的同时，导游要做好其他旅游者的安抚工作，以消除因事故造成的恐慌，并力争按计划继续组织旅游活动。待事故调查清楚后，导游或旅行社领导出面向全团说明事故原因、对死亡人员的抢救和处理经过等。

2. **做好事故善后工作**

请医院开具受伤旅游者的诊断和治疗证明书，请公安部门开具交通事故证明书，以供旅游者向保险公司索赔。

3. **写出事故书面报告**

事故处理结束后，导游要向旅行社或有关旅游行政管理部门写出书面报告，内容包括：旅游团名称、人数、国籍，事故发生的时间、地点、原因和经过，抢救过程和治疗情况，旅游者伤亡情况和诊断结果，事故责任及责任者的处理，受伤旅游者、领队和其他旅游者的反应和应汲取的教训等。报告力求详细、准确、清楚，最好与全陪、领队联名签署报告。

（三）交通事故的预防

（1）司机开车时，导游不要与司机聊天，以免分散其注意力。

（2）安排游览日程时，在时间上要留有余地，避免造成司机为抢时间、赶日程而违章超速行驶。不催促司机开快车。

（3）如遇天气不好（下雪、下雨、有雾）、交通堵塞、路况不好，尤

学习笔记

其是道路狭窄、山区行车时，导游要主动提醒司机注意安全，谨慎驾驶。

（4）如果天气恶劣，地陪对日程安排可适当灵活地加以调整；如遇有道路不安全的情况，可以改变行程。必须把安全放在第一位。

（5）阻止非本车司机开车。提醒司机在工作期间不要饮酒。如遇司机酒后开车，决不能迁就，地陪要立即阻止，并向领导汇报，请求改派其他车辆或换司机。

（6）提醒司机经常检查车辆，发现事故的隐患，及时提出更换车辆的建议。

四、任务实施

实训项目	交通事故处理的模拟训练
实训要求	1. 了解交通事故的预防常识 2. 掌握交通事故的处理方法 3. 熟悉交通事故的善后工作
实训地点	教室或模拟导游实训室
实训材料	多媒体、旅游接待计划单、案例道具等
实训内容与步骤	一、实训准备 学生分组，分发案例资料 二、实训开始 认真阅读案例及有关资料，详细准确地分析旅游者安全事故发生的具体情况，并能详细阐述，能提炼重要注意事项 （1）交通事故发生的原因分析 （2）交通事故具体的处理程序 （3）交通事故的预防常识 （4）做好案例分析记录 三、实训考核、点评 组间互评、教师示范性点评，总结任务要点，并纠正任务实施过程中存在的问题，提出改进性建议

五、任务评价

考核项目	具体内容或要求	扣分项	扣分
描述接待内容全面（共4点）	1. 交通事故发生的原因分析 2. 交通事故具体的处理程序 3. 交通事故的预防常识 4. 做好案例分析记录	少一项扣6分	

续表

考核项目	具体内容或要求	扣分项	扣分
清晰罗列注意事项（共3点）	1. 旅游安全事故发生的原因分析 2. 旅游安全事故处理方法阐述 3. 旅游安全事故预防的基本常识	少一项扣6分	
合理分析疑问点（共1点）	旅游团在去往景区的路上发生交通事故，导游员处理方法是否得当	少一项扣8分	

六、任务巩固与检测

1. 作业：如遇交通事故，作为导游员应如何按程序进行处理？

2. 扫描二维码检测任务学习情况。

任务 2　火灾事故的处理

一、任务描述

在日常生活中，了解火灾事故的相关知识，掌握火灾事故基本的逃生技能是至关重要的。导游在带团工作中对于火灾事故的掌握和普及更加重要。例如，认识灭火工具并熟练掌握使用方法，学习火灾事故的正确处理方法和预防措施等（图3-7）。

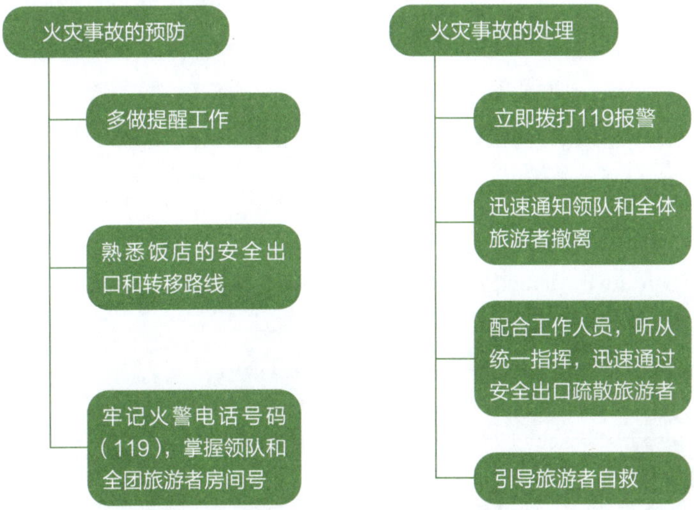

图3-7　火灾事故的预防和处理

学习笔记

自我分析与总结

学习笔记

二、任务学习目标

（1）了解火灾事故的预防常识。

（2）熟悉火灾事故发生时的逃生技巧。

（3）掌握火灾事故的处理方法。

火灾事故的处理

三、完成任务需要的新知识

（一）火灾事故的处理——引导旅游者自救

（1）千万不能让旅游者搭乘电梯或慌乱跳楼，尤其是在三层以上的旅游者，切记不要跳楼。

（2）用湿毛巾捂住口、鼻，身体重心尽量下移，使面部贴近墙壁、墙根或地面。

（3）必须穿过浓烟时，可用水将全身浇湿，或披上用水浸湿的衣被，捂住口鼻，贴近地面蹲行或爬行。

（4）若身上着火了，可就地打滚，将火苗压灭，或用厚重衣物压灭火苗。

（5）大火封门无法逃脱时，可用浸湿的衣物、被褥将门缝塞严，或泼水降温，等待救援。

（6）当见到消防队来灭火时，可以摇动色彩鲜艳的衣物，寻求救援。

（7）协助处理善后事宜。

（二）火灾事故的预防

在旅游活动中，为了防止火灾事故的发生，导游应提醒旅游者不携带易燃、易爆物品，不乱扔烟头或火种。向旅游者讲明交通运输部门的有关规定，不得将不准作为行车运输的物品夹带在行李中。

为了保证旅游者在火灾发生时能够尽快疏散，导游应：

（1）熟悉饭店楼层的太平门、安全出口、安全楼梯的位置及安全转移的路线，并向旅游者介绍。

（2）应牢记火警电话119。

（3）掌握领队和旅游者所住房间的号码。

四、任务实施

实训项目	火灾事故处理程序模拟训练
实训要求	1. 了解火灾事故产生的原因 2. 熟悉火灾事故的预防知识

续表

实训要求	3. 掌握逃生技巧和处理方式 4. 做好过程记录
实训地点	教室或模拟导游实训室
实训材料	多媒体、案例道具等
实训内容与步骤	一、实训准备 学生分组，分发案例资料 二、实训开始 认真阅读案例及有关资料，详细准确地分析旅游火灾事故发生的具体情况，并能清晰描述，能提炼重要注意事项 （1）了解火灾事故产生的原因 （2）熟悉火灾事故的预防知识 （3）掌握火灾逃生技巧和处理方式 （4）掌握火灾事故的处理流程 （5）做好过程记录 三、实训考核、点评 组间互评、教师示范性点评，总结任务要点并纠正任务实施过程中存在的问题，提出改进性建议

学习笔记

五、任务评价

考核项目	具体内容或要求	扣分项	扣分
描述接待内容全面（共5点）	1. 了解火灾事故产生的原因 2. 掌握火灾事故的预防知识 3. 掌握火灾逃生技巧 4. 掌握火灾事故的处理流程 5. 做好过程记录	少一项扣6分	
清晰罗列注意事项（共2点）	1. 火灾事故的预防知识 2. 火灾事故逃生技巧和处理流程	少一项扣5分	
合理分析疑问点（共2点）	1. 在入住酒店发生火灾事故，导游处理程序是否正确 2. 导游员在火灾事故中，引导旅游者自救过程，导游员的处理程序是否正确	少一项扣5分	

自我分析与总结

六、任务巩固与检测

1. 作业：旅游者在景区游览中如遇火灾事故，作为导游员应如何按程序处理？

2. 扫描二维码检测任务学习情况。

学习笔记

任务 3 治安事故的处理

一、任务描述

在旅游活动中，如遇到坏人行凶、诈骗、偷窃、抢劫，导致旅游者身心及财物受到不同程度的损害，统称治安事故。导游在陪同旅游团（者）参观游览过程中，遇到此类治安事故，必须挺身而出，保护旅游者，决不能置身事外，更不能临阵脱逃。

二、任务学习目标

（1）掌握治安事故的处理程序。

（2）熟悉治安事故的善后事宜。

（3）了解治安事故的预防知识。

三、完成任务需要的新知识

（一）治安事故的处理程序

一旦发生治安事故，导游应当做到以下几点（图3-8）。

（1）挺身而出　若歹徒向旅游者行凶、抢劫财物，在场的导游应毫不犹豫地挺身而出，勇敢地保护旅游者，要立即将旅游者转移到安全地点，力争与在场群众、当地公安人员缉拿罪犯，追回钱物。如有旅游者受伤，应立即组织抢救。

（2）立即报警　治安事故发生后，导游要立即向当地公安机关报案并积极协助破案。报案时要实事求是地介绍事故发生的时间、地点、案情和经过，提供作案者的特征，告知受害者姓名、性别、国籍、伤势及损失物品的名称、数量、型号、特征等。

（3）及时报告　导游要及时向旅行社领导报告治安事故发生的情况并请求指示，情况严重时请领导前来指挥、处理。

图3-8 治安事故的处理程序

学习笔记

（二）治安事故的善后事宜

（1）稳定情绪　治安事故发生后，导游应采取必要措施安定旅游者的情绪，努力使旅游活动顺利进行下去。

（2）书面报告　导游应写出详细准确的书面报告，报告除上述内容外，还应写明案件的性质、采取的应急措施、侦破情况、受害者和旅游团其他成员的情绪及有何反应、要求等。

（3）做好善后　导游应在领导指挥下，准备好必要的证明、资料，处理好各项善后事宜。

（三）治安事故的预防

针对治安事故的预防，导游应做到以下几点（图3-9）。

（1）导游在接待工作中要时刻提高警惕，采取有效的措施，尽量防止治安事故的发生。

（2）提醒旅游者不要将房号随便告诉陌生人，不要让陌生人或自称饭店的维修人员随便进入房间，出入房间锁好门，尤其是夜间不可贸然开门，不要与私人兑换外币。

（3）入住饭店后，导游应建议旅游者将贵重财物存入饭店保险柜，不要随身携带或随处存放。

（4）离开饭店后，导游要提醒旅游者随身携带证件或贵重物品。旅游者下车后，导游要提醒司机锁好车门、关好车窗。

（5）在旅游活动中，导游要始终和旅游者在一起，注意观察周围的环境，经常清点人数。

（6）汽车行驶途中，不得停车让无关人员上车，若有不明身份者拦车，导游要提醒司机不要停车。

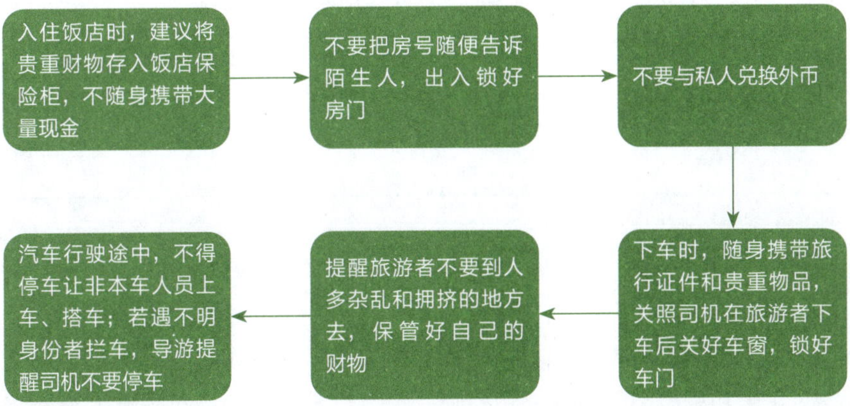

图3-9　治安事故的预防

学习笔记

四、任务实施

实训项目	治安事故处理的模拟训练
实训要求	1. 治安事故的预防 2. 治安事故的处理及善后事宜 3. 做好案例分析记录
实训地点	教室或模拟导游实训室
实训材料	多媒体、案例道具等
实训内容与步骤	一、实训准备 学生分组，分发案例资料 二、实训开始 认真阅读案例及有关资料，详细准确地分析旅游治安事故发生的具体情况，并能清晰阐述，能提炼重要注意事项 （1）治安事故的预防 （2）治安事故的处理及善后事宜 （3）做好案例分析记录 三、实训考核、点评 组间互评、教师示范性点评，总结任务要点并纠正任务实施过程中存在的问题，提出改进性建议

五、任务评价

考核项目	具体内容或要求	扣分项	扣分
描述接待内容全面（共3点）	1. 治安事故的预防 2. 治安事故的处理及善后事宜 3. 做好案例分析记录	少一项扣10分	
清晰罗列注意事项（共2点）	1. 治安事故的预防的知识要点 2. 治安事故的处理程序及善后事宜	少一项扣5分	
合理分析疑问点（共1点）	在旅游团返程途中遇到一位老人和一个姑娘拦车，想要搭一段车，作为导游处理是否正确	少一项扣10分	

六、任务巩固与检测

1．作业：案例分析——拦车。

某乡村两日游的行程结束，旅游大巴车在返程途中遇到一个十七八岁的女孩和一位老爷爷在路边拦车，说要搭乘旅游大巴车去镇上为爷爷看病，此时旅游大巴车上刚好有空座位，导游与司机商量之后，允许老人和姑娘上车。车子继续行驶10分钟左右，在另外一个村子的村口，突然出现了20多名壮汉拦住了大巴车，此时，车上的女孩谎称车上有游客非礼她，要求索赔。此时，司机和导游恍然大悟，但却为时已晚。壮汉拦车不许通行，要求索赔女孩精神损失费2000元，司机和导游见状，为了不影响游客返程，无奈地掏出了2000元，这才化解了这次不该出现的拦车危机。

请问，如果你是导游遇到此类事情会如何处理，为什么？

在此案例中，司机和导游犯了哪些错误？

2. 扫描二维码检测任务学习情况。

任务 4　食物中毒的处理

一、任务描述

民以食为天，旅游过程中的饮食同样是十分重要的一部分。旅游过程中游客出现食物中毒的案例屡见不鲜，若抢救不及时会有生命危险。面对食物中毒的发生，应该怎样处理？通过这部分知识的学习，让同学们掌握食物中毒事故的预防和处理程序，补充一些有关食物中毒的知识。

二、任务学习目标

（1）掌握食物中毒的处理程序。

（2）熟悉食物中毒的预防常识。

（3）了解食物中毒的相关知识。

三、完成任务需要的新知识

（一）食物中毒的处理

（1）在立即采取排毒措施的同时，尽快将中毒者送往医院抢救。对中毒不久而无明显呕吐者，可用手指、筷子等刺激其舌根部催吐，或让中毒者大量饮用温开水并反复自行催吐，以减少毒素的吸收。经过大量温水催吐后，呕吐物已变为较澄清液体时，可适量饮用牛奶以保护胃黏膜。

（2）保留食物样本并要立即通知卫生防疫部门对旅游者食用过的食物进行抽样检验。由于确定中毒物质对于治疗来说至关重要，因此，

学习笔记

自我分析与总结

学习笔记

在发生食物中毒后，要保留导致中毒的食物样本，以提供给医院进行检测。

（3）请医院医生开具诊断证明。

（4）应迅速报告接待社，并通知中毒严重患者的家属。

（5）若集体中毒，应立即拨打120急救电话，同时报告卫生防疫部门、接待社和旅游行政管理部门。

（6）旅游者集体中毒，有时不得不放弃某些活动，但事先要与旅游者商量，索赔事宜可参照合同执行。

（7）导游员事后要帮助了解、分析、掌握中毒的原因，向有关部门提供可靠材料，以追究供餐单位的法律责任。

（二）食物中毒的预防

（1）应安排旅游者去卫生有保障的旅游餐厅就餐。

（2）提醒旅游者不要在小摊上购买食物。

（3）如用餐时发现食物、饮料不卫生或有变质异味，应立即要求更换，并要求餐厅负责人出面道歉，必要时向旅行社领导汇报。

（4）一定要向旅游者讲清“水土”问题，当地人能吃的食物，外地人不一定能吃，不一定习惯。

（三）食物中毒的相关知识

旅游者因食用变质或不洁的食物常会发生中毒。食物中毒分两大类，即细菌性食物中毒和非细菌性食物中毒。常见的是吃了被细菌污染的食物而引起的细菌性中毒。其特点是：潜伏期短，发病快，表现为急性胃肠炎。中毒的症状为恶心、呕吐、腹痛、腹泻，而且呕吐和腹泻比较剧烈。

四、任务实施

实训项目	食物中毒的处理模拟训练
实训要求	1. 食物中毒的预防 2. 食物中毒的处理 3. 食物中毒的相关知识 4. 做好案例分析记录
实训地点	教室或模拟导游实训室
实训材料	多媒体、案例道具等

续表

实训内容与步骤	一、实训准备 学生分组，分发案例资料 二、实训开始 认真阅读案例及有关资料，详细准确地分析食物中毒事故发生的具体情况，并能清晰阐述，能提炼重要注意事项 （1）食物中毒的预防 （2）食物中毒的处理 （3）食物中毒的相关知识 （4）做好案例分析记录 三、实训考核、点评 组间互评、教师示范性点评，总结任务要点并纠正任务实施过程中存在的问题，提出改进性建议

五、任务评价

考核项目	具体内容或要求	扣分项	扣分
描述接待内容全面（共4点）	1. 食物中毒的预防 2. 食物中毒的处理 3. 食物中毒的相关知识 4. 做好案例分析记录	少一项扣6分	
清晰罗列注意事项（共3点）	1. 食物中毒的预防 2. 食物中毒的处理 3. 避免食物中毒的相关知识	少一项扣6分	
合理分析疑问点（共1点）	旅游团在定点餐厅用餐后部分旅游者发生食物中毒，导游员处理程序是否正确	少一项扣8分	

六、任务巩固与检测

1. 作业：旅游者品尝当地风味小吃后发生食物中毒事故，作为导游员如何处理？

2. 扫描二维码检测任务学习情况。

项目总结

一名优秀导游的职业素养

作为一名优秀的导游，要像全国道德导游文花枝同志那样，遇到危

学习笔记

自我分析与总结

学习笔记

险能把生的希望留给游客。在她的身上集中体现了中华民族传统美德，充分展示了新时期导游人员良好的精神风貌和崇高的思想境界，也彰显了我国旅游行业的形象和风貌。文花枝是千千万万中国旅游从业人员的优秀代表，是我国旅游战线的一名先进分子。文花枝的高尚行为，体现了中国职业导游无私无畏、不怕牺牲的忘我精神，体现了职业导游诚实守信、忠于职守的道德情操。在带团工作中，为了避免事故发生，我们要做到有责任心、细心、耐心地检查每一项工作。如果一旦遇到事故的发生，导游员必须沉着冷静面对，时刻把游客的人身财产安全放在第一位，按照规范的流程操作，把损失降至最小。

项目检测

扫描二维码检测项目学习情况。

模块四

知己知彼　将心比心——旅游者需求的处理

学习笔记

项目一 旅游者个别要求的处理

项目导读

旅游活动中，旅游者的共同需求在达成旅游协议时已经约定。但在实际的行程中，少数旅游者往往会因为特殊的需要临时提出一些个别需求，导游在满足旅游者共同需求的同时，也需要遵循合理而可能的原则做好个别需求的处理，这是对导游应变能力、服务质量、服务技能的重要考验。

旅游者的个别要求大致可分为三种类型：一种是合理而可能的要求；一种是合理而不可能的要求；一种是不合理的要求。对于这三种要求，导游员要分别按照不同的方法进行处理（图4-1）。

合理而可能的要求	合理而不可能的要求	不合理的要求
积极协助努力满足	认真倾听耐心解释	尊重理解不卑不亢

图4-1 处理旅游者要求

项目学习目标

知识目标	1. 认知常见个别要求及其处理方法。 2. 学习沟通能力和技巧。
能力目标	1. 掌握常见个别要求的处理原则和方法。 2. 可以果断、妥善处理常见的个别要求。
素质目标	1. 树立游客至上的服务意识。 2. 强化导游应变的职业素养。
思政目标	1. 培养遇事不慌、迎难而上的敬业精神。 2. 培养正确的价值观和服务理念。

项目实施

本项目从用餐个别要求、住宿个别要求、购物个别要求、延长或缩短旅行的处理4个任务着手，从知晓个别要求、判断其可实现程度、分情境妥善处理等环节学习基本知识和技能。引导学生灵活妥善处理个别要求，提高应变能力，如图4-2所示。

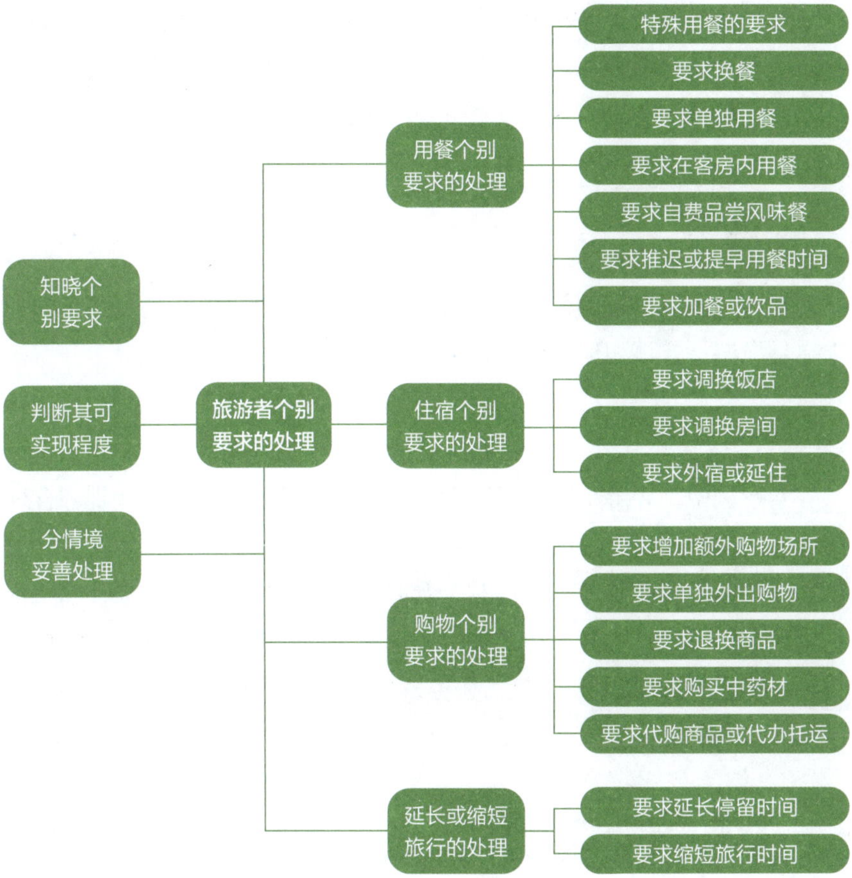

图4-2 旅游者个别要求的处理

案例导入

导游小刘陪同来自上海的旅游团游览山西的常规线路。山西是面食的故乡，一路上旅行团的主食都是花样不断的各色面食。这天晚餐过后，一名旅游者提出，希望后面的主食能够安排米饭，小刘听取了旅游者的建议，征求全陪和其他团友的意见后，联络后续餐厅，主食中增加了米饭。行程过半，有旅游者提出，虽然主食增加了米饭，但菜品大多为北方菜，想要调换为口感偏甜的南方菜；一名旅游者提出主食米饭品种不合口味，要求后续饭店能够提供泰国

学习笔记

学习笔记

香米；傍晚，一名旅游者因感冒要求在房间用餐。小刘和全陪及游客代表沟通后，电话联络了后续行程涉及饭店，在菜品上做了局部调整，部分更换为口味偏甜菜品，但饭店表示无法提供香米，小刘委婉地向客人解释，旅游者表示接受。对于感冒要求在房间内用餐的旅游者，小刘协调饭店为旅游者打包餐食送到房间用餐。团队结束后，旅游者都对小刘的服务赞誉有加。

讨论

认真阅读以上案例，进行分组讨论：导游的处理方法是否得当？如果你是导游员，该如何处理类似要求？

案例评析

本案例中，导游小刘对于旅游者提出的个别要求进行了甄别，合理而可能的要求经过努力给予了满足，如通过和餐厅的沟通，主食中增加了米饭，调整饭菜的口味等；对于看似合理实则不可能的要求，如主食更换成泰国香米，通过解释让旅游者理解和接受。对于因感冒要求在房间用餐的游客，为其协调了送餐服务，反应及时，处理积极，妥善得当。

任务1　用餐个别要求的处理

一、任务描述

“民以食为天”，旅游活动中，旅游者离开了常住地的熟悉环境和日常饮食，身体和心理上对于当地饮食处在调整适应期。这时，少数旅游者对于饮食方面可能会提出一些额外的需求，这些需求时间上具有随机性，内容上具有多样性和不可预知性，导游员应具备一定的应变能力，视具体情境处理。

二、任务学习目标

（1）熟悉常见用餐要求及其处理程序和方法。

（2）掌握常见用餐个别要求的处理原则和工作方法，并能妥善处理。

（3）掌握果断而不失柔性的处理技巧。

学习笔记

三、完成任务需要的新知识

（一）做好准备，提前落实

1. 做好知识准备

由于宗教信仰、地域差异、生活习惯、身体状况、天气等原因，部分旅游者会提出一些用餐方面的特殊要求，如全素、不食辛辣油腻食物，不食猪肉或其他肉食，甚至不吃某一种调味品。旅游者也可能会要求换餐或更改用餐地点、改变用餐标准等，如将中餐换成西餐、便餐换成风味餐，或是要求提升用餐标准等。这就要求导游员在接待前做好知识准备，要了解不同地域、宗教信仰的饮食口味偏好及禁忌。

2. 接待计划相关信息提取、落实、确认

认真阅读接待计划，对已经在旅游协议中声明的特殊用餐要求、饮食禁忌与餐厅一一落实，提前联络确认旅游者是否有忌口食物。团队运行中，对于临时提出的个别要求，导游员要注意甄别，视情况而定，合理而可能的要求，及时妥善解决；无法满足的要求，耐心解释，并协助旅游者自行解决。

（二）不同用餐个别要求的处理方法

1. 特殊用餐的要求

（1）事先有约定　如果旅游者所提要求在旅游协议书中明确约定，接待方旅行社须早作安排，地陪导游员在接团前应检查落实情况，与领队、全陪或旅游者再次确认用餐要求，按协议兑现。

（2）抵达后提出　如果旅游团抵达后旅游者才临时提出，需视情况而定。一般情况下，地陪导游员可与餐厅联系协调解决，如果可能，尽量安排满足；如确有困难，地陪导游员可协助其自行解决。

2. 要求换餐

（1）旅游团在用餐前3小时提出换餐或改变用餐标准，地陪导游员应及时与餐厅联系，按旅行社与餐厅的约定办理。

（2）如接近用餐时旅游者提出换餐，一般不应接受，但导游人员要做好解释工作。若旅游者仍坚持换餐，导游人员可建议其自己点菜，费用自理。

3. 要求单独用餐

首先要询问原因，并及时与领队或全陪沟通安抚。如是由于团员间产生矛盾，可请领队或全陪协调换桌。若旅游者坚持单独用餐，可协助其与餐厅联系，告知其餐费需自理，且综合服务费不退。

学习笔记

4. **要求在客房内用餐**

（1）若旅游者因伤病需要在客房内用餐，导游员应主动联系餐厅协调送餐。

（2）若非因伤病提出在客房用餐，若餐厅提供此项服务，可满足旅游者要求，但需告知其送餐服务费自理。

5. **要求自费品尝风味餐**

若是全团旅游者集体要求外出自费品尝风味餐，导游员应予以协助，推荐餐厅、特色菜式等，与特色餐厅联系订餐，并告知旅游者餐厅的营业时间、前往路线和交通方式，提醒其按照约定时间前往。未收到明确邀请，导游员无需陪同前往。旅游协议中未产生消费的餐食做好记录，以便后续双方旅行社结算。

6. **要求推迟或提早用餐时间**

综合行程状况与餐厅联系，综合行程安排和餐厅的营业时间灵活协调处理。

7. **要求加餐或饮品**

（1）均可以满足，但需提前告知旅游者费用自理。

（2）若旅游协议中约定费用由接待社垫付的，加餐或酒水完毕后，地陪导游员应请全陪、领队或旅游者签字确认金额，保留好餐厅回单及发票，方便后续结算。

（三）柔性沟通，果断处理

导游员遇到的用餐个别要求是旅游者当时真实意愿的表达，关乎旅游者的旅游体验，影响旅游者旅游感知的满意度。因此需要导游人员具备相应的应变能力，柔性沟通，果断处理。可用询问诉求、征求意见、建议解决方案等方式与旅游者沟通，在条件允许的范围内，最大限度地满足旅游者的个别要求。

四、任务实施

实训项目	用餐个别要求的处理
实训要求	1. 做好准备工作 2. 用餐个别要求的分情境处理 3. 柔性沟通，掌握与旅游者沟通的方法与技巧
实训地点	教室或模拟导游实训室

学习笔记

续表

实训材料	多媒体、模拟菜单等
实训内容与步骤	一、实训准备 学生分组，分配角色（角色可轮换） 二、实训开始 模拟接团前关于用餐方面的准备工作，认真阅读接待计划和有关资料，对于用餐的特殊要求能准确表述，及时与餐厅落实。对于临时提出的个别要求，能准确甄别，妥善处理 1. 获取接待计划上的特殊用餐信息，提前准备 2. 用餐个别要求的分情境应对 （1）特殊用餐要求 （2）要求换餐 （3）要求单独用餐 （4）要求在客房内用餐 （5）要求自费品尝风味餐 （6）要求推迟或提早用餐 （7）要求加餐或饮品 3. 柔性沟通，妥善处理 三、实训考核、点评 小组互评、教师点评，总结任务要点并纠正任务实施过程中存在的问题，提出改进性建议

五、任务评价

考核项目	具体内容或要求	扣分项	扣分
做好准备，提前落实（共2点）	1. 做好知识储备，了解不同地域、宗教信仰的整体口味偏好及饮食禁忌，提前确认旅游者是否有忌口食物 2. 仔细阅读接待计划，对事先约定的特殊用餐要求、饮食禁忌等及时与餐厅落实	少一项扣5分	
随机应变，妥善处理（共7点）	1. 特殊用餐要求 （1）若有提前注明，按协议兑现 （2）临时提出，与餐厅协商，若可能，积极协助；若不可能，协助自行解决 2. 要求换餐 （1）提前3小时提出，按旅行社与餐厅约定办理 （2）接近用餐时提出，一般不应接受，做好解释说明工作。坚持要换的，建议其自行点菜，费用自理	少一项扣5分	

学习笔记

续表

考核项目	具体内容或要求	扣分项	扣分
随机应变，妥善处理（共7点）	3. 要求单独用餐 （1）因矛盾要求单独用餐，可请全陪或领队协助调整餐位 （2）坚持单独用餐，协助其单独用餐，费用自理 4. 要求在客房内用餐 （1）因病需在客房用餐，积极协调送餐 （2）非疾病原因在客房用餐，若餐厅提供服务，可满足，告知其费用自理 5. 要求自费品尝风味餐 （1）全团成员集体要求，予以协助 （2）非邀请，不陪同前往 6. 要求推迟或提早用餐 7. 要求加餐或饮品	少一项扣5分	
做好记录，留存票证（共2点）	1. 协议中约定未消费的餐食做好记录 2. 留存由旅行社垫付费用的相关票证	少一项扣5分	

六、任务巩固与检测

1. 模拟练习：到达饭店前，游客向导游提出，希望每餐可以有两道汤：一道甜汤，一道咸汤。导游该如何应对？

2. 扫描二维码检测任务学习情况。

自我分析与总结

任务 2 住宿个别要求的处理

一、任务描述

住宿是旅游者感知服务质量的重要条件，也是旅游满意度的重要考量标准。目前，旅游产品市场上通行的用以区分旅游品质的标准还是以入住酒店的标准来衡量。随着旅游业的规范化发展，无论是团体旅游者还是散客，住宿的标准、具体下榻的酒店均在旅游协议中有明确约定。作为旅途中临时的“家”，旅游者对于住宿方面的个别要求，导游员要予以重视，视情况尽力协助解决（图4-3）。

学习笔记

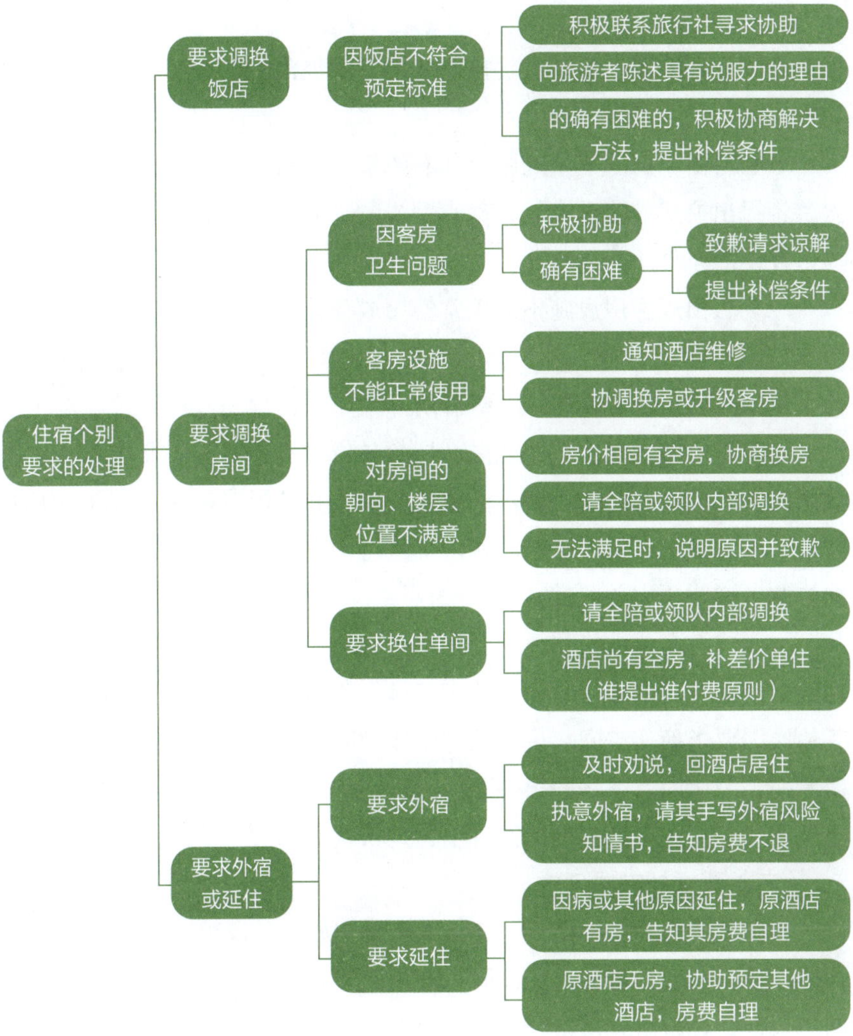

图4-3　住宿个别要求的处理

二、任务学习目标

（1）学习常见住宿个别要求及其处理程序。

（2）掌握不同类型住宿个别要求的处理方法。

酒店住宿

三、完成任务需要的新知识

（一）要求调换饭店

如果接待旅行社向旅游者提供的客房低于标准，或未经旅游者同意更换饭店，旅游者提出调换饭店，导游应立即与接待社联系，寻求协助，尽力妥善解决，并向旅游者陈述具有说服力的理由。如确有困难，积极协商解决办法，提出补偿条件。

学习笔记

（二）要求调换房间

导游要切实了解旅游者提出需求的不同缘由，根据不同的情况分别处理。

（1）若由于房间卫生问题，如有蟑螂、老鼠、飞虫或异味难除等，旅游者提出换房应协助满足；确有困难时，应诚挚致歉，请求谅解，并提出补偿的条件。

（2）若由于客房设施不能正常使用或存在安全隐患，应立即通知酒店维修或维护，保证设施正常运转后向旅游者致歉，如无法维修或维护，应积极协调酒店换房或升级客房。

（3）若旅游者对房间的朝向、层数或位置不满意，要求调换朝向或楼层的同一标准客房时，若不涉及房间价格并且饭店有空房，可与饭店联系予以调换，或请领队在团队内部进行调整。如无法满足时，应耐心向旅游者说明原因并致歉。

（4）旅游者要求换住单间：正常情况下，旅游者行程中的住宿标准均依据事前签订的旅游协议中约定安排，若少数旅游者由于作息习惯或其他原因要求换住单间，可先请全陪或领队在内部协商调换；若内部无法调换，酒店尚有空房的条件下，可满足其要求，但需提前说明由此产生的房费差价旅游者自理（谁提出，谁付费原则）。

（三）要求外宿或延住

（1）旅游行程中，由于寻亲访友、外出娱乐等原因，旅游者提出外宿要求，出于安全考虑，应及时告知全陪或领队，尽量劝说旅游者返回酒店入住，如旅游者坚持，在全陪或领队见证下，可请旅游者手写外宿风险知情书，并告知其已产生房费不退。

（2）若因生病、改变行程路线等种种原因中途脱团旅游者提出延住要求，导游应及时和酒店联络，若酒店有空房，可满足其要求，但要告知其延住期间房费自理。若原住酒店没有空房，导游可协助旅游者联系其他酒店，房费旅游者自理。

四、任务实施

实训项目	住宿个别要求的处理
实训要求	1. 认真阅读接待计划单，对住宿情况做到心中有数 2. 对不同类型个别要求的分情境处理 3. 保留好相关的票证

学习笔记

续表

实训地点	教室或模拟导游实训室
实训材料	多媒体、模拟情境资料等
实训内容与步骤	一、实训准备 学生分组，每组5～7人，分发接待计划单、模拟情境资料等，分角色开展实训，分别扮演地陪、全陪或领队、游客、酒店工作人员等 二、实训开始 各小组罗列可能出现的住宿个别要求，抽签分配后，模拟游客提出要求（包括但不限于以上学习内容中包含的部分），导游遇到此类情境时的沟通、处理过程 1. 掌握住宿酒店情况，客观因素提前告知 2. 住宿个别要求的分情境应对 （1）要求调换饭店 （2）要求调换房间 （3）要求外宿或延住 3. 保留好相关的证明票证 三、实训考核、点评 小组互评，教师点评，总结任务要点并纠正任务实施过程中存在的问题

五、任务评价

考核项目	具体内容或要求	扣分项	扣分
前期准备（共2点）	1. 掌握住宿饭店情况 2. 客观因素提前告知	少一项扣5分	
住宿个别要求的分情境应对（共3点）	1. 要求调换饭店，若因与预订标注不符，联系接待社寻求解决，确有困难，提出解决及补偿方案 2. 要求调换房间 （1）因房间卫生不达标 （2）因客房设备设施不能正常运转 （3）因对房间朝向、层数或位置不满意 （4）要求换住单间 3. 要求外宿或延住 （1）要求外宿 （2）要求延住	少一项扣5分	
票证留存（共1点）	相关票证的留存	少一项扣5分	

学习笔记

六、任务巩固与检测

1. 模拟练习：团队入住酒店后，游客发现所住房间没有窗户，要求调换房间。

2. 扫描二维码检测任务学习情况。

任务 3 购物个别要求的处理

一、任务描述

购物作为旅游活动的“六要素”之一，在旅行地购买物产馈赠亲友已经形成一种独特的“伴手礼”文化。“十里不同风，百里不同俗”，每个旅游目的地都会有自己的土特产品、手工艺品等吸引游客购买。在购物时，游客的要求五花八门，一般情况下，导游员要不厌其烦、耐心细致予以满足，个别要求难以满足或不便处理时，要及时报告旅行社请求帮助（图4–4）。

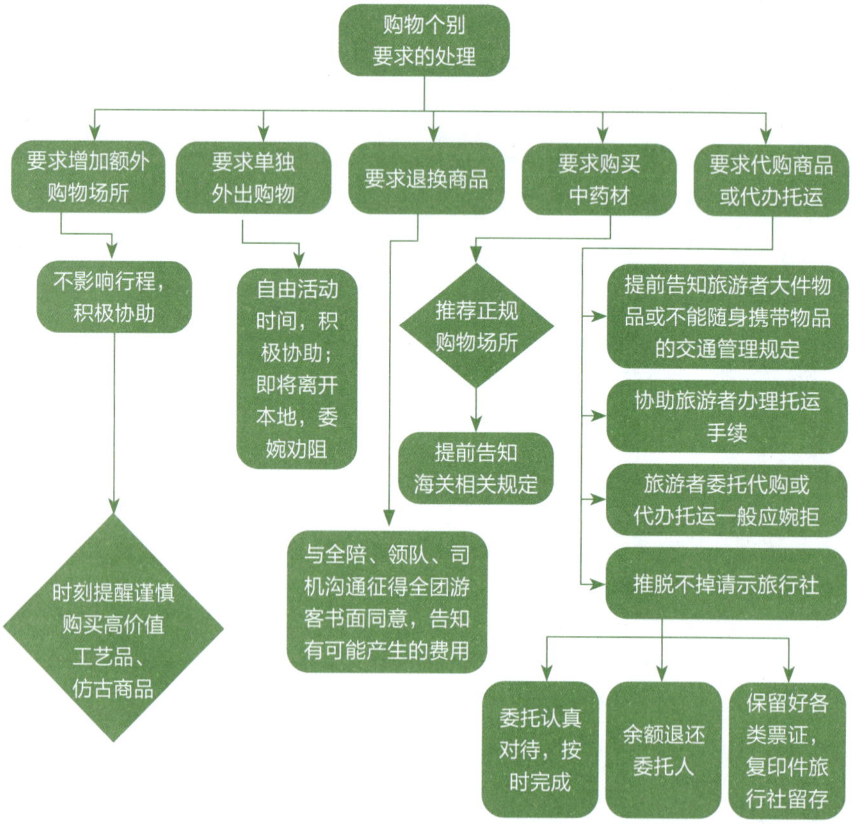

图4–4 购物个别要求的处理

自我分析与总结

学习笔记

二、任务学习目标

（1）认知常见购物个别要求的类型。

（2）掌握不同类型购物个别要求的处理方法。

（3）培养严于律己，进退有度的职业素养。

三、完成任务需要的新知识

（一）常见的购物个别要求及处理

购物

购物服务：不可缺少的旅游纪念品

1. 要求增加额外购物场所

若旅游者临时要求增加旅游协议约定外的购物场所，需及时和全陪、领队及旅行车司机沟通，征得全体旅游者的书面同意，并告知有可能产生的旅行车服务费用。

2. 要求单独外出购物

（1）若是在自由活动时间内，旅游者提出单独购物，导游员应予以协助，当好购物参谋，如推荐当地特色商店、特色品牌或产品，告知购物注意事项，为旅游者建议往返路线及交通工具，必要时书写便条备用，并提醒旅游者带好酒店名片以免走失。

（2）若旅游者在旅游团即将离开本地时提出单独外出购物，导游员应委婉劝阻，以免延误行程。

3. 要求退换商品

（1）若个别旅游者在旅游协议内指定购物场所购物后，发现物品残次、计价有误或对物品不满意，要求导游协助退换商品，在不影响行程的情况下，导游应积极协助，必要时陪同前往。

（2）旅途中需时刻提醒旅游者谨慎购买道边摊贩或流动商家出售的高价工艺品、仿古商品等，以免发生纠纷。

4. 要求购买中药材

推荐正规药店或指定中药材市场，对于入境旅游者，需提前告知中国海关对于中药材出境（含邮寄）的有关规定。

5. 要求代购商品或代办托运

（1）若旅游者当时未拿定主意，或因缺货未买到某种商品，过后请导游员代为购买、代办托运，一般应婉言拒绝。可推荐旅游者在商家官方线上销售平台或授权店铺进行购买。实在推脱不掉，应请示旅行社相关领导决定。

（2）旅游购物商店一般都经营托运业务，导游员应提前告知购买大件物品或不能随身携带物品（如只能在民族地区使用的小型装饰性刀具

学习笔记

等）相关的交通管理规定，及时办理托运业务；若商店无托运业务，导游员应协助旅游者办理托运手续。

（3）无论是代购商品还是代办托运，一旦旅行社接受旅游者委托并交办导游员完成，导游员务必认真对待，收取足额款项，按时完成购物、托运等事宜，如有余款，请旅行社代为退还委托人，保留好委托书、购物发票、购物回单、托运单、托运费收据等凭证以便及时邮寄或传真给委托人。各类票证的复印件交旅行社留存，以备查验。

（二）培养严于律己，进退有度的职业素养

购物是旅游活动的重要组成部分，随着旅游业的不断发展，形形色色的购物形式不断涌现，作为导游员要注意培养严于律己、进退有度的职业素养，当好购物参谋，不诱导旅游者过度消费。

四、任务实施

实训项目	购物个别要求的处理
实训要求	1. 掌握购物个别要求的类型 2. 掌握不同类型购物个别要求的分情境处理 3. 培养良好的职业素养
实训地点	教室或模拟导游实训室
实训材料	多媒体、模拟情境资料、购物清单等物料
实训内容与步骤	一、实训准备 学生分组，每组5～7人，分角色开展实训，分别扮演地陪、全陪（或领队）、游客、司机、购物场所工作人员等 二、实训开始 （1）临时要求增加协议约定外的购物场所 （2）要求单独外出购物 （3）要求退换商品 （4）要求购买中药材 （5）要求代购商品或代办托运 三、实训考核、点评 小组互评，教师点评，总结任务要点，并纠正任务实施过程中存在的问题，提出改进性建议

学习笔记

五、任务评价

考核项目	具体内容或要求	扣分项	扣分
购物前提醒（共2点）	1. 提醒旅游者谨慎购买道边摊贩或流动商家出售的工艺品、高价仿古商品等 2. 提前告知大件商品或特殊商品的相关的交通管理规定	少一项扣5分	
购物个别要求的分情境应对（共5点）	1. 临时要求增加协议约定外的购物场所 （1）计划外购物场所需征得所有旅游者书面同意 （2）提前告知有可能产生的旅行车服务费 2. 要求单独外出购物 （1）自由活动时间内提出，予以协助 （2）即将离开本地或离境前，委婉劝阻 3. 要求退换商品 （1）不影响行程情况下，予以协助 （2）提醒谨慎购买道边摊贩或流动商家出售的高价仿古工艺品 4. 要求购买中药材 （1）推荐正规商店 （2）提前告知中国海关的有关规定 5. 要求代购商品或代办托运 （1）旅游者要求代为购买、代办托运，一般应婉拒 （2）实在推脱不掉，请示旅行社相关领导决定 （3）提前告知大件商品或特殊商品的相关的交通管理规定 （4）协助办理大件商品的托运手续 （5）一旦接受代购或代办委托，认真对待，按时完成 （6）如有余款请旅行社代为退还委托人，保留好相关票证，复印件交旅行社留存以备查验	少一项扣5分	
职业素养（共1点）	当好购物参谋，不诱导旅游者过度消费	少一项扣5分	

自我分析与总结

六、任务巩固与检测

1. 模拟练习：团队临近结束，一位游客委托导游小张购买某样当时犹豫未下单的仿古工艺品，并代为邮寄到异地，游客还主动提出可单独支付一定的报酬，小张该如何应对？

2. 扫描二维码检测任务学习情况。

学习笔记

任务4 延长或缩短旅行的处理

一、任务描述

旅游活动中，旅行的时间和项目已在旅游协议中约定，但由于伤病、突发事件或其他原因，旅途中难免会有延长或缩短旅行的个别要求，导游员要根据实际情况酌情判定和处理。

二、任务学习目标

（1）掌握常见延长或缩短旅行的要求及其处理程序和方法。

（2）具备处理个别问题时的契约精神和人文关怀。

三、完成任务需要的新知识

延长或缩短旅行处理时，需要良好的心理素质和心态准备，对于各种情况具有一定的预见、预知、预判能力，处理时注意沟通的方式方法，及时果敢，必要时积极寻求全陪、领队、接待社、组团社等各方的帮助。

（一）要求延长停留时间

1. 因伤病要求延长停留时间

（1）国内旅游者因伤病需要延长在当地停留时间，导游应积极协助其办理相关入院、出院手续；为前来陪护亲友提供力所能及的帮助；不时到医院探视或陪同社领导去医院探视，以示关怀；如果情况需要，帮助其协调转院或返回客源地治疗。

（2）入境旅游者因伤病需要延长在华逗留时间，导游除提供与国内旅游者相同的帮助外，还需协助其办理与旅游团的分离签证，必要时办理延长签证手续；旅游者出院后，帮助其重新订购机（车）票和其他离境手续；帮助安排出租车，将其送往机场（或车站）。

以上各项服务所涉费用均由旅游者自理，其团内未享受的综合服务费按旅游合同约定或旅行社之间协商结果处理。

2. 其他原因要求延长逗留时间

旅游者要求延长在当地逗留时间有两种情况。

（1）旅游者中途离团后要求留下来，旅游者离团后如需要帮助，导游员可协助其重新订房和交通票，费用由其自理。如旅游者还需要其他旅游服务，请其与旅行社另行签订协议，并收取相关费用。

（2）旅游活动结束后旅游者要求留下来。对这种要求导游的处理方法是：如无须延长签证，一般可满足其要求；如需延长签证，原则上应

学习笔记

婉拒；若个别旅游者确有特殊情况（如继续在华旅行游览、从事商贸活动或赴另一地探望亲友等）需要留下，导游员应请示旅行社同意后，可满足其要求；协助其办理延长签证手续，先到旅行社开具证明，然后持旅行社证明、旅游者的护照和集体签证陪同其去公安局出入境管理部门办理分离签证和延长签证手续，所需费用由其自理。

（3）如旅游者还需要其他旅游服务，请其与旅行社另行签订协议并收取相关费用。

（二）要求缩短旅行时间

1. 有正当理由中途退团

若旅游者因患病、受伤，家中或工作上的急需或其他特殊原因，要求提前离开旅游团，中止旅游活动，导游员应立即报告接待旅行社，经接待旅行社与组团社协商同意后可予以满足。告知旅游者中途退团后未享受的综合服务费，将按旅游协议约定或双方协商处理。

2. 无正当理由要求中途退团

对无正当理由提出要求中途退团的旅游者，导游员应先了解原因，并报告接待社。若是因旅游者的个别要求未得到满足，导游员要进行耐心解释，说明难以办到的原因。若是接待方（包括旅行社、饭店、导游员等）服务不周到或存在较大缺陷，损害了旅游者的利益，导游员在做好劝说工作的同时，对存在的缺陷设法予以弥补，并赔礼道歉。若是与团内其他旅游者闹矛盾，导游员应与全陪或领队一起做好调停化解工作。若解释、弥补无效，旅游者仍执意要求离团，在报告旅行社同意后，可满足其要求，并告知其未享受的综合服务费不予退还。

3. 旅游者中途退团后的工作

无论旅游者因何种原因中途退团，导游人员都应及时上报接待社和组团社，并协助旅游者做好如下工作：对入境旅游者，需持旅行社证明为其办理分离签证（使用团体签证的入境旅游团）和其他离团手续；协助其订妥机（车）票；安排车辆送其去机场（车站）；以上所有相关离团费用均由旅游者自理。同时要第一时间告知接待社和下一站，以便及时调整后续用餐、用房、交通票等安排。导游撰写事情经过报告，并入团队档案。

四、任务实施

实训项目	旅游者延长或缩短旅行的处理
实训要求	1. 掌握延长或缩短旅行的处理程序和方法 2. 学习处理问题时高效、全面、得当

学习笔记

续表

实训地点	教室或模拟导游实训室
实训内容与步骤	一、实训准备 查阅相关资料，整理本次实训相关情境信息。学生分小组，每组6~8人，分别扮演地陪、全陪或领队、游客、旅行社领导等 二、实训开始 模拟行程中遇到延长或缩短旅行的处置流程和方法。不同情境导游要注意甄别，分境况应对，超过权利范围及时汇报接待社，妥善处理 （1）要求延长停留时间 （2）要求缩短旅行时间 三、实训考核、点评 小组互评，教师点评，总结任务要点，并纠正任务实训过程中存在的问题

五、任务评价

考核项目	具体内容或要求	扣分项	扣分
心理准备（共1点）	遇事不慌，有效沟通，妥善处理，必要时寻求帮助	少一项扣5分	
提前告知（共2点）	1. 因延长或缩短旅行所涉费用均由旅游者自理 2. 团内未享受服务项目或综合服务费按照旅游协议约定或双方之间协商而定	少一项扣5分	
个别要求的分情境应对（共3点）	1. 因伤病要求延长停留时间 （1）国内旅游者提供力所能及的协助 （2）除入境旅游者力所能及的协助外，是否需要分离或延长签证 2. 其他原因要求延长停留时间 （1）旅游者中途退团后延长停留时间，如需要，可提供必要帮助，如需其他旅行服务，另行签订协议收取费用 （2）行程结束后延长停留时间，不需要延长签证的，一般可满足，需延长签证的一般应婉拒，特殊情况申请旅行社同意后，协助其办理相关手续，费用自理 3. 要求缩短旅行时间 （1）正当理由中途退团，立即报告旅行社，经同意后予以满足，未享受费用按照约定或协商处理	少一项扣5分	

续表

考核项目	具体内容或要求	扣分项	扣分
个别要求的分情境应对（共3点）	（2）无正当理由中途退团。了解原因，如因旅行社服务缺陷，弥补、道歉；如因与他人矛盾，化解、调停，若无效，报告旅行社同意后，满足其要求，并告知未享受综合服务费不退	少一项扣5分	
后续处理（共1点）	将人员变更信息及时通知下一站	少一项扣5分	

学习笔记

六、任务巩固与检测

1．模拟练习：越南华侨马先生，参加北京5日游后，意犹未尽，提出继续停留3日，请导游员代为安排行程路线。

2．扫描二维码检测任务学习情况。

项目总结

个别要求不要怕，沉着冷静处理它

旅游过程中，旅游者离开常住地到陌生的地域，或多或少都会有一些个别要求，都希望得到满足。旅游者的个别要求，有的是举手之劳（如希望导游员的语速慢一点）就能解决，有的向导游人员提出，实际上导游员却无权自主处理（例如中止旅游活动或延长旅游期），有的甚至还涉及国家的有关法律法规（如入境旅游者延长旅行，进入未开放区域等）。面对旅游者林林总总、大大小小的个别要求，导游员既要力争让“合理而可能”的要求得到满足，又要说服个别要求没有得到满足的旅游者心平气和，这是对导游人员处理问题能力的考验，也是保证并提高导游服务质量的重要条件之一。对旅游者的要求，不管其难易程度如何，合理与否，导游员都要沉着冷静，仔细甄别，给予足够的重视并正确及时、合情合理地予以处理，使旅游者尽可能度过一段轻松愉快的旅程。

自我分析与总结

项目检测

扫描二维码检测项目学习情况。

学习笔记

项目二 旅游投诉的处理

项目导读

旅游服务过程链条长，环节多，涉及面广，难免会出现失误瑕疵，也就不可避免地会遇到投诉。绝大部分投诉都事出有因，对于投诉而言，尽量做到早预防、早处理、避免矛盾激化；准确预判，防患于未然，消除在萌芽状态。在某种意义上，游客的投诉是对旅游服务、旅游产品的挑战和鞭策，也是旅行社完善产品质量，提升服务水平的机会和工具。旅游投诉绝大部分集中在对服务和旅游产品两个方面。无论是哪种情况，当旅游者向导游员表达时，导游员应及时了解投诉的原因，认真对待，妥善处理，尽量不使事态扩大，确保旅游活动顺利进行。

导游在处理投诉时应把握以下几点原则（图4–5）。

图4–5 旅游投诉的处理原则

项目学习目标

知识目标	1. 认知旅游投诉的主要类型。 2. 掌握处理投诉的方法和步骤。
能力目标	1. 能合理分析旅游投诉的类型。 2. 能处理简单的旅游投诉。 3. 掌握处理投诉时沟通的方法与技巧。
素质目标	1. 培养导游员妥善处理投诉的能力和意识。 2. 塑造良好的职业素养和个人修养。
思政目标	1. 学会相互理解、相互尊重、换位思考。 2. 学习“将心比心、推己及人”的处世哲学。

项目实施

学习笔记

本项目从旅游者对服务方面投诉的处理和旅游者对旅游产品投诉的处理两个任务入手，从“知悉、甄别、处理”三个环节学习处理投诉的基本知识和技能。引导学生树立全程服务意识、无差别服务意识，既有处理投诉的诚恳态度，也有作为导游员的责任和担当，对待旅游者投诉要积极倾听、迅速反应、理性看待、合理应对，超出自身处理范围要及时将原始记录、有关证据等转交旅行社或相关部门，并注重保护旅游者隐私，如图4-6所示。

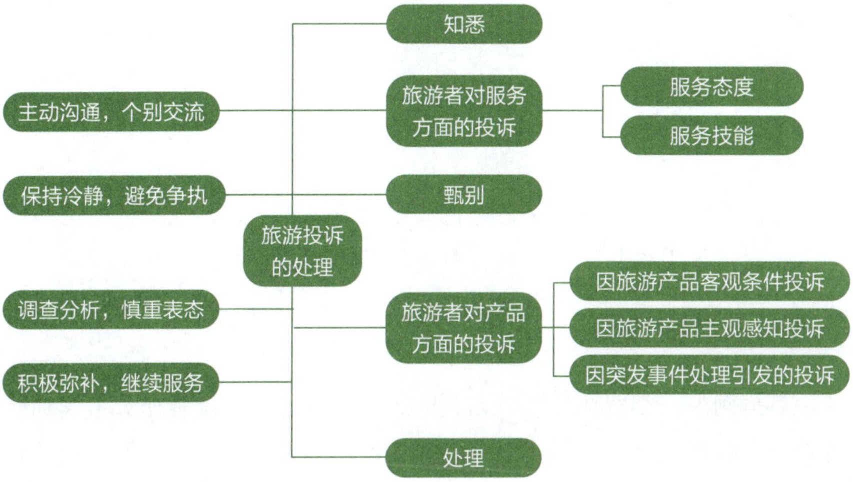

图4-6　旅游投诉处理方法

案例导入

导游小贾接待了一个来自华南地区的散客拼团，全团26位游客，由9个报名点报名参团。一路上，小贾每讲完一个景区后，都会宣布集合的时间和地点。一日，讲解完某景点后，小贾宣布半小时后即16：00在停车场集合，大家开始自由活动。16：00整，其他游客按时到达停车场，一对母子游客迟迟未归，小贾赶紧拨打电话，电话里游客表示目前还在景区，由于母亲腿脚不是很好，行进较为缓慢。小贾向游客说明目前其他游客都已经上车等待出发，请尽快回到停车场集合，20分钟后，游客回到停车场，车上其他游客埋怨其不遵守时间，耽误大家的行程。

接下来的几天里，迟到事件时有发生。在又一次迟到后，导游

学习笔记

小贾找到了两位游客，当众提出希望他们能够遵守时间，不要拖团队的后腿。游客觉得导游没有考虑到母亲的身体状况，向组团社投诉导游不尊重游客、服务态度差，且不负责任。组团社立即联络了接待社寻求解决，接待社向当事游客、其他游客和导游分别了解情况后，发现小贾态度方面确有过失，服务时未充分考虑游客的实际情况，但本质上是为了完成全部团队行程，于是责令导游向游客道歉并调整工作方法。小贾反思了自己的言行，也认识到了自身服务中的问题，向游客诚挚致歉，并赠送旅游纪念品，获得了游客的谅解。

讨论

请同学们认真阅读案例，进行分组讨论。想一想，遇到以上情境该如何应对？如果你是小贾，是否有更好的应对方法？

案例评析

本案例中，小贾在与频繁迟到的旅游者沟通中，没有充分考虑到旅游者的实际情况，工作方式简单粗暴，虽然出发点是好的，但是让游客觉得不被尊重和理解，因此引发了投诉。

在实际工作中，导游员会遇到形形色色的游客，由于地域、年龄、性格、思维方式等方面的差别，要注意具体问题具体分析，酌情选择合适的沟通和处理方法。在与游客沟通时，要做到换位思考，相互理解尊重。看待投诉问题，要透过现象看本质，厘清游客投诉的真正目的和需要，具体问题具体分析，“将心比心、推己及人”地提供服务和处理方案。

任务 1 旅游者对服务方面投诉的处理

一、任务描述

旅游者对于服务方面的投诉主要集中在为其提供服务的人员服务意识和服务技能两个方面。常见的有旅游者认为服务人员对旅游者不尊重、不热情、态度生硬或工作技能欠缺，不负责任或责任感不强、不能及时满足旅游者的合理要求等。旅游作为一项交互性的服务，有投诉也

学习笔记

很正常，保持好心态，理性甄别、妥善处理，以旅游者满意度为标准，以专业的角度妥善解决问题。

德国哲学家雅斯贝尔斯曾说：“教育是一棵树摇动一棵树，一朵云推动一朵云，一个灵魂唤醒另一个灵魂。”用来形容旅游服务也非常适宜，旅游服务就是用心服务打动旅游者。旅游服务涵盖范围广泛，缺乏系统性和同一性的标准，这就要求服务人员以身作则尊重理解每一位旅游者的需求，用春风化雨的服务态度、润物无声的服务语言、精益求精的服务技能服务好每一位旅游者，收获尊重、理解、支持和肯定。

二、任务学习目标

（1）认知旅游者投诉的心理特征。

（2）掌握处理投诉时的沟通技巧，能处理简单的投诉。

旅游者服务个别要求的处理

三、完成任务需要的新知识

（一）认知旅游者投诉的心理特征

不同的旅游者投诉的心理也不同，通常有以下三种：求尊重心理、求发泄心理和求补偿心理（图4-7）。

（1）求尊重心理的旅游者希望在旅游过程中其人格受到尊重，导游人员和有关服务人员的某些言行在他们看来是不够尊重的，因而引起他们的不满而产生投诉。

（2）求发泄心理的旅游者通过投诉来表达其内心的愤懑情绪和不满。他们因对导游人员和旅行社或其他旅游服务人员和单位的态度和行为感到不满，觉得受了委屈因而提出了投诉，其目的是发泄胸中的不满和怨气，求得心理上的平衡。

（3）求补偿心理是旅游者认为其合法权益受到损害而通过投诉以获得某种补偿的心理。这种要求补偿的心理可能是物质上的，例如希望旅行社向其退还部分旅游费用；也可能是精神上的，例如希望旅行社和导游人员向其表示道歉。

图4-7　旅游者投诉心理特征

学习笔记

（二）善于积累，提高处理投诉的综合能力

1. 保持良好心态和理性思维能力

当旅游活动开始运行，对服务的肯定或投诉就在无数的服务过程中被酝酿，随时可能发生。旅游者的投诉并不是每一项都跟导游员有关系，但旅游者往往每一项投诉都有可能向导游员提出，并同时希望和要求导游员帮助其解决问题。面对投诉，要保持良好心态和理性的思维能力，不必惊慌或沮丧，把投诉看成是改进服务、增加技能的契机，认真倾听，注意甄别、寻找问题的源头和合理的解决途径，若超出个人能力和权限，及时寻求相关单位或接待社的帮助。

2. 处理问题时的有效沟通能力

综观与旅游服务相关的投诉，大多都与沟通不畅有关。当问题出现时，理性思考后采用最容易被接受的沟通方式进行沟通，既要让旅游者感受到被重视被关注，又能提出合理化的解决方案和建议供旅游者选择，在出现利益间隔时，能够通过有效沟通弥合双方的间隔和差距，最终达成和解妥善处理。

（三）旅游者对服务方面投诉的处理方法

1. 对服务态度的投诉

旅游者的投诉主要集中在服务人员对旅游者不尊重、不热情、态度生硬、不能及时满足旅游者的合理要求等方面。导游员知悉投诉的第一时间应认真聆听，注意甄别，通过倾听和引导，抓住申诉的核心内容。尽可能引导努力使旅游者申诉得客观、求实、具体。对旅游者的申诉冷静地思考和分析，判断旅游者所申诉的服务缺陷是否真的存在。如果真的存在，导游员应积极协助旅游者处理和解决。

2. 对服务技能方面的投诉

旅游者和服务技能方面的投诉主要集中在不讲解或讲解少，不负责任或对旅游者的需求无回应。如果投诉是针对导游服务的，又基本符合实际，导游员应向旅游者表示歉意，修正服务，后续关注旅游者投诉的问题，以实际行动争取旅游者的谅解。如果投诉涉及其他接待部门或人员，在了解到旅游者投诉后，权衡各种解决办法，确定最佳解决方案并及时采用合适的方式告知旅游者。投诉解决后，对投诉旅游者给予适当关注。导游养成做投诉事件记录的习惯，便于积累经验改进工作。

四、任务实施

实训项目	旅游者对服务方面投诉的处理
实训要求	1. 了解旅游者的投诉心理 2. 提高处理投诉的综合能力
实训地点	教室或模拟导游实训室
实训材料	多媒体，旅游投诉项目记录表
实训内容与步骤	一、实训准备 （1）按照旅游“六要素”中的不同服务项目分组收集投诉问题 （2）学生分组，分角色展开实训 二、实训开始 为了突出投诉的不可预知性，每小组派代表现场抽取投诉问题 （1）对服务态度的投诉 （2）对服务技能的投诉 三、实训考核、点评 小组互评、教师点评，总结任务要点，并纠正任务实施过程中存在的问题，提出改进性建议

五、任务评价

考核项目	具体内容或要求	扣分项	扣分
处理投诉的综合能力（共3点）	1. 了解旅游者的投诉心理 2. 保持良好的心态和理性的思维能力 3. 处理投诉时的有效沟通能力	少一项扣5分	
处理旅游服务投诉的方法（共2点）	1. 对服务态度方面的投诉，认真聆听，注意甄别，冷静地思考和分析，协助旅游者处理和解决 2. 对服务技能方面的投诉，权衡解决办法，确定最佳解决方案，并及时采用合适的方式告知旅游者	少一项扣5分	
事后总结（共2点）	1. 投诉解决后，对投诉旅游者给予适当关注 2. 善于总结，记录案例，积累经验，改进工作	少一项扣5分	

学习笔记

学习笔记

六、任务巩固与检测

1．模拟练习：一游客投诉导游讲解时语速太快，对游客的提问总是顾左右而言他，该如何处理？

2．扫描二维码检测任务学习情况。

任务2 旅游者对旅游产品投诉的处理

一、任务描述

由于旅游产品的无形性、生产与消费的同步性等特点，加之旅游者自身地域、文化背景的不同，对同样景物的感知存在差异性。旅游者对于旅游产品的投诉五花八门，主要集中在旅游产品的执行环节，如行程安排、交通、住宿、餐饮等方面的不理想。导游员需要在有限的时间和范围内了解旅游者的投诉动机和诉求并尽力协助旅游者处理投诉，必要时可视情况求助接待社或相关单位。

二、任务学习目标

（1）认知常见旅游产品投诉的类型。

（2）掌握旅游者对旅游产品投诉处理的基本方法和步骤。

自我分析与总结

三、完成任务需要的新知识

游客对景点不满意

1．因旅游产品客观条件投诉——据实相告，服务弥补

因客观原因投诉主要表现为行程设计不合理，行多游少；或因住宿、餐饮、购物等环节中出现瑕疵，对行程设计中交通时间长等方面的问题，往往受当地条件约束，导游可以通过认真倾听、据实告知、提高服务质量等方式协助处理。对于住宿条件未达到预定标准等，要先安抚旅游者，及时报告旅行社，与旅游者沟通具体的解决方案。对于餐饮不合口味，可以通过征求大家意见后协商，通知后续服务餐厅在合理范围内尽量接近旅游者口味，并及时向旅行社反馈。

2．因旅游产品主观感知投诉——给予关注，必要时给予一定补偿

旅游体验和感知的主观性比较强，投诉的背后隐藏着某种心理需求，求尊重、求发泄、求补偿等，如在沙漠骑骆驼看日出，有的旅游者觉得新奇有趣，是一种别样的体验，有的旅游者觉得单调无味。遇到此类问题时，注意甄别投诉主体的诉求，参考旅游协议约定等内容，给予关注、必要时给予适当补偿。

3. 因突发事件处理引发的投诉——同心协力，共同面对

对于因天气、自然灾害、政变、重大传染性疫病等突发事件处理引发的投诉，首先要区分原因是不可抗力因素或人为因素。如因洪水、地质灾害、堵车、疫病防控等不可预知的不可抗力因素引发，在应对过程中产生投诉，相关服务人员确有过失的，主动道歉，积极弥补；如因人为因素，如服务人员迟到、突发疾病或其他原因造成行程延误的，据实相告，争取理解，积极寻求弥补，无法弥补的按协议或约定退款，必要时给予一定的补偿。

无论何种投诉，及时反馈并做好记录，以便组团社或接待社改进产品或追溯相关责任人。全陪导游要注意保护投诉者的隐私，避免将投诉者的姓名和联系方式反馈给接待社。

学习笔记

四、任务实施

实训项目	旅游者对旅游产品投诉的处理
实训要求	1. 判断旅游者对于旅游产品投诉的心理特征 2. 妥善处理旅游者对旅游产品的投诉
实训地点	教室或模拟导游实训室
实训材料	多媒体，旅游投诉资料记录表等
实训内容与步骤	一、实训准备 （1）收集旅游者对于旅游产品投诉的资料和素材做成卡片 （2）分小组，分角色 二、实训开始 随机抽取投诉资料，开展实训，角色可轮换 （1）因旅游产品客观条件投诉 （2）因旅游产品主观感受投诉 （3）因突发事件处理引发投诉 三、实训考核、点评 小组互评、教师点评，总结任务要点，并纠正任务实施过程中存在的问题，提出改进性建议

学习笔记

五、任务评价

内容	考核要求	评分标准	扣分
知识准备（共2点）	1. 掌握旅游产品投诉的类型 2. 掌握处理各种类型的方法和步骤	少一项扣5分	
旅游者对旅游产品投诉的处理（共4点）	1. 因旅游产品客观原因投诉，认真倾听，据实相告，提高服务质量弥补 2. 因旅游产品主观原因投诉，甄别诉求，给予关注，必要时给予适当补偿 3. 因突发事件处理引发的投诉，若确有过失，诚挚道歉，积极弥补，争取理解，必要时给予一定的补偿 4. 注意保护投诉者隐私	少一项扣5分	
事后总结（共1点）	及时反馈并做好记录，以便改进产品	少一项扣5分	

六、任务巩固与检测

1. 模拟练习：游客李先生参加的旅游团由于交通拥堵，当天的行车时间超过了7小时，李先生遂向旅行社投诉行程安排不合理，旅游体验差，作为导游，你如何处理？

2. 扫描二维码检测任务学习情况。

自我分析与总结

项目总结

投诉是提升服务的契机

研究表明，一般客户不满意时会将他们的糟糕体验和经历告诉9到15个人，甚至有13%不满意的客户会告诉超过20个人。在96%不满意的客户中，如果他们不表达出自己的不满，最终有91%的客户会选择离开，再也不会回来。

对于旅游者的投诉，导游既是游客、旅行社和旅游接待部门三者之间的协调者，又是这三者利益的维护者，更是确保旅游顺利进行的保证者，因此要沉着冷静，灵活应对。本着“实事求是、妥善解决”的理念，擅用方法方式，处理过程做到有理、有利、有节，分步骤地、有条理地处理投诉问题。导游员还要在事中做好留证工作，事后做好检查落实和总结记录工作。

在大众旅游深入人心的今天，任何旅游企业都无法回避游客的投诉，游客的投诉浓缩了旅游产品或服务的问题和不足之处。服务再周到，也不能保证让所有的游客都满意，管理再严格，也不能保证不出瑕疵和纰漏。既然没有办法回避游客的投诉，就应以正确的态度看待它、解决它，使它成为提升服务的契机。

项目检测

扫描二维码检测项目学习情况。

学习笔记

参考文献

[1] 全国导游人员资格考试教材编写组．导游业务[M]．北京：旅游教育出版社，2020．

[2] 李娌，王哲．导游服务案例精选解析[M]．北京：旅游教育出版社，2007．

[3] 吉林省旅游局导游人员资格考试教材编写组．导游实务[M]．北京：旅游教育出版社，2015．

[4] 苑晓赫，张百菊．旅行社经营管理[M]．北京：旅游教育出版社，2016．

[5] 李娌．模拟导游实训[M]．北京：旅游教育出版社，2012．

[6] 葛益娟，张骏．导游实务[M]．北京：旅游教育出版社．2018．

[7] 潘宝明．中国旅游与文化[M]．北京：中国旅游出版社，2005．

[8] 国家旅游局人事劳动教育司．导游知识专题[M]．北京：中国旅游出版社，2004．

[9] 高媛，李韵．导游实务[M]．成都：电子科技大学出版社，2019．

[10] 江波．模拟导游[M]．长沙：湖南大学出版社，2009．

[11] 生延超，范保宁．导游理论与实务[M]．北京：中国旅游出版社，2007．

[12] 傅远柏，章平．模拟导游[M]．北京：清华大学出版社，2010．

[13] 赵本谦，金建明．模拟导游实训[M]．长春：东北师范大学出版社，2014．

[14] 曾艳，濮元生．模拟导游实训教程[M]．北京：中国轻工业出版社，2014．

[15] 窦志萍．模拟导游[M]．3版．北京：高等教育出版社，2014．

[16] 全国导游资格考试统编教材专家编写组．导游业务[M]．北京：中国旅游出版社，2021．

[17] 赵利明，崔志英．模拟导游[M]．大连：东北财经大学出版社，2019．

[18] 王雁．模拟导游[M]．青岛：中国海洋大学出版社，2019．

[19] 窦志萍．模拟导游[M]．4版．北京：高等教育出版社，2019．

[20] 宫庆伟．模拟导游[M]．北京：高等教育出版社，2015．

[21] 旅游投诉处理中的不可抗力[N]．中国旅游报，2020-4-30（8）．

[22] 张嫚，黄凌云．负面网络关注度对旅游业发展的影响——基于旅游需求的空间关联分析[J]．旅游学刊，2021，36（7）：11．

[23] 魏巴德，邓青．研学旅行实操手册[M]．北京：教育科学出版社，2020．